D1731030

Dr. Dieter Hohl (Hrsg.) · Change-Prozesse erfolgreich gestalten

Change-Prozesse erfolgreich gestalten

Menschen bewegen – Unternehmen verändern

Dr. Dieter Hohl (Hrsg.)

Haufe Gruppe

Freiburg–Berlin–München

Bibliographische Information Der Deutschen Bibliothek

Die Deutsche Bibliothek verzeichnet diese Publikation in der Deutschen
Nationalbibliographie; detaillierte bibliographische Daten sind im Internet über
http://dnb.ddb.de abrufbar.

Print: ISBN: 978-3-648-02610-6   Bestell-Nr. 01313-0001
ePDF: ISBN: 978-3-648-02628-1   Bestell-Nr. 01313-0150

1. Auflage 2012

© 2012, Haufe-Lexware GmbH & Co. KG, Munzinger Straße 9, 79111 Freiburg
Niederlassung München
Redaktionsanschrift: Postfach, 82142 Planegg/München
Hausanschrift: Fraunhoferstraße 5, 82152 Planegg/München
Telefon: (089) 895 17-0
Telefax: (089) 895 17-290
www.haufe.de
online@haufe.de

Produktmanagement: Rechtsassessorin Elvira Plitt
Lektorat: Nicole Jähnichen, 81247 München
Produktionsunterstützung: text-ur agentur Dr. Gierke, www.text-ur.de

DTP: Agentur: Satz & Zeichen, Karin Lochmann, 83071 Stephanskirchen
Umschlag: kienle gestaltet, Stuttgart
Druck: CPI, Ebner & Spiegel, Ulm

Zur Herstellung dieses Buches wurde alterungsbeständiges Papier verwendet.

Inhaltsverzeichnis

Vorwort von Prof. Dr. Walter Simon

Noch fast bis in die siebziger Jahre hinein vollzog sich die Wirtschafts-entwicklung kontinuierlich aufwärts. Diese Periode ging als „Wirt-schaftswunder" in die deutsche Nachkriegsgeschichte ein. Das Mana-gement orientierte sich am kybernetischen Regelkreis und nutzte des-sen Funktionen, hier insbesondere die strategische Planung und das Controlling, als eine Art Steuerrad. Die Lenkung von Unternehmen erforderte wenig Kraftaufwand, denn das Wirtschaftswachstum sorgte für einen beständigen Vorwärtskurs. Doch vierzig Jahre nach Kriegs-ende wurden der Wind rauer und die See bewegter. Was bisher als ohne weiteres steuer- bzw. regulierbar galt, erforderte nun gekonntes Navigieren und Manövrieren in unruhigen Gewässern. Das kannten Deutschlands Nachkriegsunternehmen, darunter viele Neugründun-gen, bisher nicht. Vor allem mussten die Mannschaften auf die neue Situation eingestellt werden. Hatte man bisher vor allem deren Hände genutzt, interessierten jetzt die Köpfe.

Wandel in unserer Zeit: Immer schneller, immer weiter

Der Sturm entwickelte sich im Gefolge der digitalen Revolution und der Herausbildung des globalen Kapitalismus fast zum Orkan. Das Wort „Wandel" ist kaum noch geeignet, die Veränderungen zu be-schreiben. Man kann fast schon von einer gesellschaftlichen Revoluti-on sprechen. Es ist mehr als ein ‚Pantha rhei' (alles fließt). Wandel vollzieht sich nicht mehr betulich und beschaulich, sondern immer schneller, komplexer und folgenschwerer. Wir bewegen uns in eine Periode des gestörten Gleichgewichts hinein. Der sozio-ökonomische Schaltplan wird neu geschrieben, die Weltwirtschaft neu geordnet. Es vollziehen sich Veränderungen, und das in einem Ausmaß wie einst bei den Erfindungen des Buchdrucks und der Dampfmaschine oder der Nutzung der Elektrizität. Mächtige Kräfte bewegen die Welt.

Der Übergang von der Agrar- zur Industriegesellschaft war nicht so folgenschwer wie der von der Industriegesellschaft zur Informations- und Dienstleistungsgesellschaft. Der gesellschaftliche Vorwärtsprozess bewegt sich jetzt im Formel 1-Tempo. Ein Jahrzehnt des Wandels, z. B. das von 1970 bis 1980, komprimiert sich heutzutage auf ein Jahr oder einige Monate. Darum spricht der Philosoph Hermann Lübbe von einer nie dagewesenen „Gegenwartsschrumpfung". Wissenschaftliche Erkenntnisse und Erfindungen sind heute sofort und überall in der Welt wirksam. Der US-Zukunftsautor Alvin Toffler bringt es auf den Punkt: „Die Geschichte holt uns ein" (Toffler, 1970).

Der Blick in die Zukunft: Wandel vorausschauend gestalten

In dieser Etappe der gesellschaftlichen Evolution müssen sich Unternehmen und Organisationen im Interesse ihres Überlebens intensiv mit Fragen des sozialen und ökonomischen Wandels beschäftigen. Das geschieht zumeist reaktiv, oft zu spät, wenn das Kind schon in den Brunnen gefallen ist. Unternehmen sind darum bestens beraten, den Wandel zu antizipieren, beziehungsweise auf „Vorrat zu denken", wie es der Philosoph Gerhard Vollmer ausdrückt. Man will Veränderungen nicht mehr nur ausgesetzt sein, sondern diese erkennen oder zumindest erahnen und sie aktiv mitgestalten. Um das zu leisten, muss man den Mitarbeitern die Angst vor dem Neuen nehmen und sie vom Mitläufer zum Mitgestalter qualifizieren. Aber die Antizipation des Zukünftigen gestaltet sich immer schwieriger, denn die Zukunft bietet viele Überraschungen, wie es die Wirtschafts- und Finanzkrise der Jahre 2008/2009 und die Eurokrise 2011 zeigten.

Change Management: Neue Kleider für einen alten Bekannten

In diesem an Herausforderungen reichen Umfeld entstand das, was man heute Change Management nennt. Diese Wortkomposition löste den seit den neunziger Jahren verwendeten Begriff „Organisationsentwicklung" ab. Ein signifikanter Unterschied zwischen diesen beiden Begriffswelten ist nicht erkennbar. Es scheint, dass man nach einem wirkungsvollen Etikett suchte, nach einer Wortkreation, die durch die Ankoppelung des Wortes Management mehr Glanz bekommen sollte. Immer mehr Aspekte des Unternehmensgeschehens werden mit dem Attribut „Management" ausgestattet, um den Eindruck von Systematik zu suggerieren, z. B. Wertemanagement, Zukunftsmanagement, Visionsmanagement, Anti-Stress-Management oder Talentmanagement. Diese Begriffe durchlaufen einen Lebenszyklus, so wie einst die Gemeinkostenanalyse, die Wertanalyse oder das Harzburger Modell.

Change Management ist prinzipiell nichts Neues. Die Geschichte der Wirtschaft ist die Geschichte des Wandels. Es sind zum einen die Kondratjeff'schen Zyklen, die für den evolutionären Wandel im Zeitraum von mehr als 50 Jahren sorgen. Zum anderen sind es Managementkonzepte wie der Taylorismus und sein Widerpart, das Lean-Management. Zum Megawandel gehörte der Keynesianismus ebenso wie die Etablierung der Sozialen Marktwirtschaft nach 1945. Auch die Implosion des Sozialismus gehört in diese Rubrik. Aus diesen Ereignissen resultierten hunderttausende Change Projekte in Unternehmen und Organisationen. Auch die vielen kleinen Veränderungen am Arbeitsplatz sind ein Stück Wandel. Sie wirken unmittelbar auf die betroffenen Mitarbeiter, bieten Chancen und Risiken.

Change-Modelle: Was oder Wie ist hier die Frage

Modelle und Konzepte für den erfolgreichen Umgang mit Change-Vorhaben kann man aus dem Blickwinkel des „Was?" und des „Wie?" betrachten.

Die Antwort auf die Frage nach dem WAS hat inhaltlichen bzw. konzeptionellen Charakter. Ein Unternehmen optiert für eines der gängigen Modelle, welches die Change-Szene beherrscht, sei es Business Reengineering, Lean-Management, Total Quality Management oder Balanced Scorecard. Das Unternehmen muss sich bewusst sein, dass solche Veränderungen viel Zeit benötigen. Der Zeithorizont reicht von einem Jahr bis hin zu fünf bis sieben Jahren bei Prozessen, die auf eine Veränderung der Unternehmenskultur hinauslaufen.

Bei der Frage nach dem WIE gibt es zwei Antworten, je nach der Betrachtungsweise bzw. dem Basismodell. Eine eher managementtechnische Herangehensweise interessiert sich für den typischen Ablauf eines Veränderungsprozesses, also für die Phasen der Diagnose, Zielbildung, Planung, Entscheidung, Realisation und Kontrolle. Human Resources-Manager fokussieren eher die beteiligten Akteure der Veränderung und fragen nach den notwendigen motivationalen Ressourcen.

Change Management: Alles oder nichts?

Die Beliebigkeit im Vorgehen schafft zugleich Verwirrung. Der Interessent fragt: „Welches Instrument ist das richtige, welches die passende Vorgehensweise?" Die Autoren, zugleich auch Berater ihres Themas rufen: „Folge mir!" Leider liegen keine evaluierten Studien zu CM-relevanten Projekten vor. Wer kann einen Change-Verlauf vom Schock der Bekanntgabe bis hin zur Einsicht der Mitarbeiter und Verhaltensintegration vorlegen? Man darf bezweifeln, ob es die bezweckte Einsicht überhaupt jemals gab. Das Ergebnis ist eher ein grollendes

Sichfügen in die Veränderung, weil der Mitarbeiter gar keine andere Wahl hat. Ist das, was Hedge-Fonds-Investoren als notwendig ausgeben, wirklich notwendig? Wer entscheidet darüber?

Vor dem Hintergrund dieser Fragen ist die vorliegende Veröffentlichung zu begrüßen, denn rund ein Dutzend Fachleute des Q-POOL 100, der Offiziellen Qualitätsvereinigung internationaler Wirtschaftstrainer und -berater, zeigen aus ihrer Themennische heraus, wie sich dort das Change Management konkret gestaltet. Praktiker finden in diesem Buch einen Fundus an konkreten Arbeitshilfen für ihre Projekte.

Wer hier aber eine eindeutige Begriffsklärung oder Gebrauchsanleitung für das Sujet „Change Management" sucht, wird enttäuscht werden. Es handelt sich um ein Beliebigkeitskonzept, das Berater oder Trainer mit dem Blickwinkel aus ihrer Themennische füllen. Der Container „Change" wird beliebig gefüllt. Nur selten findet man eine Darlegung der Systematik des Veränderungsmanagements, denn der Terminus Management impliziert ein systematisches Vorgehen an unternehmerischen Sachverhalten, so wie man es vom Qualitäts-, vom Projekt- oder Risiko-Management her kennt. Erfreulicherweise haben sich die in diesem Buch vertretenen Autoren, die allesamt der Offiziellen Qualitätsgemeinschaft internationaler Wirtschaftstrainer und -berater e.V. (Q-Pool 100) angehören, qua Mitgliedschaft auf ein einheitliches Begriffsverständnis und Vorgehensmodell geeignet, um so ihren Anspruch von Qualität und Professionalität in Sachen Change Management einzulösen.

Diese Darlegung einer Systematik scheint daran zu scheitern, als dass es das Change Management als solches gar nicht gibt. Die Begriffshülle „Veränderungsmanagement" eignet sich nur wenig, um konkrete Projekte zu beschreiben, beispielsweise in Six-Sigma-Projekt, der Umbau der Organisation oder die Verlagerung eines Unternehmens von Nord- nach Süddeutschland. Was auch immer geschieht, am Ende steht ein Projekt im klassischen Sinne der DIN 69901. Das, was dann noch als Change Management übrig bleibt, erweist sich allzu oft als ein Stück betrieblicher Sozialarbeit, manchmal als Schmierstoff für die Prozessentwicklung oder schlimmstenfalls als Placebo. Wie oft in wellenförmigen Abbildungen dargestellt, will man ein Absinken des Motivationsplateaus verhindern, die Angst vor der Veränderung mindern.

„Aus Betroffenen Beteiligte machen", lautet das geflügelte Arbeitsmotto.

Manche Autoren sprechen beim Veränderungsmanagement von einem „Emotionsmanagement". Gegenstand sind Gefühlsprozesse und die Erlebnisphänomene der Betroffenen. CM-Berater schreiben davon, dass man Mitarbeiter nur ändern kann, wenn man ihre Gedanken und Gefühle kennt. Jetzt werden sogar schon die höchst privaten Gefühle der Menschen im Interesse ihrer produktiven Vermarktung gemanagt. In bester tayloristischer Manier soll der Mensch der Organisation angepasst werden, so wie früher der Maschine – und nicht etwa umgekehrt.

Leider mangelt es bis heute an konsistenten theoretischen Fundierungen des Change Managements. Wahrscheinlich ist der Begriff zu diffus, um ihn zum Gegenstand wissenschaftlicher Theoriebildung machen zu können. In dem Container „Change" finden sich Bruchstücke verschiedenartiger Provenienz: Konflikttheorie, Innovationsmanagement, Gruppendynamik, Supervision, Moderation, Coaching, Systemtheorie, um nur einige Beispiele zu nennen. So, wie nicht jeder Orchestermusiker auf allen Instrumenten spielen kann, verfügt auch der Change-Manager nur über ein begrenztes Repertoire. Dieses setzt er ein, um Menschen, Informationen, Ressourcen und Prozesse zielgerichtet zwecks Veränderung und Anpassung zu steuern. Sein besonderes Augenmerk gilt dabei dem Terrain von Führung und Zusammenarbeit, denn Wandel bewirkt Ängste und löst Widerstände aus. Die „Angst vor dem Neuen" ist ein Persönlichkeitsmerkmal des Menschen. Die Umsetzung an der Schnittstelle Mensch ist daher der schwierigste Teil des Veränderungsmanagements.

Ohne aktives Mitwirken der Mitarbeiter sind aber keine nachhaltigen Veränderungen möglich, wobei zu hoffen ist, dass Change Management nicht als Trostpflaster, Baldriantinktur oder Feigenblatt dient. Man darf in diesem Zusammenhang an die Definition der Deutschen Gesellschaft für Organisationsentwicklung erinnern, wonach sich die Organisationsentwicklung gleichermaßen auf Humanität und Effektivität in einer Organisation bezieht. Nun muss man allerdings fragen, ob die Humanität zum Programm einer finanzkapitalistisch geprägten Unternehmenswelt passt, der es um kurzfristige Turborenditen geht. Die Mitarbeiter eines dreimal in sieben Jahren weiter verkauften Unternehmens können über solche Humanitätsbekundungen nur lächeln, vor allem dann, wenn der Kaufpreis aus dem laufenden Geschäft heraus über eine extreme Leistungsverdichtung finanziert wird. Hier liegt eine der Ursachen der exorbitanten Zunahme an Burn-out-Erkrankungen.

Die Zukunft des Change Management

Hat Veränderungsmanagement eine Zukunft? Die Antwort hält zwei Szenarien bereit:

Entweder erweist sich das Thema in einigen Jahren als eines der Konjunkturthemen der Zeit um die Jahrtausendwende, dessen Produkt-Lebenszyklus bald schon endet und durch neue „Produkte"/Themen ersetzt wird. Wahrscheinlich werden neue Begriffe für den Sachverhalt des Change Managements kreiert, um das Angebotsportfolio von McKinsey und Co. gefüllt zu halten. Der Begriff Change Management wird sich abnutzen und die Unternehmen werden sich kritisch fragen, ob und wie viel das Change Management tatsächlich genützt hat.

Das entgegengesetzte Szenario geht von der enormen und hochkomplexen Veränderungsdynamik aus, die ein permanentes Change Management erfordert. In der durch Hyperwettbewerb geprägten wissensbasierten Ökonomie der Zukunft sind Veränderungen nur noch möglich, wenn die Wissensträger auch die Träger des Wandels sind. So wollte ein bekanntes deutsches Chemieunternehmen einen bestimmten Forschungszweig in die USA verlegen, weil dort weniger gesetzliche Restriktionen bestehen. Die betroffenen Forscher verweigerten zumeist aus familiären Gründen den Umzug in die „Neue Welt". Und schon hatte sich das Thema F&E-Change erledigt.

Die zum Change Management zwingenden Gründe liegen nicht nur im Wettbewerb und in den Ängsten der Mitarbeiter, sondern in der Krisenlastigkeit unseres Wirtschaftssystems. Wie Joseph Schumpeter schon vor Jahrzehnten feststellte, werde sich auch der Kapitalismus letztendlich als Folge seines technologischen Fortschritts schöpferisch zerstören. *„Da die kapitalistische Unternehmung durch ihre eigenen Leistungen den Fortschritt zu automatisieren tendiert, so schließen wir daraus, dass sie sich selbst überflüssig zu machen, – unter dem Druck ihrer eigenen Erfolge zusammenzubrechen tendiert".* Um dieses und damit zusammenhängend eine neue Art von gesellschaftlichen Großkonflikten zwischen Arbeitnehmern und Arbeitgebern zu verhindern, sind konsensfördernde Interventionen von der betrieblichen Basis bis tief hinein in die Gesellschaft notwendig. Change Management könnte hierbei eine wichtige Rolle spielen.

In diesem Zusammenhang sei auf die Gedanken der französischen Starsoziologen Boltanski und Chiapello verweisen, die in ihren Studien einen „neuen Geist" des Kapitalismus darlegen. Da sich dieses Wirtschaftssystem in einer ständigen und systemgefährdenden Rechtfertigungssituation befindet, ist es darauf angewiesen, sich vor allem gegenüber der öffentlichen Kritik zu rechtfertigen. Nur wenn es ihm gelingt, normativ zu überzeugen, sich zu rechtfertigen und zu legitimieren, sind Menschen auch innerlich überzeugt, am kapitalistischen Akkumulationsprozess teilzunehmen und ihn zu erhalten. Der „neue Geist" ist gekennzeichnet von der Orientierung an Werten wie Flexibilität, Kreativität, Eigenverantwortung und Mobilität. Change Management ist ein Teil dieses Paradigmenwechsels. In diesem Kontext könnte Change Management ein Instrument zu einer zivilgesellschaftlich höheren Form unseres Wirtschaftssystems werden. Das aber setzt voraus, das Attribut „Management" zur Disposition zu stellen, denn es basiert auf einem Führungsverständnis, bei dem der Mitarbeiter als formbares Objekt der Veränderung gesehen wird. Die auf uns zukommenden Veränderungen im Übergang von der Industrie- hin zur Wissensgesellschaft sind aber nur möglich, wenn der Mitarbeiter als Subjekt des Wandels gesehen und eingesetzt wird.

Einleitung des Herausgebers

Veränderung braucht Qualität

Welche Gründe gibt es für Sie, liebe Leserinnen und Leser, ein weiteres Buch zum Thema „Change Management" in die Hand zu nehmen? Vielleicht haben Sie sich für dieses Buch entschieden, weil auch Sie und Ihr Unternehmen vor gewaltigen Veränderungen stehen. Veränderungen, die durch die Wirtschafts- und Finanzkrise und die europäische Zerreißprobe vervielfältigt und potenziert werden, an Komplexität zunehmen und immer dynamischer ablaufen. Viele Menschen kommen dabei einfach nicht mehr mit. Und auch viele Führungskräfte und Mitarbeiter zweifeln, ob sie den Herausforderungen gerecht werden können.

Wie sieht das eigentlich bei Ihnen aus?

Nun gehört die Bewältigung tiefgreifender Veränderungsprozesse fast schon zu den alltäglichen Herausforderungen, vor denen Ihre Mitarbeiter und Sie stehen. Wahrscheinlich geht auch durch Ihren Verantwortungsbereich jeden Tag ein Veränderungs-Ruck.

Danach ist häufig nichts mehr so, wie es vorher war.

Und darum führt kein Weg daran vorbei: Um im globalen Wettbewerb konkurrenzfähig zu bleiben, müssen sich Unternehmen stetig verändern, müssen sich auch die Menschen, die für das und im Unternehmen arbeiten, neuen Rahmenbedingungen anpassen und sich verändern. Diese Anpassungsprozesse sind häufig schmerzhaft und tun weh, sind aber gleichwohl unvermeidlich.

Und wo, bitte schön, bleibt die Qualität?

Bei aller Veränderungsnotwendigkeit: Die Veränderung darf nicht um ihrer selbst willen geschehen. Immerhin können wir uns auch zum Schlechteren hin verändern. Mit anderen Worten: Bitte verlieren Sie bei Ihren Change-Prozessen und -Projekten nie den Qualitätsaspekt aus den Augen.

Veränderungsqualität – das ist das Stichwort, unter dem die Veränderungsdebatte bei uns im Q-Pool 100, der „Offiziellen Qualitätsgemeinschaft internationaler Wirtschaftstrainer und -berater e.V.", geführt wird. Diese Debatte habe ich gerne initiiert, begleitet und gefördert, seitdem ich im März 2011 zum Präsidenten des Q-Pool 100 gewählt wurde.

Schließlich gehört es zu unseren originären Aufgaben und Zielen, durch höchste Standards bei Professionalität, Kompetenz und Seriosität größtmögliche Transparenz und damit mehr Entscheidungssicherheit im HR-Management zu gewährleisten. Bei der Diskussion der Q-Pool-Mitglieder, für welche Managementbereiche dies insbesondere gilt, hat sich rasch herauskristallisiert: Als führende Qualitätsgemeinschaft müssen und wollen wir konkrete Antworten auf die Frage geben, wie in Zukunft Change Projekte und Veränderungsprozesse qualitätsorientiert und professionell geplant und durchgeführt werden können.

Unsere Antworten und Lösungsvorschläge finden Sie in diesem Buch.

Führungskräfte und Unternehmen brauchen Veränderungs-Kompetenz

Anscheinend ist es um die Veränderungs-Kompetenz der Führungskräfte in Deutschlands Unternehmen nicht allzu gut bestellt. Dies besagt zumindest die Studie „Change Readiness 2010", durchgeführt von der Mutaree GmbH (Eltville-Erbach) und veröffentlicht im August 2011. Die Studie kommt zu folgendem Ergebnis: „Unregelmäßig, nicht zielgruppengerecht, unverständlich und in vielen Bereichen weder offen noch ehrlich" – so bewerten mehr als die Hälfte der Mitarbeiter in deutschen Unternehmen die Kommunikation ihrer Vorgesetzten in Veränderungsprojekten.

Das heißt: Vielen Führungskräften fehlt – zumindest in der Wahrnehmung ihrer Mitarbeiter – die Kompetenz, durch klare Kommunikation Akzeptanz für ein Veränderungsvorhaben zu schaffen und Mitarbeiter zu motivieren, die Change Projekte mitzutragen und aktiv voran zu treiben.

Dazu nur eine Zahl: 70 Prozent der Befragten, so die Studie, trauen ihrem Management nicht zu, ein attraktives Zukunftsbild zu vermitteln. Und nach den Erfahrungen und Beobachtungen der Mitglieder unserer Qualitätsgemeinschaft haben viele Unternehmen grundsätzliche Probleme, Change-Prozesse so zu gestalten, dass die Menschen diese Prozesse mit Engagement und Motivation mittragen. Der „Faktor Mensch" findet nicht genügend Berücksichtigung.

Fazit: Die meisten Unternehmen sind auf die Herausforderungen von großen und kleinen Veränderungsprozessen nicht optimal vorbereitet. Wie sich das ändern lässt, zeigen die Beiträge unserer Autoren.

Wertvolles Wissen von qualitätsorientierten Praktikern

Unser Buch, das sich aus Beiträgen von 13 Mitgliedern unserer Qualitätsgemeinschaft zusammensetzt, bietet keinen roten Faden oder gar ein Patentrezept zur optimalen Gestaltung Ihrer Change-Prozesse. Dies in einem Buch leisten zu wollen, wäre unredlich. Schließlich kennen wir Ihre individuelle Situation nicht.

Was wir leisten können, ist, Ihnen Denkanstöße zu geben und Handlungsvorschläge zu unterbreiten, die wir dann gerne im persönlichen Gespräch mit Ihnen vertiefen und konkretisieren. Wenn Sie dies denn wünschen und für zielführend halten.

Unser und damit auch Ihr Vorteil: Wir sind allesamt qualitätsorientierte Praktiker. Die Beispiele und Lösungsvorschläge, von denen Sie jetzt gleich lesen werden, sind keine Fantasieprodukte oder am Schreibtisch entwickelte theoretische Konstrukte.

Die meisten von uns haben bereits zahlreiche Change-Prozesse in Unternehmen initiiert und Menschen auf ihren Veränderungswegen begleitet. Unsere Change-Initiativen haben sich in der Praxis bewährt.

Nutzen Sie unsere Praxiserfahrungen für Ihre Change-Prozesse.

Viele Perspektiven – viele praktische Anregungen

13 Praktiker – das sind 13 Erfahrungshorizonte.

13 Artikel zum Thema Change-Prozesse – das sind 13 Perspektiven, aus denen das Thema betrachtet wird.

13 Change-Themen – das sind 13 Konzepte, wie sich Veränderungen managen lassen.

Der größte Vorteil dieses Buches besteht darin, dass die Autoren hier Lösungsvorschläge und Anregungen aus sehr unterschiedlichen Blickwinkeln anbieten und so eine enorme Vielfalt bieten.

Die inhaltliche Bandbreite beginnt bei dem Thema Globalisierungs-wandel, reicht über strategische und organisatorische Lösungsvor-schläge und hört bei der Überlegung, über welche Kompetenzen ein Change-Manager verfügen sollte, noch lange nicht auf. Während sich der eine Beitrag damit beschäftigt, wie sich die Lust auf Veränderung entfachen lässt, zeigt der andere, wie ein Team aufgestellt sein sollte, das Change Projekte erfolgreich durchführt. Es fehlt auch nicht an überraschenden Fragestellungen – wie etwa die, wie Unternehmens-kultur, Burnout und Veränderungsprozesse zusammenwirken.

Nutzen Sie das Buch also, indem Sie sich das Thema heraussuchen, das Sie am brennendsten interessiert. Vielleicht gibt es eine konkrete Fra-ge, die Sie zurzeit beschäftigt und die Sie mit uns diskutieren wollen. Vielleicht aber wollen Sie das Buch insgesamt lesen und sich einfach inspirieren lassen.

Wir laden Sie ein, mit uns Kontakt aufzunehmen, um gemeinsam nach Möglichkeiten zu forschen, Zukunft zu gestalten. Und zwar mit Change-Prozessen, die höchsten Qualitätsstandards genügen.

Das jedenfalls wünscht sich Ihr

Dr. Dieter Hohl, Präsident Q-Pool 100

www.q-pool-100.de

1 Globalisierungswandel: So gewinnt der Mittelstand

Jedes kleine und mittelständische Unternehmen, das mit der Zeit wächst, muss sich Veränderungen stellen. Vor allem eine Internationalisierung führt oft zu einem tiefgreifenden „Change" innerhalb des Unternehmens. Ein Fallbeispiel aus der schnelllebigen und meist international geprägten Internetbranche zeigt, welche Maßnahmen in der Personal- und Organisationsentwicklung nötig sind, um Mitarbeiter auf anstehende Veränderungen des Going Global vorzubereiten und den Change erfolgreich mit ihnen zusammen zu meistern.

Die Autorin

Ursula Vranken leitet in Köln das IPA Institut für Personalentwicklung und Arbeitsorganisation. Die Diplompädagogin und Arbeitswissenschaftlerin ist Expertin für internationales Personal- und Talentmanagement. Sie hat in den letzten 20 Jahren Expertise in vielfältigen Branchen gesammelt. Dazu gehören Banken und Versicherungen genauso wie Maschinenbau- und Pharmaunternehmen sowie Unternehmen aus dem Bereich Internet/Neue Medien. Als Beraterin und Coach steht sie Führungskräften und Managern mit ihrer Erfahrung als Sparringspartner zur Verfügung.

Kontakt:
Dipl.-Arbeitswiss., Dipl.-Päd. Ursula Vranken,
IPA Institut für Personalentwicklung und Arbeitsorganisation,
Hans Katzer Str. 22, 50858 Köln, Tel.: +49 (0)221 - 55 09 476,
E-Mail: mail@ipa-consulting.de, Homepage: www.ipa-consulting.de

1.1 Die globale Ökonomie – ohne IT nicht möglich

In der globalisierten Wirtschaftswelt kommen auch kleine und mittelständische Unternehmen früher oder später kaum um eine Internationalisierung herum. Das kann man täglich an Flughäfen beobachten: Millionen von globalen Nomaden ziehen in Nadelstreifen durch die Welt, um internationale Geschäfte abzuwickeln. Diese Entwicklung hin zum internationalen Geschäftsaustausch geht mit einem Wandel in den Unternehmen einher: Manager und Unternehmer müssen umdenken, sich den internationalen Gepflogenheiten anpassen, ihr Unternehmen fit machen für den Weltmarkt.

Ein besonders schneller Wandel vollzieht sich hier in den IT- und Internetunternehmen. Denn mit dem wachsenden Import- und Exporthandel und den internationalen Geschäftsverflechtungen haben sich auch die Informations- und Kommunikationstechniken rasant weiterentwickelt: Unternehmen arbeiten zunehmend vernetzt über die ganze Welt, Arbeitsprozesse werden dank des Einsatzes moderner Informationstechnologie wirtschaftlicher und effizienter, Fusionen und Partnerschaften rund um den Globus erfordern den schnellen Kommunikationsaustausch über viele Grenzen hinweg. Informationstechnologie durchdringt unser Leben und ermöglicht uns weltweite Kommunikation und Handel. Wir rücken enger zusammen in unserem globalen Dorf.

Vor allem die schnelllebige IT-Branche muss sich diesem Wandel anpassen. Was als kleines Internet-Start-up begann, muss sich plötzlich als schnell wachsendes Unternehmen globalen Herausforderungen stellen. Was bedeutet die Globalisierung für die deutsche Internetbranche? Welche Wege müssen die Unternehmen der Informationstechnologie gehen, um mit der Entwicklung Schritt halten zu können? Wie schaffen sie es, den Anschluss an andere Branchen nicht zu verlieren und dabei stets innovativ zu bleiben? Die Antworten auf diese Fragen gelten ebenso für viele andere schnelllebige Branchen, die sich dem Wandel stellen müssen.

1.2 Die deutsche Internetbranche – zwischen Siegeszug und Umbruch

Die IT-, Telekommunikations- und Neue-Medien-Branche vermeldet fortlaufend Rekorde: Nach einem Plus von 13.000 neuen Jobs 2010 erwartet der BITKOM (Bundesverband Informationswirtschaft, Telekommunikation und neue Medien e.V.) 2011 in der Gesamtbranche die Schaffung von rund 10.000 zusätzlichen Arbeitsplätzen auf insgesamt 858.000 Beschäftigte. „Die ITK-Industrie ist einer der wichtigsten Job-Motoren in der deutschen Wirtschaft", so BITKOM-Präsident Prof. Dieter Kempf. 60 Prozent der befragten Firmen klagen zurzeit über einen Mangel an Fachkräften.[1]

Vor allem das Internet ist aus dem modernen Wirtschaftsleben nicht mehr wegzudenken. Nach Angaben der Studie „Die deutsche Internetwirtschaft 2009-2012" des Verbands der deutschen Internetwirtschaft eco und der Unternehmensberatung Arthur D. Little[2] hat sich die Zahl der Internetnutzer in Deutschland seit 1997 äußerst dynamisch entwickelt: Im ersten Quartal des Jahres 2009 waren 67,1 Prozent aller Bundesbürger online. Dazu Jürgen Morath, Director von Arthur D. Little: „Die Internetwirtschaft hat wie keine andere den Erfindungsgeist zahlloser Jungunternehmer, aber auch traditioneller Unternehmen aus angrenzenden Industrien geweckt. Neue Dienste und Inhalte entstehen praktisch im Minutentakt." Es komme zu einer zunehmenden Verschmelzung einerseits und interessanten Wachstumsphantasien durch neue Dienste und Geschäftsmodelle andererseits, so Morath. „Unternehmen aus allen Bereichen der Internetwirtschaft, aber auch aus eher traditionellen TIME-Branchen (**T**elekommunikation, **I**nformationstechnologie, **M**edien und **E**ntertainment) stehen inmitten einer gewaltigen, bereits Jahre andauernden Umbruchphase mit den entsprechenden Chancen und Risiken für die Akteure."[3]

---

[1] Konjunkturumfrage des BITKOM in der ITK-Branche September 2011, BITKOM, Pressemitteilung September 2011.
[2] Vgl. eco – Verband der deutschen Internetwirtschaft e. V. und Arthur D. Little.
[3] Vgl. eco – Verband der deutschen Internetwirtschaft e. V. und Arthur D. Little, Studie „Die deutsche Internetwirtschaft 2009-2012".

Herausforderungen für das Human Ressource Management in der Internetbranche

Die Geschwindigkeit, in der sich die Internetbranche weiterentwickelt, ist maßgebend für die Anpassung an Veränderungen. Je stärker ein Unternehmen wächst, umso schneller muss es seine Strukturen, Führungs- und Denkweisen verändern. Das gilt in gleichem Maße für die Mitarbeiter, die den Wandel letztendlich gestalten und tragen müssen.

Das Internet und seine Entwicklungen haben direkte und indirekte Einflüsse auf die Gesamtwirtschaft – und nicht zuletzt verändert sich das Medium Internet selbst permanent. Das stellt die Unternehmen und deren Personalentwicklung vor zahlreiche Herausforderungen:

* Internationalisierung:
  Das Internet kennt keine Grenzen, und die Skalierungs- und Netzwerkeffekte sind höher als in fast allen anderen Branchen. Dementsprechend groß ist auch die Motivation für Unternehmen, außerhalb ihres Heimatmarktes zu wachsen. Dies führt zu einem hohen Internationalisierungsgrad in der Branche.

* Führung
  Schnelles Wachstum bedarf einer klaren und strategischen Führung. Langfristige Personalentwicklungsstrategien müssen aufgesetzt werden. Unternehmer und Manager brauchen professionelle und solide Führungsfertigkeiten.

* Schnelle Neuerungszyklen
  In kaum einer Branche entwickeln sich die Technologien so schnell weiter wie in der Internetwirtschaft. Kreative Köpfe werden gebraucht, die dafür sorgen, dass in raschen Zyklen Neuerungen auf den Markt kommen.

* Kontinuierliches Lernen
  Ständige Veränderungen haben zur Folge, dass Wissen schneller veraltet. Zum Erhalt der Beschäftigungsfähigkeit müssen sich Mitarbeiter kontinuierlich weiterbilden und neben formal erlerntem Wissen auch soziale und kommunikative Kenntnisse erwerben.

1.3 Veränderungen erfolgreich meistern – Ein Fallbeispiel

Dass sich Unternehmen verändern müssen, steht außer Frage. Jedes geht anders mit dem Thema Change um – und doch gibt es gewisse Gesetzmäßigkeiten im Laufe einer Unternehmensentwicklung, denen alle Unternehmen folgen. Am Beispiel des Internetunternehmens Sedo wird im Folgenden an ausgesuchten Personal- und Organisationsentwicklungsmaßnahmen gezeigt, wie eine Firma den Herausforderungen der Globalisierung erfolgreich begegnet.

Ein erfolgreiches Unternehmen

Die Domainhandelsbörse Sedo hat ihren Sitz in Köln, London (UK) und Boston (USA). Sie bietet mit über einer Million Mitgliedern und einem Verkaufsangebot von über 18 Mio. Domains aller Endungen Dienstleistungen wie Domain-Parking, Domain-Bewertungen, Domain-Transfers, Domain-Vermarktung und Domaintraffic-Vermarktung. Sedo betreut Kunden aus über 200 Ländern in 21 Sprachen. Die vier Gründer Tim Schumacher, Ulrich Priesner, Marius Würzner und Ulrich Essmann haben mit Sedo ein Unternehmen aufgebaut, das von einem Internet-Start-up zur weltweit größten Domain-Handelsplattform avanciert ist. Sie erhielten zahlreiche Auszeichnungen: vom „Gründer-Champion" über den „Innovationspreis" bis hin zum „Entrepreneur des Jahres 2007". Der Dienstleister beschäftigt derzeit über 150 Mitarbeiter aus mehr als 30 Nationen an den drei Standorten Köln, London und Boston. Die Autorin begleitet das Unternehmen seit Jahren im Bereich Personal- und Organisationsentwicklung.

1.4 Wachstums- und Veränderungsphasen von kleinen Unternehmen

Wenn ein Unternehmen wächst, durchläuft es verschiedene Phasen der Größe und des damit verbundenen Organisationsgrades. Damit verändern sich auch Prozesse, Führungsstrategien und die Kommunikation. Jede dieser Evolutions- und Revolutionsphasen ist durch unterschiedliche Strategien, Strukturen, Komplexitäten und Erfahrungsprozesse geprägt. Der Veränderungsprozess ist einzigartig und bedarf eines intensiven Lern- und Veränderungswillen aller Beteiligten, um erfolgreich von einer Phase in die andere Phase zu gelangen. In Anlehnung an das Phasenmodell „The Five Stages of Small Business

Growth" von Neil C. Churchill und Virginia L. Lewis[4] sollen die Entwicklungsphasen der Domainhandelsbörse Sedo aufgezeigt werden. Das Modell bietet einen Erklärungsansatz und zugleich einen Orientierungsrahmen für das Management, um die nächsten Entwicklungsschritte des Unternehmens besser zu antizipieren und mit den richtigen Führungsinstrumenten darauf zu reagieren.

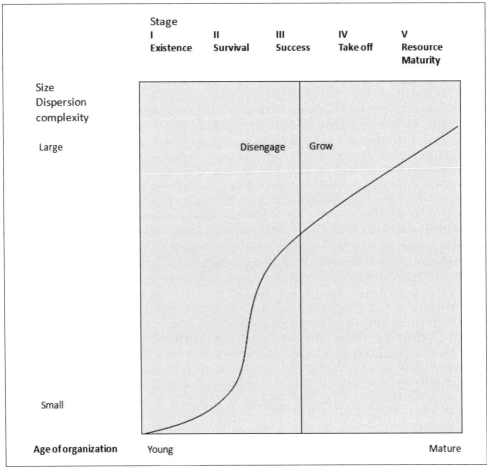

Abb. 1: Phasenmodell „The Five Stages of Small Business Growth" by N.C. Churchill and V. Lewis

---

[4]   Vgl. Neil C. Churchill und Virginia L. Lewis: The Five Stages of Small Business Growth. Harvard Business Review, 3. März 2009.

In den vergangenen zehn Jahren seit der Gründung von Sedo konnten fünf Phasen mit den dazugehörigen Veränderungen beobachtet werden. Im Folgenden wird herausgearbeitet, welche Organisations- und Personalentwicklungsaufgaben sich daraus auch für ähnlich aufgestellte Unternehmen ergeben.

1.4.1 Erste Phase: Existenzgründung und Aufbau

Fast alle Unternehmen der Internetbranche starten als kleine Start-ups. Die Gründerszene ist geprägt von jungen Studenten, die ohne übermäßige Planung und Bürokratie ihre Ideen in die Tat umsetzen. Damit unterscheiden sie sich stark von etablierten und traditionell geführten Unternehmen: In diesen jungen Internetunternehmen macht man sich keine Gedanken über ausgefeilte Managementkonzepte. Es gibt keine oder nur sehr flache Hierarchien, die Macht im Unternehmen wird geteilt. Entscheidungen werden oft gemeinsam getroffen, jeder kann sich und seine Ideen einbringen. Der Zugang zu Informationen ist einfach und schnell. Die meist jungen Beschäftigten pflegen eine sehr informelle Zusammenarbeit: Oft wird in Open-Space-Büros gearbeitet, sodass schneller Informationsaustausch gewährleistet ist. Auch virtuelle Teams, die ort- und zeitübergreifend arbeiten, sind keine Seltenheit. Statt einer funktionalen Arbeitsteilung herrschen prozessorientierte, kooperative Arbeitsformen vor. Aufgrund des kontinuierlichen Wandels ist die Organisationsform volatil – Veränderungen gehören zur Tagesordnung.

Gründerjahre bei Sedo: Die Phase 1

Sedo beginnt als kleines Start-up-Unternehmen: Die vier Gründer bauen 2001 in einem kleinen Büro nach und nach ihr Geschäft auf. Als erstes setzen sie junge Hochschulabsolventen in Praktika als Experten für einzelne Funktionen ein. Das Auswahlverfahren für Mitarbeiter verläuft eher informell. Zwei Jahre später haben sie bereits 25 Mitarbeiter. Entscheidungen werden in der Anfangszeit von allen vier Gründern gemeinsam getroffen, strategische Planung gibt es kaum. Die Motivation im Team ist hoch – nicht zuletzt wegen der sehr familiären Unternehmenskultur. Bald steht fest: Das Unternehmen wächst stetig, es braucht mehr qualifizierte Mitarbeiter und ein größeres Büro. Man erkennt den Bedarf nach guten, aber auch bezahlbaren Kollegen, die das Team operativ unterstützen. Es entsteht die Idee, Auszubildende einzustellen. Einer der Geschäftsführer macht den Ausbilderschein, und die Firma beginnt mit ihrer ersten systematischen Personalentwicklung.

Tipps für Ihr Human-Resource-Management

Wenn Sie merken, dass Ihr Geschäft gut läuft, kümmern Sie sich rechtzeitig um gute Leute. Entwickeln Sie kreative Ideen, um Mitarbeiter zu finden, die Ihr Unternehmen voranbringen, Ihre Visionen teilen und Ihre Ideen weiterentwickeln. Achten Sie darauf, dass Sie anfangs nur Mitarbeiter einstellen, die sie auch bezahlen können. Auch wenn die finanziellen Mittel knapp sind, setzen Sie sie für gezielte und nachhaltige Personalentwicklung ein.

1.4.2 Zweite Phase: Überleben sichern

In einem Start-up-Unternehmen gibt es zunächst keinen Bedarf, Führungsebenen zu etablieren. Aufgaben, Rollen, Verantwortlichkeiten und Zuständigkeiten entwickeln sich quasi von allein. Rund um ein Gründerteam versammeln sich hervorragende Fachleute, die das junge Unternehmen mit starkem Teamspirit vorantreiben. Jeder fühlt sich für (fast) alles verantwortlich. Je mehr ein Unternehmen wächst, umso klarer zeichnen sich jedoch Produkt- und Prozessentwicklungen ab. Führungsstrukturen müssen professionalisiert werden. Die Bedeutung von Aus- und Weiterbildung – vor allem in Wissensbranchen wie der Internetindustrie – ist sehr hoch. Das hat einen Vorteil: Indem Unternehmen Ausbildungs- und Traineeplätze anbieten, treten sie dem drohenden Fachkräftemangel und dem „War for Talents", also dem Kampf um hochqualifizierte Spezialisten, aktiv entgegen. Zum anderen sorgen Aus- und Weiterbildungsangebote für ein positives Employer Branding.

Kontinuierliches Wachstum bei Sedo: Die Phase 2

Im dritten und vierten Jahr nach der Gründung liegt der Schwerpunkt von Sedo auf kontinuierlichem Wachstum. Um qualifizierte Mitarbeiter oberhalb der bisherigen Praktikanebene zu finden, wird ein Traineeprogramm etabliert. Zum Erstaunen der Gründer bewerben sich mehr als 200 Hochschulabsolventen. Per Assessment Center werden vier Trainees ausgewählt. Aufgrund der steigenden Mitarbeiterzahl gibt es räumlich getrennte Büros auf zwei Etagen, sodass man sich nicht mehr alle Informationen „auf Zuruf" mitteilen kann. Deshalb wird das bis heute bestehende Zielvereinbarungssystem entwickelt, ebenso ein monatlicher Mitarbeiter-Newsletter, die erste Version eines Mitarbeiter-Handbuches und ein webbasiertes Intranet, das schnell wächst. Bei den vier Gründern bilden sich klarere Rollen heraus: Einer übernimmt die Funktion des CEO und ist damit für Vertrieb und Marketing, der Zweite ist als CTO der technische Leiter, der Dritte als COO der Mann für das Operative, der Vierte verantwortet Produkt und Plattform.

Tipps für Ihr Human-Ressource-Management

- Schaffen Sie eine klare Führungskultur, setzen Sie Ziele und entwickeln Sie für Ihre Mitarbeiter Anreiz- und Zielvereinbarungssysteme.
- Investieren Sie Zeit in die Teamentwicklung und versäumen Sie nicht, neue Mitarbeiter systematisch und gut einzuarbeiten.
- Schaffen Sie interne Mentoren- und Patensysteme. Gründer sollten ihre Führungsfertigkeiten professionalisieren und das Delegieren lernen.

1.4.3 Dritte Phase: Erfolge und Expansion

Sobald Unternehmen ins Ausland expandieren, werden sie mit dem internationalen Arbeitsmarkt konfrontiert – und der tickt oft anders als der heimische. Vollzog sich ein Wandel früher vorzugsweise innerhalb der eigenen nationalen Organisation, bedeuten heutige organisatorische Veränderungen immer häufiger, dass ganze Prozesse länderübergreifend neu aufgestellt werden müssen und sich damit das gesamte Netzwerk der internen und externen Partner verändert. Auf internationalen Märkten funktionieren auch die Rekrutierung und das Employer Branding meist anders als in Deutschland.

Gleichzeitig darf ein Unternehmen bei einer Ausweitung ins Ausland auch seine deutsche Belegschaft nicht vergessen: Mitarbeiter müssen – wenn sie es noch nicht sind – international fit gemacht werden, um für die zunehmenden Tätigkeiten in internationalen Arbeitszusammenhängen gewappnet zu sein. Dazu gehören zum einen Fremdsprachenkenntnisse, damit alle Teammitglieder die Arbeitssprache gleich gut beherrschen, zum anderen gute Kooperations- und Kommunikationsfähigkeiten sowie ein Gespür für interkulturelle Besonderheiten, damit die länderübergreifende Zusammenarbeit funktioniert. Nicht zuletzt sind Produkt-, Technik- und Marktkenntnisse aus dem Ausland wichtig. Sprach man gestern noch von lebenslangem Lernen, muss man diese Anforderung heute auf die Dimension „interkulturelles lebenslanges Lernen" ausweiten.

Sedo geht ins Ausland: Die Phase 3

Vier Jahre nach seiner Gründung expandiert Sedo in die USA. Die Vereinigten Staaten erweisen sich von Anfang an als wichtiger Markt (bis heute macht das Unternehmen dort über 30 Prozent des Umsatzes). Zwei der Geschäftsführer bauen dort ein neues Büro auf, Personal- und Vertriebspositionen müssen besetzt werden. Zwei Kulturen müssen zusammenwachsen, und ein amerikanisches Managementteam muss aufgebaut werden. Die ersten externen Manager kommen an Bord und bringen erweitertes Know-how, neue Perspektiven und Methoden in das Unternehmen ein. Zur Weiterentwicklung seiner Mitarbeiter bietet Sedo nun formalisierte Trainings an, teilweise in Kooperation mit den Schwesterfirmen, die sich in der Zwischenzeit gebildet haben. Das Management führt das System jährlicher Entwicklungsgespräche ein, um nachhaltig Mitarbeiter zu fördern und auch Karriereperspektiven aufzuzeigen. Das Management von Sedo muss seine Führungskompetenz unter Beweis stellen und täglich den Spagat meistern zwischen strategischer Weitsicht und operativer Umsetzung sowie zwischen informellem Teamspirit und klaren Zielvorgaben.

Tipps für Ihr Human-Ressource-Management

- Eine Expansion ins Ausland lässt sich von Deutschland aus oft nur mit Schwierigkeiten umsetzen. Holen Sie sich deshalb lokale HR-Expertise in Form von Arbeitsrechtsexperten sowie Personal- und Organisationsentwicklern ins Boot.
- Geben Sie Verantwortlichkeiten an Kollegen im Ausland ab, aber sorgen Sie diszipliniert für eine enge Anbindung der neuen Kollegen an Werte und Kultur des „Mutterschiffs".
- Passen Sie Führungskultur und -kommunikation den internationalen Gegebenheiten an, ohne Ihre eigenen Stärken und Schwerpunkte dabei aus den Augen zu verlieren.
- Schulen Sie Führungskräfte in ihrer Kompetenz, damit sie internationale, unter Umständen auch virtuelle Teams führen können.
- Unterstützen Sie die Selbstführung der Mitarbeiter und treiben Sie die Teamentwicklung und die Prozessgestaltung voran.
- Bringen Sie Führungskräften bei, wie sie Steuerungsinstrumente, zum Beispiel Zielvereinbarungssysteme, auch international anwenden können. Dabei gilt: Es sollte für alle Mitarbeiter eine klare Zielorientierung geben – mit der gleichen Messlatte und einem einheitlichen Managementsystem, in dem Verantwortung einheitlich definiert wird. Lassen Sie dabei kulturelle Eigenheiten nicht außer Acht.

1.4.4   Vierte Phase: Wachstum

Wachstum – vor allem international – bedeutet für Führungskräfte eine enorme Herausforderung. Um erfolgreich zu sein, braucht das Unternehmen das flexible Zusammenspiel von Mitarbeitern aus den unterschiedlichen Teilen der Welt. Die Führungskräfte müssen dafür sorgen, dass trotz eines kontinuierlichen Veränderungs- und Innovationsdrucks die verschiedenartigen Kulturen und die damit einhergehenden unterschiedlichen Denk- und Verhaltensmuster zusammengebracht werden. Die Führungskräfte müssen die „Brücke zwischen den verschiedenen Welten" schlagen und für eine gelungene und effiziente Kooperation und Kommunikation sorgen – was bei großen Entfernungen zwischen den Teammitgliedern nicht immer einfach ist. Sie sollten deshalb in der Lage sein, interkulturelle Synergien und Gemeinsamkeiten zu erkennen, um den Aufbau von Verständnis und Vertrauen zu erleichtern. Multikulturelle Teams können die strategischen Ziele des Mutterhauses besser auf die unterschiedlichen Geschäftsbedingungen in den Auslandsmärkten übertragen. Eine multikulturelle Vertriebsabteilung kann besser auf die verschiedenen Bedürfnisse einer internationalen Kundschaft eingehen.

Auf der anderen Seite müssen Führungskräfte auch interkulturelle Konflikte lösen können. Aufgrund der kulturellen und örtlichen Distanz können Missverständnisse, Misstrauen, Ablehnung oder Konflikte entstehen, die die Zusammenarbeit erschweren. Der Vertrauensaufbau ist bei größerer Entfernung generell schwieriger. Führungskräfte sollten daher dafür sorgen, dass ihre Teams eine wirkungsvolle interkulturelle Teamkultur aufbauen, die auch in stürmischen Zeiten, wie es ein Wandel oft mit sich bringt, für Stabilität sorgt. Am stärksten sind hier die Führungskräfte der ersten Führungsebene und Teamleiter betroffen, denn bei ihnen findet die operative Umsetzung der strategischen Ziele statt.

Das obere Management steht besonders in der Verantwortung, auf systemischer Ebene die interkulturelle Kultur weiterzuentwickeln und durch Trainings und Coachings zu fördern und begleiten. Nur wer eine gemeinsam getragene Unternehmenskultur auch lokal vorlebt, wird bei seinen Mitarbeitern glaubhaft erscheinen. Zudem sollte das obere Management dafür sorgen, dass sich das Führungsteam über Ländergrenzen hinweg vernetzt und sich gegenseitig berät und unterstützt. Die Herausforderung besteht darin, dass sich Führungskräfte den multikulturellen Herausforderungen und den damit einhergehenden Vor- und Nachteilen oft kaum bewusst sind. Entsprechend fehlt die Sensibilität, und Konflikte werden unterschätzt.

Sedo wächst weiter: Die Phase 4

Das Geschäft von Sedo wächst so stark, dass sich die vier Geschäftsführer nicht mehr um alles selber kümmern können. Aufgaben und Verantwortlichkeiten müssen delegiert werden. „Delegation ist ein Knackpunkt, an dem wir merken, dass wir als Gründer durchaus unsere Schwächen haben", sagt CEO Tim Schumacher. „Wir sind so tief in den Themen drin, dass wir naturgemäß operativ involviert sind." Das Management erkennt seinen Lernbedarf und führt Leadership-Trainings durch. Um die Beschäftigten für die verstärkte Internationalisierung des Unternehmens zu sensibilisieren, wird ein International Exchange Program eingeführt: Für drei Monate tauschen Mitarbeiter in Deutschland und den USA ihre Büroarbeitsplätze und lernen so die Arbeitsweise und das Lebensgefühl der Kollegen vor Ort kennen.

Tipps für Ihr Human-Resource-Management

- Sorgen Sie für regelmäßigen Austausch der Führungskräfte. Internationale Managementmeetings, zum Beispiel per Videokonferenzen (Skype Video reicht im ersten Schritt dabei als Lösung völlig aus), oder gegenseitige Besuche in den Niederlassungen fördern die Zusammenarbeit.
- Eine einheitliche und systematische Führungskräfteausbildung mit individueller und teamorientierter Weiterbildung führt zum Erfolg. Legen Sie vor allem Wert auf interkulturelles Training, um das Miteinander und das gegenseitige Vertrauen länderübergreifend zu verbessern.

1.4.5   Fünfte Phase: Festigung

Die meisten Unternehmen müssen nach einigen erfolgreichen Jahren ihre Situation neu analysieren: Was haben wir erreicht? Wo waren wir erfolgreich? Welche Fehler haben wir gemacht? Wohin soll die Reise in den nächsten Jahren gehen? Nicht selten folgt auf eine solche Analyse eine Neuausrichtung: Unternehmensziele und -prozesse verändern sich, das Geschäft wird weiter professionalisiert, eine neue Führungsmannschaft wird aufgebaut. Zur Umsetzung neuer Wachstumsstrategien wird bei Bedarf auch auf weiteres Management-Know-how zurückgegriffen.

Bei alledem muss man darauf achten, dass die Veränderungs- und Innovationskultur im Unternehmen aufrechterhalten bleibt und unter den Mitarbeitern aufgrund des Wandels keine Unsicherheiten aufkommen. Teamentwicklung muss auf allen Ebenen weiterhin aktiv gefördert werden. Soll das Unternehmen weiter wachsen, müssen qualifizierte Mitarbeiter im In- und Ausland rekrutiert und Führungskräfte standortübergreifend nach einem gemeinsamen Leitbild und einem einheitlichen Führungsverständnis ausgebildet werden. Bei der Organisationsentwicklung sollten länderübergreifend Leistungsstandards etabliert und konsequent umgesetzt werden.

Sedo richtet sich neu aus: Phase 5

Derzeit befindet sich Sedo in der Konsolidierung. Seit 2008 wurde jährlich ein leichter, aber stetiger Umsatzrückgang bei gleichzeitig steigendem Margendruck registriert. Nach der Finanzkrise Mitte 2009 mussten erstmalig betriebsbedingte Kündigungen ausgesprochen werden, das Unternehmen schmilzt von 180 Mitarbeitern in der Hochphase 2007 auf nun 150 Mitarbeiter. Mittlerweile steigt die Mitarbeiterzahl wieder leicht an. Das Unternehmen wird in eine börsennotierte AG umgewandelt. Es wird durch zwei weitere Vorstände ergänzt, die nicht aus dem Gründerquartett stammen. Der neue Vorstand richtet die Strategie neu aus und setzt weitere Projekte auf.

Tipps für Ihr Human-Resource-Management

- Arbeiten Sie aktiv an einer Human-Resource-Strategie, welche die Unternehmensziele unterstützt und weiteres Wachstum ermöglicht.
- Unterstützen Sie durch gezielte Trainings- und Coaching-Maßnahmen die Change Management-Kenntnisse aller Manager und Mitarbeiter.
- Veränderung muss als Teil der Unternehmenskultur gesehen werden. Gerade wenn es zu Veränderungen oder wirtschaftlichen Krisen kommt, braucht ein Unternehmen ein einheitliches Führungsverständnis und ein ausgewogenes Konfliktmanagement. Moderieren Sie schwierige Situationen und helfen Sie allen Beteiligten konstruktive Lösungen zu finden.
- Für die internationalen Veränderungsprojekte müssen Führungskräfte ausreichend sprachliche und kulturelle Fähigkeiten haben, um hier für Innovation und kontinuierliche Verbesserung zu sorgen. Als Human-Resource Manager sollten Sie diesen Prozess aufmerksam und proaktiv begleiten. Besuchen Sie alle Niederlassungen regelmäßig und besprechen Sie notwendige Personal- und Organisationsentwicklungsaufgaben mit den lokal Verantwortlichen.

1.5 Strategien für erfolgreiches internationales Wachstum

Wenn Ihr Unternehmen vor Wandel und Veränderungen steht, ist es wichtig, vor allem die Mitarbeiter auf den neu eingeschlagenen Weg mitzunehmen. Im Personalbereich sollten langfristige Maßnahmenpakete erarbeitet werden, die beim Wandel helfen und unterstützen. Die Qualität Ihres Managements und die Kompetenzen der Mitarbeiter sind entscheidend für den Erfolg oder Misserfolg von Wandel.

Für ein strategieorientiertes HR-Management sind folgende Maßnahmen hilfreich:

Rekrutierung
Bauen Sie gute Rekrutierungskonzepte und -partner vor Ort im Ausland auf.
Lernen Sie, wie Sie vor Ort einheimische Führungskräfte finden und erfolgreich integrieren können.
Identifizieren Sie vielversprechende Mitarbeiter für das Ausland, fördern Sie wechselseitige Aufenthalte.
Legen Sie Wert auf Mitarbeiter, die sowohl über technische als auch über betriebswirtschaftliche Kenntnisse (Hybridkompetenzen) verfügen.
Kultur und Führung
Schaffen Sie ein unternehmensweites Bewusstsein, das kulturelle Unterschiede erlaubt und Nutzen für alle bringt. Nutzen Sie Workshops oder Events, um Besonderheiten aus den verschiedenen Kulturen kennen zu lernen.
Unterstützen Sie Ihre Fach- und Führungskräfte durch Coaching, Training-on-and-off-the-job, fördern Sie interkulturelle Kompetenzen.
Etablieren Sie Innovations- und Change Manager, die den Wandel vorantreiben.
Fördern Sie Teamarbeit, setzen Sie auf eine ausgewogene Zusammensetzung Ihrer multikulturellen Teams.
Information und Kommunikation
Verschaffen Sie sich genügend Information und Kompetenz für die Beurteilung der ausländischen Märkte, der Niederlassungen und der erforderlichen Qualifikationen.
Ermöglichen Sie den Aufbau persönlicher Beziehungen zwischen wichtigen Mitarbeitern.
Kommunizieren Sie Change-Management-Projekte zeitnah und intensiv und begleiten Sie diese aktiv.

Steuersysteme
Achten Sie auf Kundenorientierung und Servicequalität über Länder- und Kulturgrenzen hinweg.
Bauen Sie transparente Zielvereinbarungs- und Anreizsysteme auf.
Definieren Sie internationale Leistungsstandards und Kennzahlen.
Entwickeln Sie ein System des kontinuierlichen Verbesserungsprozesses (KVP).
Training und Entwicklung
Organisieren Sie Austauschprogramme zwischen den verschiedenen in- und ausländischen Standorten.
Bauen Sie ein Kompetenzmanagement auf, erfassen Sie das vorhandene und das zu entwickelnde Know-how.
Entwickeln Sie Ihre interne Talentpipeline und fördern Sie Ihre Leistungsträger.
Fördern Sie die Sprach- und interkulturellen Kenntnisse der Mitarbeiter durch Trainings on and off the job.
Leben Sie das „life long learning" und investieren Sie in die permanente Aus- und Weiterbildung aller Mitarbeiter.

1.6 Ein Fazit

Internationalisierung aktiv zu betreiben heißt, Marktveränderungen zu erkennen und sich optimal den Veränderungen anzupassen. Für einen erfolgreichen Change kommt es darauf an, die Dynamik der Internationalisierung in der Unternehmensstrategie zu verankern und damit die systematische Entwicklung des Unternehmens umzusetzen. Ebenso müssen Spielregeln für ein fruchtbares Zusammenspiel der Kulturen entwickelt werden. Dafür braucht es die richtigen und die richtig weitergebildeten Führungskräfte und Mitarbeiter.

Erfolgreicher Wandel gelingt nur, wenn man trotz zahlreicher Veränderungen weiterhin seinen Mitarbeitern eine hohe Aufmerksamkeit widmet und sich viel Zeit nimmt für die Personalentwicklung. Diese ist mindestens ebenso wichtig wie die Weiterentwicklung von Produkten. Denn Veränderungen können nur erfolgreich umgesetzt werden, wenn Mitarbeiter verstehen, wohin die Reise geht, wenn sie Veränderungen als Chance sehen und einen erforderlichen Change mittragen. Wer solche Mitarbeiter hat, kann einem Wandel zuversichtlich und gelassen entgegensehen.

1.7 Literaturverzeichnis

BITKOM Bundesverband Informationswirtschaft, Telekommunikation und neue Medien e.V., Branchenbarometer 2011: Pressemitteilung September 2011.

Churchill, N. C.; Lewis, V. L.: The Five Stages of Small Business Growth. Harvard Business Review, 3. März 2009.

eco – Verband der deutschen Internetwirtschaft e. V. / Arthur D. Little (Hrsg.): Die deutsche Internetwirtschaft 2009–2012 – Überblick, Trends und Treiber.

L'Hoest, R., Schönig, W.: Die Internet-Wirtschaft als Reformmotor der Wirtschafts- und Sozialpolitik, in: Wirtschaftsdienst – Zeitschrift für Wirtschaftspolitik – 2000, Heft 5, S. 280 ff.

2 Veränderungsbereitschaft als Zukunftskompetenz entwickeln

Kompetenzorientierte Unternehmensentwicklung führt dazu, dass Führungskräfte und Mitarbeiter genau diejenigen Kompetenzen, Fähigkeiten und Verhaltensweisen auf- und ausbauen, die unabdingbar sind, damit Unternehmen ihre Ziele realisieren können. Firmen, die die Veränderungsbereitschaft als Zukunftskompetenz erkannt haben, können sie mit dem Einsatz von Kompetenzdiagnostiktools zielgerichtet aufbauen. Der Beitrag zeigt anhand eines Beispiels aus der Praxis, wie es gelingt, das universale Prinzip der kompetenzorientierten Unternehmensentwicklung zu verwirklichen, so dass das Unternehmen den Geist der Veränderungsfähigkeit atmet.

Der Autor

Frank M. Scheelen ist Experte für strategische Unternehmensberatung, erfolgreicher Unternehmer, visionärer Speaker und bekannter Bestseller-Autor. Seit mehr als 20 Jahren berät er mit der von ihm gegründeten SCHEELEN® AG, deren Vorstandsvorsitzender er heute ist, erfolgreich Top-Unternehmen und Hidden Champions aus dem Mittelstand in ganz Europa. Die Scheelen® AG ist mit dem Prädikat „Top Consultant 2011" in der Kategorie Managementberatung ausgezeichnet worden und zählt damit zu den besten Beratern für den Mittelstand in Deutschland.

Kontakt:
SCHEELEN® AG, Klettgaustr. 21, 79761 Waldshut,
Tel.: +49 (0) 7741 - 96 94 0,
E-Mail: info@scheelen-institut.de, Homepage: www.scheelen-institut.de

2.1 Am Anfang: Ein Ausblick

Stellen Sie sich ein Unternehmen vor, in dem sich jeder mit dem Erreichten zufrieden gibt, in dem die Beharrungskräfte dominieren, in dem das Festhalten am Status quo Leitlinie der Unternehmenspolitik ist.

Unvorstellbar, meinen Sie? Nein, Realität in vielen klassischen Branchen – und ein Grund dafür, dass einige Traditionsunternehmen in den sich oft schnell ändernden Märkten vor einem untraditionellen Ende stehen.

Stellen Sie sich jetzt ein Unternehmen vor, das den Willen und die Bereitschaft zur ständigen Veränderung in der Unternehmenszielsetzung verankert hat, bei dem sich jeder Bereich, jede Abteilung, jedes Team, ja jede einzelne Führungskraft und jeder einzelne Mitarbeiter die Veränderungsbereitschaft auf die Fahnen geschrieben haben, um dafür gewappnet zu sein, zukünftige Herausforderungen zu bewältigen.

Auch unvorstellbar, sagen Sie wieder? Aber solche Unternehmen könnte es geben – wenn die Fähigkeit zur Veränderung als eine Kompetenz definiert würde, über die alle Führungskräfte und Mitarbeiter verfügen müssen. Solche Firmen könnte es geben, wenn die Prinzipien der kompetenzorientierten Unternehmensentwicklung befolgt würden. Und diese Unternehmen würden auch in sich schnell ändernden Märkten ihre Erfolgsstorys schreiben und ihre Erfolgsvisionen verwirklichen.

2.2 Das universale Prinzip der kompetenzorientierten Unternehmensentwicklung

Führungskräfte, die Veränderungsinitiative zeigen und wissen, dass unternehmerischer Erfolg nur erreichbar ist, wenn sich die Organisation und ihre Mitglieder jeden Tag offen und flexibel im Einklang mit den geänderten Rahmenbedingungen weiterentwickeln. Mitarbeiter, für die es selbstverständlich ist, dass morgen nicht alles so sein wird wie heute und alles anders als gestern, und sich darum bereitwillig den neuen oder veränderten Umständen anpassen. Das Unternehmensganze, das mit Spaß, Lust und Freude und einem realistischen Optimismus Ja sagt zur Veränderung und einen aktiven Gestaltungswillen mobilisiert. Ist das alles möglich?

2.2.1 Verankerung der Veränderungskompetenz in der Vision und den Unternehmenszielen

Dies ist keine Utopie, sofern die Kompetenz „Veränderungsbereitschaft" bereits in die Vision eines Unternehmens eingebettet ist, um sich dann wie selbstverständlich in den Geschäftsprinzipien, in der Unternehmensstrategie und den Zielen, Projekten und schließlich den Kompetenzen und Verhaltensweisen der Menschen wiederzufinden.

Mit anderen Worten: In die Unternehmensvision wird der Begriff des „veränderungsfähigen Unternehmens" aufgenommen. Eine beispielhafte Formulierung lautet:

Ein Formulierungsvorschlag
„Wir bieten unseren Kunden Topqualität und nachhaltigen Service. Damit dies möglich ist, sind wir fähig und bereit zur Veränderung und entwickeln uns zum veränderungsfähigen Unternehmen."

2.2.2 Die Bedeutung der Vision

Der Knackpunkt ist mithin: Das Unternehmen muss sich zunächst einmal über seine Vision im Klaren sein, weil sich daraus die Werte ergeben, die wiederum den Weg und die Art und Weise bestimmen, wie Ziele erreicht werden und wie sich Führungskräfte und Mitarbeiter in konkreten Situationen verhalten sollten. Die Kette von der Vision zum kompetenten Mitarbeiter hat weitere Glieder:

- Aus Vision, Mission und Werten können die handfesten unternehmerischen Grundsätze und die Unternehmensstrategie abgeleitet werden – und daraus wiederum die Unternehmensziele.

- Es gilt: Strategische Planung ohne Vision ist weitgehend wertlos – aber eine Vision ohne umsetzungsorientierte Strategie ebenso. Vision und Strategie gehören zusammen wie die zwei Seiten einer Medaille.

2.2.3 Veränderungsbereitschaft als integraler Bestandteil der Geschäftsprinzipien

Für unser Beispiel gilt: Nimmt die Geschäftsleitung die Vision ernst, wird sich die in ihr verankerte Veränderungsbereitschaft wie ein roter Faden durch die Unternehmenspolitik ziehen. Es handelt sich geradezu um ein universales Prinzip, das sich so zusammenfassen lässt:

- Die Vision wird formuliert – die Bereitschaft und die Fähigkeit zur Veränderung sind integraler Bestandteil der Vision.
- In der daraus abgeleiteten Strategie findet sich die Veränderungskompetenz wieder – ebenso in den daraus abgeleiteten strategischen und operativen Zielen und Umsetzungsmaßnahmen.
- Stehen die Ziele fest, die ein Unternehmen erreichen möchte, kann auch die Frage beantwortet werden, wie es um die Veränderungskompetenz der Menschen bestellt sein muss. Und die Geschäftsleitung weiß, über welche weiteren Kompetenzen jeder einzelne Mitarbeiter und jede einzelne Führungskraft verfügen sollte, um die angestrebte zukünftige Entwicklung zu ermöglichen.
- Eine Analyse zwischen Kompetenz-Soll-Zustand und Kompetenz-Ist-Zustand lässt diejenigen Kompetenzlücken erkennen, die mit Hilfe eines zielgerichteten Personalentwicklungskonzeptes und entsprechenden Weiterbildungsmaßnahmen geschlossen werden müssen. Wenn dabei Kompetenzlücken im Bereich der Veränderungsfähigkeit festgestellt werden, verfügt das Unternehmen über handfeste Ansatzpunkte, dass an dieser Stelle entsprechende Weiterbildungsmaßnahmen eingeleitet werden müssen.
- Am Ende dieses Prozesses haben die Menschen genau diejenigen Kompetenzen, die notwendig sind, um die Ziele, die Strategie und die Vision zu verwirklichen. Und dazu zählt auch die Veränderungskompetenz.

Nun stellt sich die Frage: Wie lässt sich überprüfen, in welchem Umfang die notwendigen Kompetenzen bei den Führungskräften und Mitarbeitern vorhanden sind? Denn das ist ja die Voraussetzung dafür, die Kompetenzlücken aufzuspüren – um sie mit Weiterbildungsmaßnahmen zu schließen.

Gestatten, Michael Schmidt!

Um dies zu verdeutlichen, kommt an dieser Stelle die Führungskraft Michael Schmidt ins Spiel. Herr Schmidt arbeitet in einem Unternehmen, das seinen Unternehmenswert steigern will, indem es die Vision vom kundenorientierten Unternehmen mit Hilfe veränderungsbereiter Führungskräfte und Mitarbeiter verwirklicht.

2.3 Das „Schmiermittel" Kompetenzentwicklung

Das „Schmiermittel" des universalen Prinzips sind die Kompetenzen der Menschen, die für das Unternehmen arbeiten. Darum ist ein Instrument notwendig, mit dem

- die zur Zielerreichung notwendigen Soll-Kompetenzen definiert und
- auf Seiten der Führungskräfte und Mitarbeiter die vorhandenen Ist-Kompetenzen gemessen werden können.

Hilfestellung bieten hier Kompetenzdiagnostiktools. Mit ihnen lassen sich die Soll- und Ist-Kompetenzen analysieren, um den Kompetenzlücken auf die Spur zu kommen. Zu den anerkannten Kompetenzdiagnostiktools gehört ASSESS by SCHEELEN®. Dabei legt die Unternehmensleitung mit der Unterstützung von ASSESS-Experten in einem Workshop zunächst einmal die benötigten Kompetenzen fest, die zur Unternehmenszielsetzung erforderlich sind. Daraus entsteht ein Kompetenzmodell – ein bei Bedarf *alle* Unternehmensbereiche umfassendes Modell, in dem die Fähigkeiten *aller* Mitarbeiter und Führungskräfte definiert sind, über die sie idealerweise verfügen sollten, um die Unternehmensvision zu erreichen.

Mit dem computergestützten Kompetenzdiagnostiktool lassen sich auch die vorhandenen Kompetenzen feststellen. Und damit ist der Weg frei für die Lückenanalyse und die Festlegung der Aktivitäten, die zur Schließung der Kompetenzlücken führen.

Lassen Sie uns diesen Prozess in vier Schritten nachvollziehen, damit deutlich wird, wie das Kompetenzdiagnostiktool ASSESS der Führungskraft Michael Schmidt hilft, genau diejenigen Kompetenzen aufzubauen, die es ihr ermöglichen, einen optimalen Beitrag zur Verwirklichung der Unternehmensvision zu leisten. Natürlich steht dabei die Veränderungsbereitschaft im Mittelpunkt.

2.3.1 Schritt 1: Soll-Zustand – Welche Kompetenzen benötigt Michael Schmidt?

Für die Führungskräfte – und damit auch für Michael Schmidt – hat das Unternehmen das Kompetenzmodell „Leading others" entwickelt. Grundlage ist die ASSESS-„Kompetenzbibliothek", die 38 Kompetenzen umfasst:

Denkstil	Arbeitsstil	Beziehungsstil
• Visionskraft oder Innovationskraft	• Planungs- und Organisationsfähigkeit	• Teamwork und Zusammenarbeit
• Systematisches Problemlöseverhalten oder Entscheidungsstärke	• Ergebnisorientiertes Handeln oder Ergebnisse liefern	• Überzeugungskraft und Einflussnahme oder verkäuferische Überzeugungskraft
• Veränderungsinitiative oder Anpassung an Veränderungen	• Qualitätsorientierung oder kontinuierliche Verbesserung oder Grundsatzorientierung	• Zielorientierte Führung oder Teamführung
• Zivilcourage	• Sicherheits- und Risikobewusstsein	• Mitarbeiterentwicklung
• Unternehmerisches Denken & Handeln	• Kundenorientierung oder Kundenservice	• Motivationskraft
• Fachkenntnis	• Integrität	• Unternehmenspolitisches Gespür oder Beziehungsmanagement
	• Belastbarkeit	• Verhandlungsführung oder Konfliktmanagement
	• Kontinuierliches Lernen	• Kommunikationsstärke
		• Schriftliche Kommunikation
		• Präsentationsfähigkeiten
		• Besprechungen / Meetings leiten
		• Aktive Teilnahme an Meetings
		• Kulturelles Verständnis

Abb. 1: Kompetenzbibliothek: Denkstil, Arbeitsstil, Beziehungsstil

In einem Workshop hat die Unternehmensleitung mit der Unterstützung der ASSESS-Experten in einem langwierigen Diskussionsprozess und mit Hilfe einer computergestützten Software aus der Kompetenzbibliothek 14 Kompetenzen festgelegt, die sich zu einem „idealen" Jobprofil zusammenfügen und das Kompetenzmodell „Leading others" ergeben. Mit anderen Worten: Eine Führungskraft kann die Unternehmensvision und die Unternehmensziele dann am besten verwirklichen, wenn sie die folgenden Kompetenzen hat:

Die 14 Kompetenzen des Kompetenzmodells „Leading others"

- Visionskraft
- Entscheidungsstärke
- Veränderungsinitiative
- Unternehmerisches Denken und Handeln
- Planungs- und Organisationsfähigkeit
- Ergebnisorientiertes Handeln
- Integrität
- Kontinuierliches Lernen
- Überzeugungskraft und Einflussnahme
- Zielorientierte Führung
- Mitarbeiterentwicklung
- Motivationskraft
- Beziehungsmanagement
- Präsentationsfähigkeiten

Die Kompetenz „Veränderungsinitiative"

Jede der 14 Kompetenzen wird besprochen – uns interessiert natürlich zuallererst, was das Unternehmen unter der „Veränderungsinitiative" seiner Führungskraft Michael Schmidt versteht:

- Veränderungsinitiative bedeutet, Maßnahmen zu ergreifen, um Veränderungsprozesse effektiv zu unterstützen und einzuführen
- Menschen mit dieser Kompetenz initiieren Veränderungen, sowohl proaktiv mit gezielter Kommunikation als auch durch ihr vorgelebtes Handeln
- Sie engagieren sich für diejenigen, die von den Veränderungen betroffen sind, und übernehmen persönlich die Verantwortung für die erfolgreiche Einführung und Umsetzung der Initiativen

Michael Schmidt muss demnach in der Lage sein:

- Änderungen offen und bereitwillig zu akzeptieren
- sich schnell an neue und sich ändernde Umstände anzupassen und sich darauf einzustellen
- erforderliche und notwendige Veränderungen zu antizipieren
- aktiv Initiativen für Veränderungen in seiner Gruppe oder im Unternehmen zu fördern, und

- persönlich Verantwortung zu übernehmen, damit die notwendigen Veränderungen beschlossen und effektiv umgesetzt werden können.

Für die Unternehmensleitung war und ist es eine Selbstverständlichkeit, dass bei einer Führungskraft die „Veränderungsinitiative" zu den grundlegenden Kompetenzen gehören muss. Denn immerhin ist es in der Unternehmensvision und den Unternehmenszielen festgeschrieben, dass die Führungskräfte und Mitarbeiter ein hohes Maß an Veränderungskompetenz mitbringen müssen, um einen Beitrag zur Verwirklichung der Zielsetzungen leisten zu können.

2.3.2   Schritt 2: Ist-Zustand – Welche Kompetenzen hat Michael Schmidt?

Die Unternehmensleitung und Michael Schmidt wissen nun, über welche Kompetenzen er verfügen sollte – der Kompetenz-Soll-Zustand ist also bekannt.

Wie aber ist es um seinen Kompetenz-Ist-Zustand bestellt? In welchem Ausprägungsgrad sind jene 14 Kompetenzen bei Michael Schmidt vorhanden? Wie sieht es – zum Beispiel – mit seiner Visionskraft aus? Ist er zur zielorientierten Führung imstande? Kann er motivieren, Beziehungen aufbauen – und vor allem: Veränderungsprozesse unterstützen und einführen?

2.3.2.1   Die Kompetenz „Veränderungsinitiative" und ihre Persönlichkeitseigenschaften

Nach der ASSESS-Terminologie ist eine Kompetenz „die Summe aller Fähigkeiten, Fertigkeiten, Kenntnisse, Persönlichkeits- und Verhaltensmerkmale, die als Grundlage dienen, um eine Funktion in einer Organisation erfolgreich und effektiv so zu erfüllen, dass damit die Erreichung von strategischen Unternehmenszielen unterstützt wird."

Das bedeutet: Eine Kompetenz kann verstanden werden als das Ergebnis mehrerer miteinander verknüpfter Persönlichkeitsfaktoren, welche sowohl aus angeborenen Charaktereigenschaften und Persönlichkeitsmerkmalen als auch aus erworbenen Eigenschaften bestehen.

Die ASSESS-Entwickler haben in jahrelanger Forschungstätigkeit eine Beziehung zwischen den arbeitsplatzbezogenen Persönlichkeitseigenschaften eines Menschen mit einer spezifischen Kompetenz hergestellt.

Das heißt für Michael Schmidt: Für jede der 14 Kompetenzen benötigt er bestimmte Persönlichkeitseigenschaften, die in einem bestimmten förderlichen Ausprägungsgrad vorhanden sein müssen, damit er – im Sinne des genannten Kompetenzmodells – eine exzellente Führungskraft sein kann.

Bei der Kompetenz „Veränderungsinitiative" sind dies die folgenden Persönlichkeitseigenschaften: Selbstsicherheit, Arbeitstempo, Stresstoleranz, realistische Denkweise, Entscheidungsfindung.

2.3.2.2 Persönlichkeitseigenschaften als Gradmesser für Kompetenzen

Wie es um den Ausprägungsgrad der Persönlichkeitseigenschaften bestellt ist, misst ASSESS mit Hilfe eines Fragebogens in drei Bereichen:

* *Denkstil*: Gemessen werden das Problemlösungsverhalten und die Entscheidungsfindung. Die entsprechenden Persönlichkeitseigenschaften geben ein Feedback darüber, wie sich ein Mensch intellektuell mit der Umwelt auseinandersetzt (etwa reflektierend, faktenorientiert, realistisch) und wie er mit Informationen umgeht. Dieser Bereich umfasst fünf Dimensionen.
* *Arbeitsstil*: Gemessen werden die bevorzugte Arbeitsumgebung, die Zusammenarbeit im Team und die Belastbarkeit. Dazu stehen zehn Dimensionen zur Verfügung. Die Persönlichkeitseigenschaften, die hier abgebildet werden, befassen sich mit der Art und Weise, wie ein Mensch sich organisiert, sich in eine vorhandene Organisation einfügt, wie er mit Aufgabenvielfalt umgeht und wie belastbar er ist.
* *Beziehungsstil*: Hier gibt es neun Dimensionen. Gemessen werden der interpersonelle Stil, die Kritikfähigkeit und die emotionale Ausgeglichenheit. Die gemessenen Persönlichkeitseigenschaften geben Auskunft über die Art und Weise, wie ein Mensch seine sozialen Kontakte gestaltet, wie er anderen begegnet, wie er auf andere wirkt, welche Grundeinstellung er zu Menschen und zu Dingen hat und wie selbstkritisch er veranlagt ist.

Zur Verdeutlichung: Bei Michael Schmidt wird also nicht die Kompetenz „Veränderungsinitiative" gemessen. Gemessen werden vielmehr die Ausprägungsgrade der Persönlichkeitseigenschaften, die notwendig sind, damit er die Kompetenzen im Führungsprozess aktualisieren kann, die ihn zu einem Leader machen, die für die Kompetenzen eines Leaders wichtig sind. Wie also schaut es mit seiner Selbstsicherheit, seinem Arbeitstempo, seiner Stresstoleranz, seiner Fähigkeit zum realistischen Denken und seiner Entscheidungsfindung aus?

2.3.3 Schritt 3: Soll-Ist-Abgleich – Welche Kompetenzlücken hat Michael Schmidt?

Die nächste Abbildung zeigt mit Hilfe der Prozentzahlen die Übereinstimmung der Persönlichkeitsergebnisse von Michael Schmidt mit den 14 Kompetenzen des verwendeten Kompetenzmodells (= Kompetenz-Soll-Zustand) an.

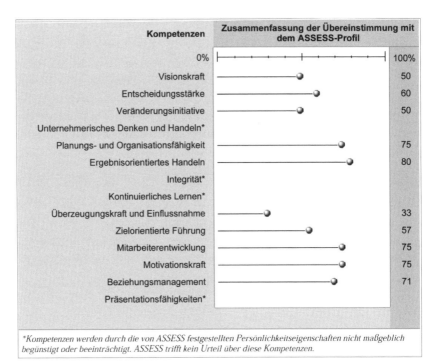

Abb. 2: Kompetenzanalyse: Michael Schmidt

Die starke Ausprägung eines Wertes weist auf eine Persönlichkeit hin, die in der Lage sein sollte, diese Kompetenz zu aktualisieren. Michael Schmidt dürfte demnach beim „Ergebnisorientierten Handeln" keine größeren Probleme haben – der Wert der Übereinstimmung mit dem Kompetenzmodell liegt bei 80 Prozent. Die Persönlichkeitseigenschaften von Michael Schmidt sind also zu 80 Prozent derart ausgeprägt, dass sie einen günstigen Einfluss auf die Kompetenz „Ergebnisorientiertes Handeln" haben.

Anders sieht es bei der Kompetenz „Überzeugungskraft und Einflussnahme" aus. Die niedrige Ausprägung von 33 Prozent weist auf Persönlichkeitseigenschaften hin, die eine Weiterentwicklung benötigen, um diese Kompetenz zu fördern. Und auch der Wert bei der „Veränderungsinitiative" liegt bei unserer Beispiel-Führungskraft mit 50 Prozent eher niedrig. Hier ist also Handlungsbedarf angesagt.

2.3.4 Schritt 4: Weiterbildung – Wie lassen sich die Kompetenzlücken schließen?

Die Geschäftsleitung und die Führungskraft selbst wissen nun, an welchen Persönlichkeitseigenschaften gearbeitet werden muss, damit Michael Schmidt notwendige Kompetenzen schärfen kann.

Die Kompetenzanalyse belegt deutlich: Damit Michael Schmidt die so notwendige Veränderungsinitiative entwickeln kann, muss er z. B. an der Persönlichkeitseigenschaft „Selbstsicherheit" arbeiten und sein Durchsetzungsvermögen verbessern. Denn sein geringes Durchsetzungsvermögen könnte seine Fähigkeit beeinträchtigen, Mitarbeiter und andere Menschen in seinem Verantwortungsbereich effektiv von der Notwendigkeit einer Veränderung zu überzeugen.

Aber auch an den anderen Persönlichkeitseigenschaften (Arbeitstempo, Stresstoleranz, realistische Denkweise, Entscheidungsfindung) muss er arbeiten, um die Kompetenz „Veränderungsinitiative" zu entwickeln.

Insgesamt verfügen die Geschäftsleitung und die Führungskraft bezüglich der 14 Kompetenzen des Kompetenzmodells „Leading others" über detaillierte Informationen, welche Persönlichkeitseigenschaften bei Michael Schmidt Gegenstand gezielter Weiterbildungsmaßnahmen sein müssen, damit er einen optimalen Beitrag zur Verwirklichung der Vision leisten kann.

2.4 Weitere Einsatzbereiche der Kompetenzdiagnostik

Die kompetenzorientierte Unternehmensentwicklung macht es möglich, die für die Wertsteigerung eines Unternehmens unerlässlichen Kompetenzen – im Beispiel: die Veränderungskompetenz – in den Mittelpunkt zu rücken. Der Vorteil liegt vor allem auf Seiten des Unternehmens. Das Unternehmen hat das Recht und die Verpflichtung, diejenigen Menschen einzustellen, deren Fähigkeiten dazu beitragen, die Unternehmensziele zu erreichen.

2.4.1 Unterstützung bei Teambildung und Personalauswahl

Die Kompetenzdiagnostik hilft den Verantwortlichen, Teams zusammen zu stellen, deren Kompetenzen sich ergänzen.

> **Veränderungskompetenz ins Team holen**
>
> Wenn es beim veränderungswilligen Unternehmen in einem Team an der Veränderungskompetenz mangelt, kann ein Mitarbeiter ins Team berufen werden, dessen Kompetenzanalyse ergeben hat, dass er just über diese Fähigkeit verfügt. Ähnliches gilt für die Personalsuche und Personalauswahl: Das Unternehmen geht gezielt auf die Suche nach einem Bewerber mit hoher Veränderungskompetenz.

Die Kompetenzdiagnostik erlaubt überdies eine konkrete Einschätzung, ob Bewerber zu der ausgeschriebenen Stelle bzw. zum ausschreibenden Unternehmen passen. Das Wissen um die benötigten Kompetenzen und die vorhandenen Potenziale ist unabdingbar, um Bewerber passgenau auszuwählen. ASSESS eignet sich dazu, weil es die Persönlichkeit, die Werteorientierung *und* die Fähigkeiten eines Bewerbers unter die kritische Auswahllupe legt.

Passen Persönlichkeit und Verhaltensweisen eines Bewerbers zu einem Großteil nicht zur Stelle – und umgekehrt –, ist es wahrscheinlich sinnlos, überhaupt einen Versuch zu starten, Dinge, die nicht zusammenwachsen können, aufeinander abzustimmen. Entsprechen Persönlichkeit und Verhaltensweisen nicht der zu besetzenden Stelle, müsste ein Mitarbeiter sich überdurchschnittlich stark anstrengen, um seinen Job einigermaßen befriedigend zu erledigen. Wahrscheinlich wird es ihm aber nicht gelingen, ihn ähnlich gut zu machen wie jemand, dessen Vorlieben genau zu dieser Tätigkeit passen. Wer in seinem Job augenscheinlich „versagt", sitzt oft nur am falschen Platz, weil er sein Persönlichkeits- und Kompetenzprofil besser an anderer Stelle mit mehr Stärken einbringen könnte.

2.4.2 Persönliche Weiterentwicklung vorantreiben

Die kompetenzorientierte Unternehmensentwicklung bietet auch den Menschen selbst die Möglichkeit, eigeninitiativ diejenigen Fähigkeiten weiterzuentwickeln, die ihnen wichtig sind.

Führungskräfte und Mitarbeiter haben ein Recht auf kompetenzorientierte Weiterbildung, weil sie so ihre Talente und Fähigkeiten am Arbeitsplatz optimal einsetzen können. Sie sind keine Rädchen im Getriebe, die zu funktionieren haben. Immerhin stellen sie ihre Fähigkeiten, ihre Talente, ihre Kompetenzen zur Verfügung. Also haben sie auch einen Anspruch darauf, dass diese Fähigkeiten, Talente und Kompetenzen optimal zu der Stelle passen, die sie bekleiden. Ist das nicht der Fall – und liegen die Gründe dafür außerhalb der Verantwortung des Mitarbeiters –, muss diese Übereinstimmung durch Weiterbildungsmaßnahmen hergestellt werden.

Das Konzept der kompetenzorientierten Unternehmensentwicklung hat den großen Vorteil, beiden Seiten gerecht zu werden. Das Bindeglied ist die kompetenzorientierte Weiterbildung.

Wie beide Seiten profitieren

Wenn Michael Schmidt also z. B. einen Karriereschritt nach vorn machen will und der Meinung ist, seine Veränderungskompetenz müsse entwickelt werden, kann er diese Notwendigkeit mit Hilfe der Kompetenzdiagnostik belegen. „Seht her, ich brauche eine Weiterbildung, damit ich mein Team motivieren kann, Veränderungsenergie aufzubauen", könnte er argumentieren, „hier ist meine Kompetenzlücke am größten. Damit ich Topleistungen bringen kann und mich am Arbeitsplatz wohl fühle, benötige ich Unterstützung!"

2.4.3   Kompetenzorientiertes Talentmanagement: Führungs-potenziale entdecken und individuell fördern

Die bisherigen Beispiele haben gezeigt: Die Einsatzbereiche der kompetenzorientierten Weiterentwicklung mit Hilfe eines Kompetenzdiagnostiktools gehen zuweilen ineinander über, insbesondere dann, wenn Weiterbildungsaktivitäten sowohl im Sinne der Firma als auch der Führungskraft oder des Mitarbeiters sind. Dies gilt ebenso für einen Bereich, der in Zukunft darüber entscheiden wird, welche Firmen wettbewerbsfähig bleiben und am Markt überleben werden – und welche nicht: das Talentmanagement.

Der Hintergrund: Die Unternehmen haben zwar zwischen Bewerbern, deren Leistungen bisher gut bis durchschnittlich waren, immer noch die große Auswahl. Bei der kleineren, aber wichtigen Gruppe der High Potentials hingegen ist der „War for Talents", der „Kampf um die besten Köpfe", in vollem Gang. Und es sind ausgerechnet jene High Potentials, bei denen die Loyalität zum Unternehmen nachlässt. Sie nehmen die jahrelang geforderte Flexibilität am Arbeitsmarkt ernst und sind wechselwilliger als ihre Vorgänger.

Dabei spielen nicht immer nur materielle Gründe eine Rolle. Junge Mitarbeiter und Führungskräfte achten verstärkt darauf, dass die Unternehmenskultur und die Unternehmensphilosophie zu ihren eigenen Werten und Überzeugungen passen. Und sie rücken die Überlegung in den Fokus, ob sie ihre Kompetenzen am Arbeitsplatz einsetzen und entfalten können und ob der Arbeitgeber Initiativen ergreift, ihre Kompetenzen individuell zu fördern.

Darum gehen die Firmen mittlerweile dazu über, Unternehmens- und Personalentwicklung konsequent aufeinander abzustimmen. Und die „Schmiermittel", mit denen dies gelingt, sind wiederum die Kompetenzorientierung und die kompetenzorientierte Unternehmens- und Personalentwicklung. Das folgende Beispiel belegt dies.

2.4.4   Ein Beispiel: Der Networker und die Tatkräftige

Wiederum begeben wir uns in jenes Unternehmen, das in seiner Vision seine „Veränderungsfähigkeit" festgeschrieben hat. Das Unternehmen will dazu die Schlüsselpositionen des Zukunftsmanagers und des Innovationsmanagers besetzen:

- Als Innovationsmanager wird ein Mitarbeiter der Innovationsabteilung verstanden, der vor allem Innovationsprozesse im Unternehmen anschieben, steuern und zielführend begleiten soll.

- Der Zukunftsmanager ist als Chief Innovation Strategist definiert: Er kann beispielsweise der Leiter einer Innovationsabteilung sein, oder er kann eine direkt an den Vorstand angebundene Position innehaben, in der es darum geht, die Geschäftspotenziale der kommenden Trends in Gesellschaft und Technologie frühzeitig zu erfassen und dabei die bestehenden Geschäftsmodelle in Frage zu stellen.

Für beide Positionen nutzt das Unternehmen Kompetenzmodelle nach ASSESS. In einem ersten Schritt geht es um die Besetzung des Innovationsmanagers. Dabei wird eine unternehmensinterne Lösung angestrebt.

2.4.5 Der Innovationsmanager

Dieter Maier und Gisela Müller sind für die Führungsposition des Innovationsmanagers im Gespräch. Beide sind in der Firma „groß geworden" und hervorragende Mitarbeiter. Die Verantwortlichen überlegen: Wie unterscheidet sich denn nun ein Mitarbeiter, der „das Zeug" zur Führungskraft hat, von einem Mitarbeiter, der für die Führungsposition weniger geeignet ist? Ergebnis: Die Fachkenntnisse sind dabei nicht das ausschlaggebende Kriterium, sondern persönliche Eigenschaften, Verhaltensweisen, Potenziale und Talente.

In diesem Beispiel umfasst das ASSESS-Kompetenzmodell 22 Kompetenzen, die für die zu besetzende Position wichtig sind. Die drei wichtigsten Kompetenzen sind die **Visionskraft, das ergebnisorientierte Handeln sowie die Veränderungsinitiative:**

Nun werden die tatsächlich vorhandenen Kompetenzen beider Kandidaten per Fragebogen erfasst und ausgewertet und mit dem ASSESS-Kompetenzmodell abgeglichen. Es stellt sich Folgendes heraus:

- Das Kompetenzprofil von *Dieter Maier* zeigt: Er bringt bereits viele Kompetenzen mit, die einen guten Innovationsmanager auszeichnen. Er hat hohes Potenzial in den Bereichen Problemlösungs- und Kommunikationsstärke und ist sehr wahrscheinlich ein kommunikativer Networker, Planer und Organisator. Er verbindet jedoch die

Fähigkeit, ein gutes Verhältnis zu seinen Mitmenschen aufbauen zu können, nicht mit der Veränderungsinitiative und Innovationskraft, die in dieser Position vonnöten sind. Auch in anderen Bereichen besteht noch ein erheblicher Entwicklungs- und akuter Weiterbildungsbedarf.

- Bei *Gisela Müller* hingegen wird deutlich, dass bei den meisten Schlüsselkompetenzen, die für die Position des Innovationsmanagers als unbedingt erforderlich definiert wurden, eine hervorragende Ausprägung vorhanden ist. Sie ist für die angestrebte Führungsposition in diesem Unternehmen prinzipiell gut geeignet und verbindet strategisch-intellektuelles Potenzial wie etwa Visionskraft und Veränderungsinitiative mit Führungskompetenzen wie z. B. Motivationskraft.

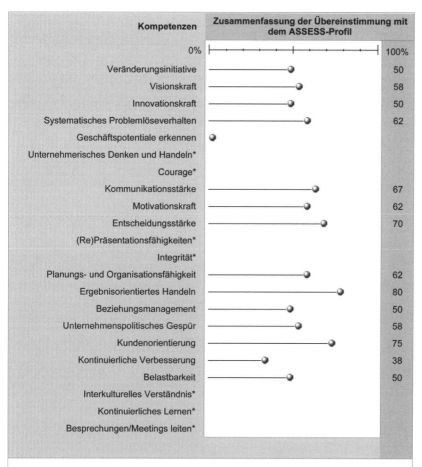

Kompetenzen	Zusammenfassung der Übereinstimmung mit dem ASSESS-Profil	
	0% ⊢—·—·—·—·—┼—·—·—·—·—⊣ 100%	
Veränderungsinitiative		50
Visionskraft		58
Innovationskraft		50
Systematisches Problemlöseverhalten		62
Geschäftspotentiale erkennen		
Unternehmerisches Denken und Handeln*		
Courage*		
Kommunikationsstärke		67
Motivationskraft		62
Entscheidungsstärke		70
(Re)Präsentationsfähigkeiten*		
Integrität*		
Planungs- und Organisationsfähigkeit		62
Ergebnisorientiertes Handeln		80
Beziehungsmanagement		50
Unternehmenspolitisches Gespür		58
Kundenorientierung		75
Kontinuierliche Verbesserung		38
Belastbarkeit		50
Interkulturelles Verständnis*		
Kontinuierliches Lernen*		
Besprechungen/Meetings leiten*		

*Kompetenzen werden durch die von ASSESS festgestellten Persönlichkeitseigenschaften nicht maßgeblich begünstigt oder beeinträchtigt. ASSESS trifft kein Urteil über diese Kompetenzen.

Abb. 3: Kompetenzmodell „Innovationsmanager"; die Grafik zeigt die Ausprägungen einer Führungskraft, deren Veränderungsinitiative (50 % Übereinstimmung mit dem ASSESS-Kompetenzmodell) durchaus ausbaufähig ist.

Entwickelt wurde das Kompetenzmodell von der Scheelen AG gemeinsam mit dem Zukunftsforscher Sven Gábor Jánszky. Zusätzlich floss die Erfahrung von Innovations- und Personalexperten aus namhaften Unternehmen wie IBM und Siemens in das Modell ein.

2.4.6 Veränderungsinitiative als ausschlaggebender Faktor

Wer ist der oder die Richtige, Dieter Maier oder Gisela Müller? Im direkten Vergleich der Kompetenzprofile beider Kandidaten wird deutlich, dass Gisela Müller insgesamt besser auf das Anforderungsprofil für die zu besetzende Führungsposition passt. Die höheren Prozentwerte bei den Kernkompetenzen weisen dies aus. Entscheidend aber ist ihre hoch ausgeprägte Kompetenz „Veränderungsinitiative". Sie ist also besser als ihr Konkurrent geeignet, als Innovationsmanagerin zur Verwirklichung der Unternehmensvision beizutragen.

2.5 Ein Fazit

Kompetenzorientierung und Kompetenzdiagnostiktools tragen dazu bei, dass Unternehmen genau diejenigen Kompetenzen bei ihren Führungskräften und Mitarbeitern entwickeln, die zur Verwirklichung der Unternehmensvision und der Unternehmensziele notwendig sind – unter anderem auch die Veränderungskompetenz.

So lassen sich überdies die Initiativen zur Personalsuche, zur Teamzusammenstellung und zum Talent Management effektiv gestalten.

2.6 Literaturverzeichnis

Christiani, A.; Scheelen, F. M.: Stärken stärken. Talente entdecken, entwickeln und einsetzen. 3. Auflage, Frankfurt 2010.

Scheelen, F. M.; Bigby, D. G.: Kompetenzorientierte Unternehmensentwicklung. Erfolgreiche Personalentwicklung mit Kompetenzdiagnostiktools. Freiburg 2011.

Scheelen, F. M.; Jánszky, S. G.: Innovation ja! – Aber wer kann´s? Praxis-Kompetenzmodelle für Innovations- und Zukunftsmanager sowie zukunftsfähige Führungskräfte. In: Executive Excellence. Das Magazin für Leadership, Management und persönliche Spitzenleistung, Ausgabe „Leaders in Innovation", Waldshut-Tiengen, 2011, S. 4-7.

3 Teamentwicklung: Schlüsselfaktor für erfolgreiche Change Projekte

Maßnahmen der Teamentwicklung können die erfolgreiche Umsetzung von Change Projekten in Unternehmen aktiv unterstützen. Wie das funktioniert, zeigt dieser Beitrag. Er erläutert grundlegende Prozessphasen und Arbeitsschritte von Change Projekten und Teamentwicklungsmaßnahmen sowie deren Wirkungen. Ein Beispiel aus der Praxis illustriert das Thema Change im Unternehmen und mögliche Ansatzpunkte für Methoden der Teamentwicklung.

Die Autoren

Dr. Albrecht Ebertzeder: Der Diplom-Wirtschaftspädagoge und Psychologe ist Partner und Seniortrainer bei der dta international in München. Er verfügt u.a. über Zusatzausbildungen in Transaktionsanalyse, NLP, Coaching, Tiefenpsychologie und integrativer Beratung. Dies und seine langjährige Praxiserfahrung als Prozessbegleiter und -entwickler bei deutschen und internationalen Unternehmen qualifizieren ihn in besonderer Form für Trainings in Persönlichkeits-, Team- und Projektentwicklung.

Wolfgang Widder: Der Diplom-Kaufmann mit einem MBA am Henley Management College (GB) ist seit über 16 Jahren als Berater, Trainer und Coach deutscher und internationaler Top-Unternehmen im Bereich Führungskräfteentwicklung und Teamentwicklung tätig. Der ehemalige Seniorpartner der Unternehmensberatung KPC ist Geschäftsführer der dta international ltd. und der consulting4effects GmbH. Er verfügt u.a. über Zusatzausbildungen in Systemischer Beratung und als Performance Consultant/Coach (dta).

Kontakt:
dta international Ltd., Leopoldstraße 244, 80807 München,
Tel.: +49 (0) 89 - 35 06 38 28,
E-Mail: info@dta-international.org,
Homepage: www.dta-international.org

3.1   Der Trend zum Change

Change ist in den letzten zehn Jahren zu einem Modewort im Kontext erfolgsorientierten Handelns geworden. Im Rahmen von gesellschaftlichem Wandel, Globalisierung sowie zunehmender Dynamik und Flexibilisierung sind Organisationen darauf angewiesen, ihre Strukturen und Prozesse an veränderte Markt- und Wertestrukturen anzupassen.

Ein erfolgreiches Change Management ist dabei zur Sicherung von Wettbewerbsvorteilen sowohl wünschenswert als auch notwendig. Die immer wieder zitierte Zahl von 70 % gescheiterter Change Projekte[5] verdeutlicht die Brisanz dieses Themas.

Ein geplantes, systematisches Vorgehen ist eine Voraussetzung für die effektive Umsetzung von Change Projekten. Neben einer strategischen und inhaltlichen Zielklärung und Prozessbegleitung müssen Change Projekte für einen nachhaltigen Wandel von allen Ebenen getragen werden. Die Aussage von Harigopal (2006, S. 272) „If people within the organization do not change, the organization cannot change", macht deutlich, dass Mitarbeiter als strategische Ressource ein wesentlicher Erfolgsfaktor für das Gelingen von Change Projekten sind. Der Grundsatz „Betroffene zu Beteiligten zu machen" unterstreicht diese Annahme.

Im Rahmen einer innovativen, partizipativen Unternehmensführung werden zudem zunehmend Rollen und Handlungsautonomie von Arbeitsgruppen gestärkt und proaktives Handeln gefördert. Maßnahmen der Teamentwicklung zielen darauf ab, dass „neu-gebildete oder bereits bestehende Arbeitsgruppen unter qualifizierter Anleitung von Moderatoren daran arbeiten, ihre Leistungsfähigkeit, sowie die Qualität des Arbeitens und Zusammenwirkens in der Gruppe zu optimieren" (Stumpf & Thomas, S. X). Während die Umsetzung von Change Projekten traditionell der Organisationsentwicklung zugeordnet wird, ist die Mitarbeiterentwicklung strategisch Teil der Personalentwicklung. Die Teamentwicklung verbindet beide Elemente und beeinflusst damit direkt und indirekt den Erfolg von Change Projekten. Um mögliche Ansatzpunkte für Interventionen aufzuzeigen, vermittelt der folgende Abschnitt zunächst ein grundsätzliches Verständnis über die einzelnen Phasen und Herausforderungen in Change Projekten.

---

[5]   Steinle/Eggers/Ahlers, S. 6.

3.2 Vorgehensweisen in Change Projekten

Entwicklungen und Veränderungen sind im Unternehmensalltag alltäglich und selbstverständlich geworden.

Bei ungeplanten, evolutionären Wandlungsprozessen werden kontinuierlich Arbeitsweisen angepasst, ohne dass diese bewusst von den Beteiligten als Wandel wahrgenommen werden.

Bei Change Projekten wird in der Wissenschaft im Gegensatz zu dem eben beschriebenen Wandel 1. Ordnung von einem so genannten radikalen oder revolutionär transformationalen Wandel 2. Ordnung gesprochen[6]. Change Management zur Sicherung von Wettbewerbsvorteilen beinhaltet damit grundsätzlich die „zielgerichtete Identifikation, Gestaltung, Steuerung und Entwicklung von Wandlungsvorhaben" (Steinle/Eggers/Ahlers, S. 9). Change Projekte sind im Vergleich zu evolutionärem Wandel mit einer deutlich höheren Komplexität, Intensität und damit mit Ängsten verbunden. Diese Faktoren müssen im Prozess mit einkalkuliert werden.

Neben einer Ist- und Soll-Bestimmung steht daher die Maßnahmenplanung zur Zielerreichung im Zentrum von Change Projekten. Gleiches gilt für das Abwägen möglicher Hindernisse und Handlungsalternativen.

Wie die folgende Abbildung verdeutlicht, greifen Change Projekte aktiv in verschiedene Handlungsfelder von Unternehmen ein.

---

[6]   Staehle, S. 900.

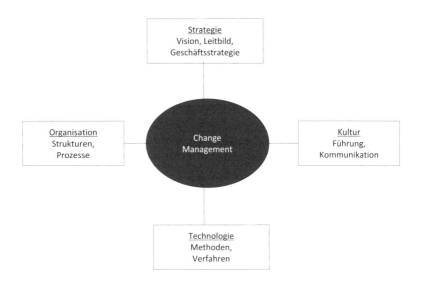

Abb. 1: Handlungsfelder des Change Managements (aus Vahs, 2009, S. 7)

Unabhängig von der konkreten Zielvorgabe beinhaltet jedes Change Projekt eine Veränderung des Status quo. Je nach Anlass ergeben sich unterschiedliche monetäre und nicht-monetäre Sachziele, aber auch interne und externe Verhaltensziele. Damit zielen Change Projekte neben der Veränderung von Strukturen, Prozessen, Ressourcen, Systemen und Strategien auch auf eine Veränderung von Fähigkeiten, Verhalten, Werten oder Überzeugungen ab.

Veränderungen

So führt beispielsweise ein Change Projekt zur Arbeitszeitflexibilisierung dazu, dass kurzfristige Absprachen und regelmäßige Abteilungsmeetings erschwert werden und neue Wege der Kommunikation zum Einsatz kommen.

An anderer Stelle hat eine Dezentralisierung zur Folge, dass Führungskräfte die Kontrolle über Gesamtprozesse verlieren und stärker auf die Kompetenzen ihrer Mitarbeiter vertrauen müssen.

Change Projekte gehen damit grundsätzlich mit personengebundenen Verhaltens- und Wahrnehmungsveränderungen einher.

Die Erfolgsfaktoren, die in diesem Zusammenhang immer wieder erwähnt werden, sind unter anderem folgende:

- eine klare Veränderungsvision,
- die Unterstützung durch das Top-Management und
- ein integrativer Ansatz, der alle oben beschriebenen Handlungsfelder berücksichtigt.
- Essenziell für das Gelingen eines Wandels ist zudem die Integration der Mitarbeiter und ggf. der Kunden in den gesamten Prozess. Nur eine offene, partizipative Unternehmenskultur ermöglicht es, Mitarbeiter für das Change Projekt zu gewinnen und dieses erfolgreich umzusetzen.

Mitarbeiter spielen daher eine zentrale Rolle für den Veränderungserfolg. Sie sind ein Hebel für die aktive Steuerung der intendierten Prozesse. Dies zeigt auch das Phasenmodell von Müller-Stewens und Lechner (S. 609 bis 631). Die Autoren unterscheiden fünf Phasen des Wandels:

1. *Sensibilisierung*: Zur Vorbereitung müssen Nutzen und Notwendigkeit des Wandels verdeutlicht und dadurch eine Bereitschaft für den Wandel erzeugt werden.
2. *Auftakt*: Der Einstieg in den Wandel erfordert das Schaffen günstiger Startbedingungen und die Thematisierung von Herausforderungen, Vorzügen und Risiken.
3. *Roll Out:* Die Durchführung ist eine aktive Auseinandersetzung mit Widerständen, ist Kommunikation und Partizipation von Veränderungen.
4. *Verstetigung:* Nachhaltige Veränderungen ermöglichen durch langfristige Maßnahmen und Engagement.
5. *Konsolidierung*: Projektabschließende Maßnahmen.

Jedes Change Projekt beinhaltet damit die Phasen der Vorbereitung, Analyse, Planung, Realisierung, Evaluierung und kontinuierlichen Weiterentwicklung (Vahs, 2010, S. 7). Die beteiligten Mitarbeiter beeinflussen das Gelingen des Projektes dabei in jeder Phase.

Welche Rolle dabei Teamentwicklung spielt und welche Auswirkungen sie hat, zeigt der folgende Abschnitt.

3.3   Erfolgsfaktor Teamentwicklung

Teamentwicklung kann zielgerichtet die Leistung von Arbeitsgruppen optimieren. Teamentwicklungsmaßnahmen sind daher wie Change Projekte grundsätzlich zweckorientiert, aktiv gesteuerte und bewusst intendierte Prozesse.

Dahinter steckt der Leitgedanke, durch erhöhte Kooperationsbereitschaft die Arbeitseffizienz in Arbeitsgruppen zu steigern. Eine Reihe bereits etablierter Teamentwicklungsmethoden kann dabei direkt und indirekt für die erfolgreiche Umsetzung von Change Projekten genutzt werden.

> **Achtung**
> Es sei an dieser Stelle betont, dass die hier vorgestellten Maßnahmen auf die Teamentwicklung der betroffenen Belegschaft und nicht auf so genannte Change Teams abzielen. Change Teams begleiten in der Regel den projektverantwortlichen Change Manager bzw. Change Agent und bringen im Gegensatz zu der beschriebenen Zielgruppe bereits entsprechende Veränderungsbereitschaft und Expertenwissen für den geplanten Prozess mit. Beides muss bei den betroffenen Arbeitsgruppen erst erzeugt werden.

Ebenso wie in Change Projekten werden auch bei der Teamentwicklung verschiedene Phasen unterschieden. Häufig zitiert in diesem Zusammenhang ist das Modell von Tuckmann (1965) mit seinen vier Entwicklungsphasen, die eng an die Phasen des Wandels angelehnt sind:

1. Forming
2. Norming
3. Storming
4. Performing

Um arbeitsfähig zu werden (Phase 4: Performing) muss eine Gruppe zunächst gebildet (Phase 1: Forming), Regeln und Normen müssen festgelegt (Phase 2: Norming) und Widerstände beseitigt (Phase 3: Storming) werden.

Diese Phasen von Tuckman können Teams mehrmals durchlaufen, da jede Änderung auch eine Umstellung der Arbeitsweise und des Erlebens des Teams mit sich bringt. Teamentwicklungsprozesse sind also stets begleitet durch rational-sachliche Gesichtspunkte der Arbeitsaufgabe, wie auch emotional-beziehungsorientierte Aspekte der Identität und Rollenklärung.

> **Negativ oder positiv?**
> So können Mitarbeiter eine neu übertragene Aufgabe positiv als Möglichkeit zur Kompetenzsteigerung oder negativ als Überforderung wahrnehmen.

Tuckmanns Modell beschreibt dabei einen idealtypischen Verlauf, der zusätzlich von der Teamleitung, der Qualifikation, dem Engagement, den Aufgaben, Methoden, der Organisation und Lernbereitschaft der Teammitglieder beeinflusst wird. Da diese Kriterien ebenso in Change-Prozessen eine Rolle spielen, können systematische Teamentwicklungsmaßnahmen den erfolgreichen Wandel aktiv fördern. Wie das gelingen kann, lesen Sie im folgenden Abschnitt.

3.4 Auswirkungen von Teamentwicklung auf den Erfolg der Change Projekte

Bei Change Projekten bringt eine systematische und nachhaltige Teamentwicklung eine Reihe positiver Effekte mit sich. Darunter:

- Verbesserte Zielklarheit und verbessertes Rollenverständnis
- Verbesserte Kommunikation und Kooperation und eine damit verbundene effektivere Konfliktbewältigung
- Stärkung der wechselseitigen Unterstützung innerhalb des Teams und Bewusstsein für den Nutzen jedes einzelnen Teammitglieds

Teamentwicklungsmaßnahmen unterstützen also besonders dann, wenn es um weiche Faktoren des Veränderungsprozesses geht. Nicht zuletzt führt jedoch eine erfolgreiche Teamentwicklung auch zu effizienteren Prozessen und damit zu einer individuellen und organisatorischen Leistungssteigerung.

Um diese Effekte zu erreichen, sollten Teamentwicklungsmaßnahmen grundsätzlich langfristig und kontinuierlich angesetzt werden. Immer können Änderungen und Widerstände auftreten, die dazu führen, dass Entwicklungsphasen erneut durchlaufen werden und die Teamdynamik sich verändert.

3.5   Praxisbeispiel Change Management

Ein Beispiel aus der Praxis veranschaulicht nun die beschriebenen Phasen und Fragestellungen:

Anstehende Fusionen

Ziel des hier vorgestellten Change Projektes war es, 12 eigenständige Regionalstellen eines Unternehmens zu fusionieren, um am Markt wettbewerbsfähig zu bleiben.

Jede Regionalstelle hatte bis dato mehrere Geschäftsstellen, die sie eigenständig führte. Es gab zwar die gleichen Produkte mit festgelegten Preisen, aber die Prozessabläufe der Abteilungen sowie die Personalführung und -politik wurden eigenständig festgelegt und ausgeführt. Dies hatte zur Folge, dass viele Arbeiten aufgrund der regionalen Eigenständigkeit der Abteilungen doppelt ausgeführt wurden. Teilweise entstanden sogar Konkurrenzsituationen unter den entsprechenden Abteilungen der verschiedenen Regionalstellen.

Mit der Fusion sollten einheitliche Prozesse eingeführt werden. Gleiche Arbeiten sollten von einer zentralen Stelle ausgeführt oder zu mindestens gesteuert werden. Dadurch wollte man kostengünstiger und schneller werden.

Die Mitarbeiter des Unternehmens waren in der Hauptsache langjährige Mitarbeiter, die regional und familiär gebunden waren und Veränderungen sowohl räumlicher Art als auch bezüglich ihrer Arbeitsabläufe nicht gewohnt waren. Beständigkeit war für alle ein hoch angesiedelter Wert.

Mit der Fusion wurde hohe Flexibilität von ihnen gefordert. Trotz Arbeitsplatzsicherheit führte diese ungewohnte Situation zu extremer Unruhe, Ängsten, Verunsicherungen und Demotivation. Neue Fahrwege und Umzüge wurden nun erforderlich; Arbeitsprozesse waren nur noch eingeschränkt beeinflussbar, man fühlte sich in einer stärkeren Abhängigkeit.

Um dem zu begegnen, entschied sich das Unternehmen, überregionale Teamstrukturen statt Abteilungen einzuführen. Die Teams sollten im Rahmen eines Change Projektes unterstützend in den Fusionsprozess eingebunden werden. Das bot den Vorteil, die Mitarbeiter mit den Problematiken und den Chancen der Fusion direkt konfrontieren zu können. Prozesse konnten mitgestaltet, Betroffene zu Beteiligten gemacht werden. So profitierte man von den Erfahrungen der Mitarbeiter und tat sich leichter mit der Gestaltung und Einführung der Prozesse.

3.6 Methoden der Teamentwicklung in Change Projekten

An dem skizzierten Beispiel lassen sich eine Reihe praktischer Methoden darstellen, um mit Teamentwicklungsmaßnahmen Change Projekte zu beeinflussen.

3.6.1 In der Phase der Sensibilisierung

Bereits in der Phase der Sensibilisierung helfen einleitende Maßnahmen dabei, einen erfolgreichen Einstieg in das Change Projekt zu begünstigen.

Primäres Anliegen dieser Phase ist das Schaffen eines Problembewusstseins bei den Mitarbeitern. Ohne eine wahrgenommene Dringlichkeit und den Wunsch nach Veränderung ist weder Commitment, noch Unterstützung zu erwarten. Ohne diese beiden Faktoren ist jedoch ein Change Projekt nur schwer bis gar nicht durchzusetzen.

Neben klassischen Techniken des Mind Mapping und Brainstorming hilft der Einsatz von Kreativitäts- und Organisationstechniken dabei, auf Optimierungsbedarf aufmerksam zu machen. Mitarbeitern sollte die Möglichkeit gegeben werden, frei über bestimmte Fragestellungen oder Problembereiche und damit verbundene, notwendige Veränderungen nachzudenken. Eine klassische Methode der Teamentwicklung ist in diesem Zusammenhang das World Café mit verschiedenen Thementischen, oder die Erarbeitung einer Lernkarte, in der bereits Hindernisse und mögliche Lösungen, wie die im Beispiel angesprochene neuen Fahrwege und Kollegen, diskutiert werden können.

Handelt es sich bei der Belegschaft um eine große Anzahl an Mitarbeitern, kann auch die Methode des Open Space in Betracht gezogen werden. In Form eines „Themenmarktplatzes" diskutierten Mitarbeiter selbstorganisiert und selbstverantwortlich über bevorstehende Veränderungen. Sie können sich damit aktiv mit optimierbaren Prozessen auseinandersetzen.

Solche Methoden sind auch hilfreich, um Veränderungen, beispielsweise neue Teamzugehörigkeiten, zu thematisieren, zu visualisieren und zu konkretisieren. Im Praxisbeispiel bieten sie zudem die Chance, dass die Kollegen der verschiedenen Regionalstellen sich kennenlernen und informell austauschen können. Beachten Sie dabei jedoch, dass der Einsatz dieser Techniken die Unterstützung eines internen oder externen Moderators erfordert.

Neben der Möglichkeit, eigene Vorschläge und Problembereiche zu thematisieren, gilt es, wie das Beispiel zeigt, die Mitarbeiter aktiv in die Planung des Change Projektes mit einzubeziehen und durch ein systematisches Informationsmanagement über Ziele und Nutzen des Veränderungsprozesses aufzuklären. Methoden des Kommunikationsmanagement, z. B. in Form von Workshops oder moderierten Diskussionsrunden helfen, Zweifel zu beseitigen und eine grundsätzliche Bereitschaft für das geplante Vorhaben zu schaffen.

Empfehlenswert ist es bei der Informationsweitergabe, neben Top-down-Statusberichten auch ein Bottom-up-Feedback einzufordern, z. B. durch Teamsprecher oder Vertreter der einzelnen Regionalstellen. Eine Kommunikation der unteren Ebenen mit dem Top Management zeigt, dass Mitarbeiter wertgeschätzt werden. Umgekehrt steigert ein partizipatives Informationsmanagement die Akzeptanz und das Problembewusstsein der Mitarbeiter und erhöht das Commitment.

Ebenso können so genannte Town Hall Meetings veranstaltet werden, angelehnt an die Bürgerversammlungen in New England. Sie bieten Mitarbeitern die Möglichkeit, ihre Meinungen und Befürchtungen vorzutragen. Eine solche Methode eignet sich allerdings nur bei einer bereits bestehenden offenen, partizipativen Unternehmenskultur, in der Mitarbeiter keine Hemmungen besitzen, auch öffentlich Kritik zu üben.

3.6.2   In der Auftaktphase

Spätestens in der Auftaktphase sollten Voraussetzungen und Bedingungen für den Wandel in den betroffenen Arbeitsgruppen überprüft werden. Dazu gehört neben der Formulierung einer klaren Zielvorgabe auch die Analyse der alten und neuen Teamstrukturen, deren Aufgaben sowie eine Gewährleistung der Kontinuität der Gruppe und Bereitstellung notwendiger Ressourcen. Ort, Zeit, Vertraulichkeit und Verbindlichkeiten innerhalb des Teams und die Dauer des Change Projektes sollten definiert werden. Auch der Einbezug von Vorgesetzten und Management muss sichergestellt sein.

Dies beinhaltet ebenso die Einigung auf verbindliche Kommunikationsregeln, die den regelmäßigen Informationsaustausch begünstigen. Regelmäßiges Feedback und ein Verständnis grundlegender Kommunikationsmodelle beugen Missverständnissen vor und führen insgesamt zu einem höheren Zusammengehörigkeitsgefühl. Vereinbarte Regeln können zudem in Konfliktsituationen wieder aufgegriffen und thematisiert werden.

Die frühzeitige Festlegung grundsätzlicher Regeln und Normen im Umgang miteinander ist nicht nur in Change Projekten Voraussetzung für eine effiziente und kooperative Zusammenarbeit. Durch die Implementierung von Regeln der Kommunikation werden Missverständnisse reduziert und die Mitarbeiter bestärkt, aktiv im Veränderungsprozess mitzuwirken. Change Projekte tragen somit direkt und indirekt zur Umsetzung einer offenen Feedback-Kultur bei. Dies ist im vorgestellten Praxisbeispiel hoch relevant, in dem Mitarbeiter aus unterschiedlichen „regionalen Unternehmenskulturen" aufeinander treffen.

Um möglichst optimale Startbedingungen zu schaffen, sollten im Rahmen eines Teamworkshops Maßnahmenpläne definiert und Rollen innerhalb des Change Projektes geklärt werden. Die gemeinsame Arbeit an Projektschritten ermöglicht zudem das Erkennen von Stärken und Schwächen sowie Kompetenzen der einzelnen Teammitglieder. Gleichzeitig bieten regelmäßige gemeinsame Treffen die Chance, organisatorische und aufgabenspezifische Fragestellungen zeitnah und informell zu klären.

3.6.3   In der Phase des Roll Out

Treten in der Phase des Roll Out Widerstände seitens der Beteiligten auf, können wiederum klassische Teamentwicklungsmethoden bei der Konfliktbewältigung helfen.

Wichtig ist es, dazu entsprechende kritische Situationen frühzeitig zu erkennen und dagegen zu steuern. Wie beschrieben, ist jede Veränderung mit Unsicherheiten seitens der Beteiligten verbunden. Wahrgenommene Gefahren und Risiken führen zu Widerständen, die die Umsetzung von Change Projekten erschweren oder gar verhindern. Im Praxisbeispiel stellen neue Mobilitätsanforderungen eine Herausforderung für viele Mitarbeiter dar. Das kann zu Unmut in der Belegschaft führen und sollte daher thematisiert werden. Häufig sind besonders solche begleitenden Verhaltensveränderungen Barrieren im Change-Prozess. Problemfelder innerhalb der Belegschaft und deren Arbeitsumfeld sollten bestenfalls bereits im Vorfeld identifiziert und thematisiert werden. Ein Change Projekt wird dadurch umso besser steuerbar, und die Gefahr, Probleme zu funktionalisieren, verringert sich.

Ebenso können die in der Planungs- und Projektstartphase festlegten Kommunikationsregeln helfen.

Eine leicht umsetzbare Methode zur Konfliktbewältigung ist der Resistance Radar, bei dem Mitarbeiter ihre persönliche Einschätzung zu betroffenen Bereichen als unkritisch bis sehr kritisch angeben können. Die Gesamteinschätzung liefert einen Überblick über wahrgenommene Schwierigkeiten, die im Anschluss thematisiert und lösungsorientiert bearbeitet werden sollten.

Einen ähnlichen Ansatz verfolgt die Kraftfeldanalyse. Sie hilft, treibende und hinderliche Kräfte des Wandels zu identifizieren. Neu gebildete Teams tragen in einem gemeinsamen Workshop anhand eines Brainstormings alle Faktoren, die förderlich und hinderlich in einem erfolgreichen Wandel sind, in einem Diagramm zusammen. Anschließend abgeleitete Maßnahmenpläne dienen der Überwindung identifizierter Hemmnisse.

Wahrgenommene Unsicherheiten und Ängste verringern sich häufig bereits dadurch, dass sie ausgesprochen und konkretisiert werden. Auch förderliche Aspekte, wie spezifische Fähigkeiten, können bewusst gemacht und durch gezielten Einsatz positiv verstärkt werden.

Gleichzeitig sollte daran erinnert werden, dass Konfliktsituationen und Widerstände in jeder Teamentwicklung und jedem Change Projekt Teil des Prozesses und nicht mit deren Scheitern gleichzusetzen sind. Vielmehr müssen entsprechende Situationen aktiv begleitet und ein Verharren in unerwünschten Situationen verhindert werden.

Im Umkehrschluss kann eine erfolgreich gelöste Konfliktsituation die Akzeptanz und Bereitschaft der Teilnehmer zusätzlich erhöhen.

Während Workshops und Teamdiskussionen vor allem zur Rollenklärung, Qualifikation und organisatorischen Optimierung des Change-Prozesses beitragen, können das Vertrauen und das Wir-Gefühl zusätzlich mit Hilfe von Off-time-Events oder Outdoor-Aktivitäten ge-stärkt werden. Im Fall der Fusionierung wäre es beispielsweise hilf-reich, die anderen Regionalstellen „vor Ort" zu besuchen und deren Charakteristika zu erfahren bzw. zu verstehen. Eine Erhöhung der Teamidentität und ein gemeinsames Identitäts-Statement im Sinne von gemeinsamen Werten, Einstellungen und Wissen dienen beson-ders in schwierigen Zeiten als Ressourcen zur Überwindung von Hin-dernissen.

3.6.4   In den Verstetigungs- und Konsolidierungsphasen

Unabhängig von aktiven Konfliktbewältigungsmaßnahmen sollten anhand eines regelmäßigen Austausches zwischen den beteiligten Mit-arbeitern, Vorgesetzten und Moderatoren im Change-Prozess eine kontinuierliche Ist-Soll-Überprüfung und damit ein aktives Zielmana-gement sichergestellt sein. Dies gilt besonders auch für die Phase der Verstetigung.

Teamentwicklungsmaßnahmen und Change Projekte greifen damit neben Prozess- und Strukturveränderungen direkt in die Unterneh-menskultur ein.

Als projektabschließende Konsolidierungsmaßnahmen können Evalu-ationsmethoden aus der Teamentwicklung angewandt werden. Hierzu gehört z. B. die Audit-Spinne, in der ähnlich zum Resistance Radar, Ergebnis, Inhalte, Methoden, Organisation und Beteiligte des Change Projektes beurteilt werden. Auch ein Debriefing im Sinne einer ab-schließenden Gesprächsrunde trägt neben einer Erfolgsüberprüfung zur Konsolidierung und dem Aufzeigen von Verbesserungspotenzial für Folgeprojekte bei.

Wie bereits betont, sollten Teamentwicklungsmaßnamen in jeder der fünf beschriebenen Phasen des Change Projektes ansetzen und damit zur gezielten Optimierung des Gesamtprozesses beitragen. Nachhaltige Teamentwicklung beinhaltet damit nicht nur einzelne Interventionen, sondern deren kontext- und projektabhängig begründeten Einsatz über die gesamte Dauer des Change Projektes. Bei den beschriebenen Maßnahmen ist grundsätzlich der Einsatz eines unabhängigen Trai-ners oder Moderators anzuraten.

3.7   Auswirkungen auf Klima, Zusammenarbeit und Erfolg

Es wurde bereits deutlich, dass organisationsübergreifende Veränderungsprozesse in der Regel weit über das explizite Ziel des Change Projektes hinausgehen.

Ein erfolgreich durchgeführter Veränderungsprozess optimiert nicht nur Prozesse, sondern beeinflusst auch Unternehmenskultur und Klima. Wahrnehmung und Verhalten von Mitarbeitern und ggf. Kunden werden modifiziert. Das kann anschließend ebenso positiv unterstützend, wie hinderlich für den Change Erfolg wirken. Dies gilt besonders hinsichtlich der Akzeptanz und Identifikation der Mitarbeiter mit der entsprechenden Veränderung.

Mit dem Einsatz von Teamentwicklungsmaßnahmen in Change Projekten werden Kommunikations- wie auch Kooperationsprozesse gefördert. Eine offene, konstruktive Zusammenarbeit steigert dabei sowohl die Zufriedenheit der einzelnen Mitarbeiter als auch das Betriebsklima. Ein unterstützendes Betriebsklima wirkt sich motivationsförderlich auf Arbeitsaufgaben aus, gleichzeitig stärkt es Zugehörigkeitsgefühl und die Leistungsbereitschaft. Veränderte Arbeitsbedingungen ändern neben Inhalten und Erwartungen auch Einstellungen zur Arbeitsaufgabe, Kollegen und Vorgesetzten. Diese beeinflussen langfristig die Veränderungsbereitschaft und letztlich den Unternehmenserfolg.

3.8   Ein Fazit

Veränderungsprozesse müssen ganzheitlich angegangen werden, um erfolgreich zu sein. Dazu gehört auch der Einsatz von Teamentwicklungsmaßnahmen in einzelnen Phasen des Change Managements. Nur mit Hilfe dieser Maßnahmen stoßen Change Projekte auf Unterstützung und Akzeptanz im gesamten Unternehmen.

3.9   Literaturverzeichnis

Harigopal, K.: Management of Organizational Change. Leveraging Transformation, 2. Auflage, New Delhi 2006.

Müller-Stewens G. & Lechner, C.: Strategisches Management: Wie strategische Initiativen zum Wandel führen, 3. Auflage, Stuttgart 2005.

Staehle, W. H. (1990): Management: Eine verhaltenswissenschaftliche Perspektive, München 1990.

Steinle, C., Eggers, B., Ahlers, F.: Change Management: Wandlungsprozesse erfolgreich planen und umsetzen. München 2008.

Stumpf, S. & Thomas, A.: Teamarbeit und Teamentwicklung. Göttingen 2003.

Tuckmann B. W.: Developmental sequence in small groups. Psychological Bulletin (63, 3), S. 384-399, 1965.

Vahs, D.: Organisation, Einführung in die Organisationstheorie und -praxis, 7. überarbeitete und erweiterte Auflage. Stuttgart 2009.

Vahs, D. & Weiand, A. (2010): Workbook Change Management: Methoden und Techniken. Stuttgart 2010.

4 Mit der richtigen Führung Lust auf Veränderung entwickeln

Das Konzept „Führung als Dienstleistung" kann zu mehr „Lust auf Veränderung" bei Mitarbeitern führen: Der Change gelingt, wenn die Führungskraft mit mitarbeiterbezogenen Strategien die Menschen von der Notwendigkeit und Sinnhaftigkeit des Veränderungsprozesses überzeugt. Wie genau das gelingt und was dazu nötig ist, zeigt dieser Beitrag.

Der Autor

Dr. Dieter Hohl ist seit 1990 erfolgreicher
selbstständiger Trainer, Autor, Referent und
Inhaber der Firma *impuls! Training – Beratung – Recruiting*, mit der er praxisorien-
tierte Verhaltenstrainings für Vertriebs- und
Führungskräfte anbietet. Er hat sich in seiner
Tätigkeit auf Trainings für Mitarbeiter in
verantwortlichen Positionen, auf Moderation,
Gesprächsführung und Coachingprozesse
spezialisiert. Als Praktiker mit langjähriger
Führungs- und Verkaufserfahrung legt er in
seinen Trainings besonderen Wert auf den
Praxisbezug und die Umsetzbarkeit der Inhalte im beruflichen Alltag.

Dr. Dieter Hohl ist Autor des Buches „Führung als Dienstleistung
(er)leben. Sieben Wachstumsgesetze als Grundlage für erfolgreiche
Führung im 21. Jahrhundert" (go! LiveVerlag 2010).

Kontakt:
impuls! Training – Beratung – Recruiting.
Ostanlage 21, 35390 Gießen,
Tel.: +49 (0)641 - 48949, E-Mail: dieter.hohl@impuls-training.de,
Homepage: www.impuls-training.de

4.1 Change-Prozess als Herausforderung für die Führungskraft

Warum nur scheitern so viele Veränderungsprozesse? Oft ist der Grund die Angst vor Veränderungen, noch häufiger aber die schlampige Vorbereitung des Prozesses. Und so gut wie immer haben die Führungskräfte Probleme damit, die Sinnhaftigkeit und Notwendigkeit des Change zu begründen – sachlich und emotional, überzeugend und sinnstiftend. Die Folge: Der Change hat keine Anhänger, keine leidenschaftlichen Befürworter, keine „Fans". Dies gilt insbesondere für das Mittelmanagement, das vor der unbequemen Aufgabe steht, den Mitarbeitern den „von oben" verordneten Change-Prozess zu vermitteln.

Die Gretchen-Frage lautet hier: Wie lässt sich eine Change-Mentalität entwickeln, wie lässt sich die Lust auf Veränderung wecken?

Wer Veränderungsprozesse aktiv gestalten will, sollte nicht erwarten, dass die Menschen die Veränderung mit offenen Armen empfangen, sondern mit Widerstand rechnen. Alles andere wäre naiv und weltfremd und würde der Realität nicht gerecht. Die meisten Menschen gehören nun einmal zu den Bewahrern und möchten, dass „alles beim Alten bleibt und so bleibt, wie es war, ist und immer sein wird".

Heißt das nun, dass Sie einfach nur hoffen dürfen, möglichst viele Change-Anhänger zu finden? Bedeutet das, den Veränderungsprozess durchzupauken, die Mitarbeiter zu ihrem Glück zu zwingen? Nach dem Motto: „Wenn wir erst einmal die neue Unternehmensstrategie implementiert haben, werden die Mitarbeiter schon einsehen, dass die Vorteile auf ihrer Seite sind!"

4.1.1 Leistung fordern, Sinn bieten

Natürlich: Die Mitarbeiter sind verpflichtet, das Beste für ihr Unternehmen zu geben, sich an ihrem Arbeitsplatz zu engagieren. Die Unternehmen und die Führungskräfte dürfen Leistung fordern, sie dürfen fordern, dass die Mitarbeiter den Change mittragen. Aber: Wer Leistung fordert, muss Sinn bieten. Das wird von den Führungskräften allzu oft vergessen.

Ich gehe so weit, eine neue Dienstleistungsmentalität auf der Seite der Führungskräfte zu fordern. Es ist ein Geben und ein Nehmen. Sie dürfen von den Mitarbeitern zwar Leistung fordern, aber zugleich müssen Sie den Mitarbeitern diejenigen Stolpersteine und Blockaden aus dem Weg räumen, die diese daran hindern, sich zu Change-Anhängern zu entwickeln.

Konkret: Die Beharrungskräfte in Veränderungsprozessen sind enorm. Dies liegt zuweilen in der Komplexität der Aufgabe begründet, mal jedoch auch in der Mentalität der Mitarbeiter. Und diese Mentalität ist sehr verschieden ausgeprägt. Es gibt viele Gründe, den Change abzulehnen oder gar zu sabotieren. Es ist Ihre Aufgabe, diese Beharrungskräfte vorausschauend zu bedenken, um sie dann aufzulösen.

Doch bevor Sie dies leisten, sollten Sie Ihre Einstellung gegenüber einem Konzept überprüfen, das darauf beruht, Führen als Dienstleistung zu definieren.

4.1.2 Mitarbeitern zur Veränderungsfähigkeit verhelfen

Die Führungs-Dienstleistung, die Sie für Ihre Mitarbeiter erbringen, besteht in Folgendem:

1. Sie stellen fest, über welche Stärken die Mitarbeiter verfügen, um diese noch mehr auszubauen.
2. Sie analysieren, wo es Schwachpunkte gibt, es an Kompetenzen hapert – und bessern nach: durch Weiterbildung, durch Coaching, durch Ihre Führungsarbeit.
3. Und wenn die Geschäftsleitung es versäumt, z. B. die Ressourcen zur Verfügung zu stellen, die notwendig sind, damit „Ihre Leute" ihre Aufgaben erfüllen können, kämpfen Sie auf den oberen Etagen dafür, dass sich dies ändert – damit sich die fehlenden Ressourcen nicht zu einem Stolperstein auswachsen.

Diesen Drei-Schritt sollten Sie natürlich auch auf die Veränderungsfähigkeit und die Bereitschaft zum Change beziehen. Ihre Aufgabe ist es, die Change-Bereitschaft nicht voraussetzungslos zu erwarten, sondern das Umfeld so zu gestalten, dass Ihre Mitarbeiter „Lust auf Veränderung" entwickeln.

Wenn Ihnen das gelingt, dürfen Sie Leistung fordern, weil Sie Sinn bieten. Und umgekehrt gilt: Wer gute Führungsarbeit bietet und sich für seine Mitarbeiter einsetzt, ihnen Stolpersteine aus dem Weg räumt, damit sie ihr Bestes geben können, darf und muss darauf bestehen, dass diese dann auch wirklich ihr Bestes geben.

4.1.3 Veränderungskompetenz fordern und fördern

Nach meiner Beobachtung ist eine erfolgreiche Führungskraft weder der napoleonische Feldherr, der seine Gefolgschaft als Vorgesetzter autoritär in die „Change-Schlacht" führt, weil er weiß, „was das Beste für die Mitarbeiter" ist. Sie ist aber auch nicht der beziehungsorientierte „Softie", der um jeden Preis ein Vertrauensverhältnis zu den Mitarbeitern aufbauen will.

Vielmehr zeichnet sie sich zumeist dadurch aus, dass sie das Konzept „Fordern und Fördern" einsetzt, um zum Wachstum beizutragen: zum Wachstum des Unternehmens, zur Weiterentwicklung der Abteilung und vor allem zur Entfaltung der Potenziale, über die jeder Mitarbeiter verfügt, die jedoch oft genug von der Führungskraft erst ans Tageslicht befördert und zum Erblühen gebracht werden müssen.

Um es auf den Punkt zu bringen: Ihre elementare Führungsdienstleistung besteht darin, Ihren Mitarbeitern durch das Konzept „Fordern und Fördern" zur Veränderungsbereitschaft zu verhelfen. Sie fordern Veränderungsbereitschaft – und Sie fördern Veränderungsbereitschaft.

Die vier Überzeugungen der Führungskraft als Dienstleister

1. Ich verlange mehr von mir, als andere von mir erwarten!

   Werden Sie Ihrer Vorbildfunktion gerecht und gehen Sie mit gutem Beispiel voran. Sie sind der Hauptverantwortliche für den Erfolg UND den Misserfolg Ihres Unternehmens, Ihrer Abteilung, Ihres Teams. Daraus ergibt sich Ihre Verantwortung für Ihre permanente Weiterentwicklung: Die Einzigen, an denen wir wirklich etwas verändern können, sind wir selbst. Überprüfen Sie ständig Ihre eigene Veränderungsbereitschaft. Sie können von den Mitarbeitern nur das fordern, was Sie selbst zu leisten bereit sind.

2. Ich verlange von meinen Mitarbeitern mehr als jeder andere!

   Erkennen Sie die Stärken und Schwächen Ihrer Mitarbeiter und helfen Sie ihnen, ihre Stärken auszubauen und an ihren Schwächen zu arbeiten.

3. Ich achte und respektiere meine Mitarbeiter als Menschen!

   Nehmen Sie sich Zeit für Ihre Mitarbeiter, zeigen Sie, dass Sie sich für ihre Wünsche, Bedürfnisse und Probleme interessieren. Es fällt Ihnen leichter, Menschen zu führen, wenn Sie sie kennen und sie nicht als anonyme Rädchen einer Maschinerie betrachten, die gefälligst zu funktionieren hat. Definieren Sie Ihr Verhältnis zu Mitarbeitern als einen Prozess des gegenseitigen Gebens und Nehmens. Mitarbeiter stehen zwar Ihnen gegenüber in der Pflicht – aber auch Sie „schulden" ihnen Transparenz und Partizipation.

4. Ich schütze meine Mitarbeiter vor Angst und gebe ihnen Sicherheit!

   Angst und Druck sowie die Überzeugung, nicht richtig oder gar nicht informiert zu sein, führen zu einem Gefühl der Unsicherheit. Das gilt insbesondere für Veränderungsprozesse. Stärken Sie deshalb Ihren Mitarbeitern den Rücken, wann immer dies notwendig ist. Voraussetzung dafür ist, dass sie Ihnen vertrauen können.

4.2 Situations- und personenangemessenes Führen = Gelungene Change-Prozesse

Führungskräfte, die es als Führungs-Dienstleistung ansehen, ihren Mitarbeitern die Notwendigkeit und Sinnhaftigkeit eines Change-Prozesses nahe zu bringen, sollten sich verdeutlichen, dass es unterschiedliche Menschen, Mitarbeiter und Change-Prozesse gibt.

Dies ist zunächst einmal eine Binsenweisheit. Vielleicht aber wird diese Selbstverständlichkeit gerade deswegen von so vielen Führungskräften außer Acht gelassen, übersehen oder gar missachtet.

4.2.1 Ein Muss: Situations- und personenspezifische Führungs- und Gesprächstechniken

So gut wie jede Führungssituation ist anders ausgeprägt, und jedes Mal haben Sie es mit Individuen zu tun. Da helfen keine eindimensionalen Techniken, da nutzt es Ihnen kaum etwas, wenn Sie nur einen einzigen Führungsstil beherrschen.

Entscheidend ist also Ihre Fähigkeit zum situations- und personenangemessenen Führen – dazu ein Beispiel:

> **Drei Mitarbeiter – drei Reaktionen**
>
> Der eine Mitarbeiter hat Angst vor dem Change, der andere erhofft sich Vorteile dadurch, der dritte sabotiert ihn geradezu, indem er in Gesprächen mit den Kollegen schlechte Stimmung verbreitet: „Was haben die da oben sich jetzt wieder für einen Unsinn einfallen lassen!"

Und jetzt stellen Sie sich vor, Sie würden über lediglich eine Gesprächsführungsstrategie verfügen und immer dieselbe Gesprächstechnik einsetzen – die Gespräche mit diesen Mitarbeitern wären von vornherein zum Scheitern verurteilt.

Überlegen Sie sich nur einmal, aus welchen verschiedenen Charakteren sich die Gruppe der Change-Gegner zusammensetzen kann: Da gibt es die konservativen Bewahrer und ängstlichen Zauderer. Da gibt es die selbstbewussten Rechthaber und die besserwisserischen Nörgler und die Stichler aus Prinzip. Aber sie alle müssen mit auf die Veränderungsreise genommen werden.

Das heißt: Sie benötigen ein breit gefächertes situations- und personenspezifisches Repertoire an Führungs- und Gesprächstechniken. Das im Literaturverzeichnis angegebene Buch bietet Ihnen dazu ausführliche Hinweise.

4.2.2 Zielgruppenspezifische Überzeugungsstrategien entwickeln

Die Rasenmähermethode, alle Mitarbeiter mit demselben Instrumentarium zu Change-Befürwortern zu entwickeln, ist unsinnig. Besser ist es, Sie identifizieren zumindest die folgenden drei Gruppen:

- Die Change-Anhänger
  Diese begeisterten „Fans" sollten Sie in verantwortlicher Position in den Change-Prozess einbinden, damit sie dann auf Kollegenseite Überzeugungsarbeit leisten. Wichtig ist, den Change-Fanclub ständig mit den aktuellen Informationen zu versorgen. Dann fühlt er sich ernst genommen und setzt sich im Rahmen seiner Möglichkeiten und in seinem Verantwortungsbereich für die Akzeptanz des Change-Prozesses ein.
- Die Change-Mitläufer
  Diese Mitarbeiter stehen dem Change-Prozess indifferent gegenüber – sie reagieren weder enthusiastisch noch ablehnend, im bes-

ten Fall gleichgültig, im ungünstigen Fall verhalten-skeptisch. Machen Sie sie zu Mitgliedern des Fanclubs, indem Sie sie in einem Motivationsgespräch von den Vorteilen der Veränderung überzeugen.

* Die Change-Gegner
Den Nörglern und Stichlern sollten Sie in einem Kritikgespräch deutlich die Grenzen aufzeigen. Es ist unakzeptabel, dass sie aktiv gegen den Change Partei ergreifen. Bei den Veränderungsgegnern „aus Überzeugung" ist es ratsam, sich mit ihnen auf der argumentativen Ebene auseinander zu setzen, um den Gründen für die Ablehnung auf die Spur zu kommen und dann entsprechende Maßnahmen einzuleiten.

Sie sehen: Bereits diese übersichtliche Unterscheidung in drei Gruppen verlangt von Ihnen ein breites Spektrum an situations- und personenspezifischen Führungs- und Gesprächstechniken.

4.2.3 Das Mittelmanagement als Motivationsherausforderung

In jedem Veränderungsprozess spielen die Führungskräfte auf der mittleren Managementebene eine besondere Rolle. Häufig werden sie als „Lähmschicht" bezeichnet, weil – so die gängige Meinung – der Change an ihnen scheitern kann. Die Geschäftsleitung ist der Ansicht, sie würden den Change nicht vehement genug an die Mitarbeiter kommunizieren. Bei diesen wiederum genießen sie als die „Überbringer der schlechten Nachricht" kein hohes Ansehen – immerhin müssen sie den Mitarbeitern verkünden, auch dieser Change sei mal wieder unumgänglich.

Das Dilemma der Mittelmanager: Wenn die oberste Etage eine Veränderung anordnet, bleibt ihnen meist nur die undankbare Aufgabe, diese Vorgaben in die Sprache der Mitarbeiter zu übersetzen, sie zu kommunizieren und dafür zu sorgen, dass die Vorgaben umgesetzt und eingehalten werden. So geraten sie zwischen alle Stühle – und schließlich in die Demotivationsfalle. Sie müssen sich nach oben und unten zur Wehr setzen und sind häufig vor allem damit beschäftigt, Verteidigungsstrategien zu entwickeln.

Das Problem dabei: Die Geschäftsleitung braucht die Mittelmanager für die erfolgreiche Gestaltung des Veränderungsprozesses. Ohne sie geht es nicht!

Die Konsequenz für Sie: Widmen Sie den Mittelmanagern besonders viel Aufmerksamkeit, wenn Sie den Change-Prozess in Gang setzen wollen. Sie müssen sie unbedingt auf Ihre Seite ziehen. Darum gilt das bisher Gesagte bei den Mittelmanagern mehr als bei jeder anderen Mitarbeitergruppe.

> **Tipp**
>
> Veranstalten Sie mit den Mittelmanagern ein spezielles Meeting. Dort erläutern Sie den Change und erarbeiten gemeinsam mit den Linienverantwortlichen Argumente, die diese wiederum in ihren Überzeugungsgesprächen mit den Mitarbeitern verwenden können. Lassen Sie die Mittelmanager nicht im Regen stehen, unterstützen Sie sie dabei, ihrer schwierigen Doppelrolle gerecht zu werden.

4.3 Lust auf Change durch mitarbeiterbezogene Führungskompetenzen

Vielleicht fragt jetzt so mancher: „Herr Hohl, bitte konkreter: Welche Führungskompetenzen benötige ich denn, um in meinem Verantwortungsbereich die Lust auf Veränderung zu wecken?"

Nutzen Sie bei Ihrer Selbstbefragung die folgende Kompetenzliste – sie umfasst Führungseigenschaften, die wahrscheinlich so gut wie jeder Führungspersönlichkeit abverlangt werden dürfen:

Kompetenzliste
Menschliche Kompetenz
Strategisch-visionäre Kompetenz
Emotionale Kompetenz
Soziale Kompetenz
Kommunikative Kompetenz

Die Auflistung erhebt keinesfalls Anspruch auf Vollständigkeit. Gewiss wollen Sie sie um Bereiche ergänzen, die Ihnen ganz besonders am Herzen liegen. Und vielleicht fehlen noch Qualifikationen, die sich aus Ihrem spezifischen Tätigkeitsfeld ergeben.

4.3.1 Menschen ernst nehmen und Orientierung bieten

Wichtig aus meiner Sicht ist: Respektieren Sie den Menschen im Mitarbeiter. Er hat auch ein Privatleben, er hat Erwartungen, Ängste, Hoffnungen, Träume.

Bieten Sie den Menschen Orientierung. Führen Sie mit Zielen und einer sinnstiftenden Vision. Veranschaulichen Sie den Mitarbeitern auf der emotionalen Ebene, dass sie mit ihren Aufgaben einen elementaren Beitrag leisten, etwas zu erschaffen, was über die Arbeit des einzelnen Mitarbeiters hinausweist – und seiner Tätigkeit eine unverwechselbare Aura verleiht.

Mit anderen Worten: Der Mitarbeiter will nicht das Gefühl haben, einen Chip zu bauen oder ein Produkt zu verkaufen – sondern das Gefühl, an der Verwirklichung einer großen Idee aktiv mitzuwirken.

4.3.2 Nicht überreden, sondern überzeugen

Gute Führungskräfte müssen Kommunikations-Weltmeister sein. Sie überzeugen durch das gesprochene Wort und mit ihrer Körpersprache. Bei ihnen gibt es keinen Widerspruch zwischen dem, was sie sagen, den Wörtern, die sie benutzen, der Stimme, die sie erheben, und der Körpersprache, mit der sie nonverbale Signale aussenden.

Darum: Wenn Sie Menschen vom Change überzeugen wollen, sprechen Sie Kritikpunkte am besten offen an, geben Sie aber auch Lob und Anerkennung, wenn etwas gut gelaufen ist. Führen Sie durch aktives Zuhören, beziehen Sie die Perspektive des Mitarbeiters ein und versuchen Sie, sich in die Lage des Anderen hineinzuversetzen und eine Angelegenheit aus der Sicht des Gegenübers zu betrachten. Kommunikatives Leitbild ist die „tolerante Kommunikation", in der der Mitarbeiter mit Argumenten überzeugt wird – und nicht zur Change-Bereitschaft überredet wird.

4.4 Lust auf Change durch die Fähigkeit, Gegensätze zu vereinen

Veränderungsprozesse finden in Zeiten des Umbruchs statt. Und in Umbruchzeiten verstärken sich in einem Unternehmen die inneren

Widersprüche und Gegensätze, sie treten glasklar hervor und stehen sich diametral gegenüber. Im schlimmsten Fall zerreißen sie den Change-Prozess. Es ist von entscheidender Bedeutung, dass Sie in der Lage sind, die Gegensätze miteinander zu versöhnen und auf einer höheren Ebene auszubalancieren. Dazu einige Beispiele:

- Harmonisieren Sie weitsichtig-nachhaltiges strategisches Denken mit der Notwendigkeit, auch operativ-taktisch zu handeln. Gerade bei Veränderungsprozessen ist es wichtig, das strategisch-übergeordnete Ziel nicht aus den Augen zu verlieren, aber zugleich auch jeden Tag auf der operativen Ebene Fortschritte zu erreichen.

- Führen Sie werteorientiert und erfolgsbezogen, bringen Sie Ihre ethisch-moralischen Prinzipien und ökonomische Notwendigkeiten unter einen Hut. Dazu ein Beispiel aus dem Vertrieb:

Führen mit qualitativen Zielen

Die meisten Vertriebsleiter führen mit Zahlen und klaren Umsatz- und Gewinnvorgaben. Ein anderer Ansatz, der ethische Maßstäbe berücksichtigt, besteht in dem Führen mit qualitativen Zielen. Verdeutlichen Sie Ihren Mitarbeitern, dass Sie „Ethik-Erfolgs-Synthesen" herstellen wollen: „Im Vordergrund meines Handelns stehen nicht allein Abschluss und Umsatz, sondern der Aufbau langfristig wirksamer Kundenbeziehungen genießt für mich die gleiche Priorität." Und: „Der Kunde ist mir wichtiger als der kurzfristige Profit durch den schnellen Abschluss – es ist besser, einen Auftrag zu verlieren als einen Kunden."

- Führen Sie mit Vertrauen und Kontrolle: Vertrauen Sie Ihren Mitarbeitern grundsätzlich – und dann entscheiden Sie, ob Sie auch kontrollieren wollen oder müssen, und zwar nach dem Motto: „So viel Vertrauen wie möglich, so viel Kontrolle wie notwendig."

4.5   Lust auf Change durch produktive Feedbackgespräche

Das wichtigste Handwerkszeug einer Führungskraft, die einen Veränderungsprozess begleiten und Mitarbeiter mit auf die Change-Reise nehmen will, ist die Sprache. Von besonderer Bedeutung sind das Motivationsgespräch und das Kritikgespräch – einerseits, um zum Change zu motivieren, andererseits, um die „Verweigerer" doch noch ins Veränderungs-Boot zu hieven. Und dann gibt es da noch das Tadelsgespräch.

4.5.1 Zum Change motivieren

Den Mitarbeiter zu immer besseren Leistungen anstacheln und ihn dazu bewegen, den Change zu unterstützen – das ist das Ziel des Motivationsgesprächs. Am besten, Sie beschreiben zu Beginn, was es für ihn und die Abteilung bedeutet, wenn der Veränderungsprozess durchgeführt ist. Die Zielerreichung sollte zielführend formuliert sein, etwa: „Stellen Sie sich doch nur einmal vor, wie nachher die gesamte Abteilung nach den neuen Kriterien Kundengespräche vorbereitet und das neue Produkt vorstellt!" Wenn der Mitarbeiter das angestrebte Change-Ziel als persönliche Herausforderung begreift, wird er mit hoher Wahrscheinlichkcit alles dafür tun, es zu erreichen.

Gehen Sie wiederum individuell vor: Der eher sachlich-nüchterne Mitarbeiter mag es nicht, wenn Sie dabei übertreiben. Und ist das Ziel zu hoch gesteckt, mag der eine oder andere sogar verschreckt reagieren. Dann ist es sinnvoller, kleinräumige Teilziele zu vereinbaren.

4.5.2 Produktiv und konstruktiv kritisieren

Ein Kritikgespräch sollten Sie führen, wenn ein Mitarbeiter den Change willentlich untergräbt und die Kollegen in eine Negativspirale hineinzieht. Wichtig ist, das Gespräch rechtzeitig zu führen, bevor die Situation eskaliert. Überlegen Sie vor dem Gespräch: Warum will ich den Mitarbeiter kritisieren? Was soll die Kritik bewirken? Welche Schritte muss ich gehen, damit ich zu dieser Wirkung gelange? Erläutern Sie ihm, was aus Ihrer Sicht vorgefallen ist.

Bedenken Sie, dass der Mitarbeiter Kritik stets auch als Angriff auf seine Person bewerten könnte, selbst wenn objektiv kein Anlass dazu besteht. Gehen Sie deshalb so sachlich wie möglich vor. Keinesfalls dürfen Sie die Selbstachtung des Kritisierten verletzen und Ihre Machtposition als Vorgesetzter ausnutzen. Bitten Sie ihn, die Angelegenheit aus seiner Perspektive darzustellen. Der Kritisierte muss Gelegenheit haben, sich zu dem Kritikpunkt zu äußern.

Produktive Kritik heißt: Ermitteln Sie die Gründe, die zu dem kritisierten Verhalten geführt haben und besprechen Sie mit dem Mitarbeiter Lösungen. Verdeutlichen Sie ihm, dass Sie ihm helfen wollen, seinen Aufgaben besser nachzukommen.

4.5.3 Nicht die Sache, sondern die Folgen tadeln

Eine der schwierigsten Gesprächsformen ist das Tadelsgespräch: Wenn ein Mitarbeiter den Change-Prozess sabotiert und das Büro zum „Intrigantenstadl" macht, genügt es nicht mehr, ein Kritikgespräch zu führen. Sie müssen ihm dann klar und eindeutig die „Gelbe Karte" zeigen und unmissverständlich kommunizieren: „Bis hierhin – und nicht weiter!"

Das Tadelsgespräch ist ein Kritikgespräch „unter verschärften Bedingungen". Die Gratwanderung zwischen unmissverständlicher Ansprache des Problems und der Gefahr der Konflikteskalation gelingt aber, wenn Sie die problematischen Sachverhalte zwar konsequent ansprechen, es jedoch vermeiden, den Mitarbeiter persönlich zu beschuldigen und gar bloßzustellen.

Indem Sie nie die Person, sondern stets die Auswirkungen der tadelswürdigen Handlung in den Vordergrund stellen und diese Auswirkungen konkret belegen und beweisen, gelingt es am ehesten, den Mitarbeiter zur Verhaltensveränderung zu bewegen. Weisen Sie ihn auf mögliche Konsequenzen und Auswirkungen seines Tuns hin: „Ist Ihnen bewusst, dass Sie durch Ihr Verhalten dem Team/der Abteilung/der Firma einen Schaden zufügen? Und letztendlich sich selbst?"

Wichtig: Holen Sie den Mitarbeiter zum Ende des Gesprächs wieder ins zukunftsorientierte Fahrwasser zurück. Dann können Sie ihn vielleicht zwar nicht zum Change-Anhänger, aber doch zum Change-Mitläufer entwickeln.

4.6 Lust auf Change durch effektive Teamführung

Veränderungsprozesse werden häufig durch ein Projektteam begleitet. Dazu ziehen Sie Mitarbeiter für einen überschaubaren Zeitraum aus der Linie heraus. Effektive Teamarbeit ist möglich, wenn die entsprechenden unternehmensorganisatorischen Strukturen dafür geschaffen werden. Und zwar durch Sie, die Führungskraft:

Es ist ein fataler Fehler, Teamarbeit zu verordnen und zu erwarten, dass die Teammitglieder von vornherein und selbstständig in der Lage sind, sich zu organisieren. Ein geeigneter Weg, eine Gruppe teamfähig zu machen, ist die Durchführung eines vorbereitenden Workshops, in dem die Teammitglieder – vor der Wahrnehmung ihrer eigentlichen (Team-)Aufgabe – ein gemeinsames Selbstverständnis ausarbeiten, gemeinsame Ziele definieren und Spielregeln festlegen, unter denen die Teamarbeit ablaufen soll.

Wichtig ist, dass ein Teamgeist entsteht, so dass jedes Teammitglied sich im Sinne des Change-Prozesses für eine Lösung einsetzt, die nicht Einzelinteressen bedient, sondern das Gesamtinteresse in den Vordergrund rückt. Ziel des Workshops ist es, dass sich die Menschen als Teil eines größeren Ganzen verstehen und sich fragen: „Was kann *ich* für das Team tun, welchen Beitrag kann *ich* leisten, damit die Teamaufgabe erfolgreich bearbeitet und der Veränderungsprozess erfolgreich gestaltet werden kann?"

So sollten Sie als Führungskraft dabei agieren:

- Gefragt ist Ihre Fähigkeit, Stolpersteine, die die Arbeit des Teams behindern, unbürokratisch aus dem Weg zu räumen und bei der Geschäftsleitung dafür zu sorgen, dass dem Team die zur Aufgabenerfüllung notwendigen Ressourcen zur Verfügung stehen.
- Entwickeln Sie Betroffene zu Beteiligten, indem Sie den Teammitgliedern ein Höchstmaß an Gestaltungsfreiheiten einräumen.
- Die Teamaufgabe steht im Vordergrund – sobald dies klar ist, betonen Sie den persönlichen Nutzen, den die Mitarbeiter durch die Beteiligung an der Teamaufgabe – und die Durchführung des Change-Prozesses – haben.
- Pflegen Sie im gesamten Verlauf der Teamarbeit eine offene und transparente Informations- und Kommunikationspolitik.
- Veranstalten Sie regelmäßige Teamsitzungen, Meetings oder Workshops, in denen ein Erfahrungsaustausch „zum Stand der Dinge" möglich ist.

4.7 Widerstände im Change-Prozess konstruktiv nutzen

Verabschieden Sie sich von dem Gedanken, der Change-Prozess könne ohne Streit und ohne Widerstand ablaufen. Eben darum ist es so wichtig, dass Sie zur konstruktiven Konfliktsteuerung in der Lage sind. Es geht nicht darum, Streit zu verhindern und für eine trügerische Friedhofsruhe zu sorgen, sondern den Konflikt in konstruktive Bahnen zu lenken. Denn Hand aufs Herz: Entwicklungsprozesse werden häufig nicht durch den Jasager, sondern durch den Nörgler vorangetrieben.

Darum: Wenn ein Mitarbeiter dem Change-Prozess Widerstand entgegen setzt,

- fordern Sie den Neinsager auf, einen konstruktiven Gegenvorschlag oder ein Alternativkonzept zu erarbeiten: Jetzt muss er Farbe bekennen und zeigen, zu welchen produktiven Konsequenzen seine Einwände führen.
- suchen Sie das Einzelgespräch mit dem „Widerständler". Entscheidend dabei ist, dass Sie mit Hilfe von „Ich-Botschaften" Ihre Sicht des Konflikts verbalisieren, denn diese wirken auf das Gegenüber weniger bedrohlich als angreifende „Du-Botschaften". Der Vorteil: Bei Ich-Botschaften wird eine Person nicht vorrangig kritisiert, was häufig zu Abwehrreaktionen führt. Vielmehr bringen Sie mit Hilfe der Ich-Botschaft sich selbst ins Spiel.

Ich-Botschaften

Nehmen wir an, der Widerständler ist der Meinung, der Change koste zu viel Zeit. Sie äußern sich so:

„Ich stelle mir die Frage, ob der Zeitplan unseres Veränderungsprozesses stimmig ist."

So verdeutlichen Sie, dass es Ihnen nicht um Kritik geht, sondern um eine Diskussion, wie alle gemeinsam den Change zeitlich stemmen können. Der Widerständler kann seine Argumente vortragen – wenn er denn welche hat –, aber auch Sie die Ihren.

Die Erfahrung zeigt: Führungskräfte, die im Konfliktfall eher als Vermittler oder Problemlöser auftreten, erreichen die besten Erfolgsquoten. Denn ihnen gelingt es häufig, die notwendige Distanz zum Konfliktfall und den Konfliktbeteiligten aufzubauen, die eine Versachlichung möglich macht – und damit die Integration des Widerständlers in den Veränderungsprozess.

4.8 Ein Fazit

Der Erfolg oder Misserfolg eines Veränderungsprozesses hängt zu einem Großteil von der Kompetenz der Führungskraft ab, diesen Prozess mit all seinen Widersprüchen, Widerständen und beteiligten Menschen konstruktiv zu managen.

Ziel sollte sein, die Veränderungsbereitschaft der Mitarbeiter zu wecken und zu steigern. Ein Patentrezept gibt es nicht – nur das individuelle Eingehen auf die konkrete Situation und die beteiligten Mitarbeiter.

4.9 Literaturverzeichnis

Hohl, D.: Führung als Dienstleistung (er)leben. Sieben Wachstumsgesetze als Grundlage für erfolgreiche Führung im 21. Jahrhundert. Düsseldorf 2010.

5   go–i–Prinzip: Mit fairer Change-Kommunikation zum Konsens

Kompromisse erzeugen niemals Gewinner in Verhandlungen, da niemand das bekommt, was er eigentlich wollte. Mit dem go–i–Prinzip erreichen alle Beteiligten ihre Ziele vollständig, und zwar in einem höheren, gemeinsamen Ziel. Das auf japanischen Wurzeln basierende Konsensprinzip bewirkt, dass die Beteiligten in Veränderungsprozessen zu Partnern und Überzeugungstätern werden. Wie Sie es für sich umsetzen können, zeigt dieser Beitrag.

Der Autor

Wolfgang Müller ist Experte für Führungskommunikation. Seit über 20 Jahren begleitet er Führungskräfte zu persönlichem und unternehmerischem Erfolg: Als zertifizierter NLP-Trainer, Systemischer Organisationsberater und Systemischer Coach mit Weiterbildungen in Prozessmanagement und der Anwendung Hypnosesystemischer Konzepte in Coaching, Training und Beratung. Der aktive Ultramarathonläufer ist Mitglied im BDVT e.V., DVNLP (Deutscher Verband für Neuro-Linguistisches Programmieren e.V.), ISBW (Institut für systematische Beratung Wiesloch), GSOB (Gesellschaft für systemische Organisationsberatung) und Q-Pool 100, der Offiziellen Qualitätsgemeinschaft internationaler Wirtschaftstrainer und -berater e.V.

Kontakt:
Wolfgang Müller, Industriering Ost 66, 47906 Kempen,
Tel.: +49 (0)172/ 250 39 53, E-Mail: w.mueller@wmtt.de

5.1 Das go-i-Prinzip

Veränderung ist Teil des Lebens. Geschieht sie langsam, lässt sie Raum zu agieren, sich Schritt für Schritt an das Neue zu gewöhnen und darauf zu reagieren. Kommt sie schnell und berührt sie entscheidende Teile des Lebens, wird die Veränderung als Umbruch empfunden – und schürt oft Unsicherheit und Widerstände oder ist Wiege überzogener Erwartungen. Evolution, Marktveränderung, Unternehmenswechsel, Mergers & Acquisitions (Fusionen und Übernahmen) oder Krisenfall – solche und ähnliche Situationen führen im Business zu Umbruchsituationen und erfordern eine gute Change Communication, die Shareholder und Stakeholder gleichermaßen anspricht, abholt, einbindet und auffängt. Eine schwierige Situation, bei der jedes gesetzte Signal gut durchdacht sein muss – inhaltlich, und auch im Timing. Dass bei den Beteiligten ein „Ja" zur Veränderung als Lippenbekenntnis nicht ausreicht, ist keine neue Erkenntnis. Aber eine wichtige. Denn bisher scheitern Veränderungsprozesse oft daran, dass die Überzeugung nicht lange genug vorhält oder vermeintlich brillante Kompromisse am Ende auf beiden Seiten keine Gewinner zurücklassen.

Das go-i-Prinzip ist anders. Weich im Ablauf, und hart in der Sache verbindet es westliches und fernöstliches Denken, wirft einen neuen Blick auf altbewährte Kommunikationsmodelle und zeigt, warum Kompromisse uns nicht weiterbringen. Mit dem go-i-Prinzip erreichen alle Beteiligten ihre Ziele zu 100 Prozent. Sie werden zu Partnern und Überzeugungstätern – und bleiben auch in stürmischen Zeiten eines Change-Prozesses langfristig an Bord und bei der Sache.

5.2 Tradierte fernöstliche Werte im deutschen Business – Nicht zwingen. Einladen!

Im Japanischen bedeutet go-i in etwa Einigung oder Konsens, und zwar auf der Basis gegenseitigen Einverständnisses. Go-i beschreibt eine im Japanischen Denken tief verwurzelte Grundeinstellung, die immer nach einer Übereinstimmung sucht. Ziel ist dabei nicht der Kompromiss, bei dem keiner der Beteiligten das bekommt, was er will (eine Haltung, die bei uns oft als „gerecht" empfunden und angesehen wird), sondern der Konsens beziehungsweise die Harmonie. Bei „Harmonie" geht es in diesem Kontext nicht um soziale Schönfärberei und auch nicht um Lösungen „um des lieben Friedens willen", sondern um das glasklare und in der Sache harte Erreichen eigener Ziele. Bildlich lässt sich das Harmonie-Prinzip wie folgt verdeutlichen:

Position A: Position B:

Kompromiss: Keiner bekommt so recht, was er will

go-i: Jeder bekommt mehr als er will, das gemeinsame Ziel ist größer

5.3   go-i – Das Beste für alle Seiten

Treffen im westlichen Denken zwei Positionen aufeinander, ist die von beiden Seiten angestrebte Lösung in aller Regel der Kompromiss.

Westliches Denken: Kompromiss

Position A: Das Unternehmen Schulze hat das Unternehmen Fritz, das in der gleichen Region ansässig ist, aufgekauft. Das Unternehmen Fritz erweitert die Angebotspalette von Schulze, aber ein Bereich doppelt sich. Das Unternehmen Fritz hat in diesen Bereichen die deutlich neueren und größeren Anlagen und zudem den besseren Ruf. Die doppelt vorhandenen Produktionsbereiche im Unternehmen Schulze sollen daher aufgelöst und der Produktionsoutput mit der neuen Produktionsstätte erhöht und deutlich ausgebaut werden. Der Lösungsansatz des Unternehmens: Führungskraft A verliert seinen Titel als Abteilungsleiter im Unternehmen Schulze und seinen Stellvertreter. Führungskraft A soll zu Fritz wechseln und der dortigen Führungskraft B unterstützend zugeordnet werden. Die Stelle des Stellvertreters von Führungskraft A bei Firma Schulze wird eingespart. Führungskraft B bei Fritz soll fortan die Hauptverantwortung für den höheren Produktionsoutput tragen.

Position B: Führungskraft A fürchtet sich vor Gesichtsverlust, wenn er seine Position als Abteilungsleiter verliert. Außerdem wird seine Arbeit seiner Ansicht nach bei Fritz faktisch nicht weniger. Der Stellvertreter, dem Führungskraft A sich zudem als eine Art Mentor verantwortlich fühlt, soll bleiben.

Kompromiss: Führungskraft A behält zwar seinen Titel, verliert aber seinen Stellvertreter. Führungskraft B von Fritz wird nunmehr Führungskraft A in der Kompetenzskala untergeordnet.

Im japanischen Denken geht es nicht um Kompromisse sondern um das Vereinbaren beider Positionen:

Japanisches Denken: Vereinbaren beider Positionen

Position A: Führungskraft A geht zu Fritz und wird heruntergestuft, die Stelle seines Stellvertreters wird eingespart.

Position B: Führungskraft A fürchtet sich vor Gesichtsverlust, wenn er seine Position als Abteilungsleiter verliert. Außerdem wird seine Arbeit bei Fritz seiner Ansicht nach faktisch nicht weniger. Der Stellvertreter, dem Führungskraft A sich zudem als eine Art Mentor verantwortlich fühlt, soll bleiben.

Lösung nach dem go-i-Prinzip: Führungskraft A wechselt zu Fritz und bildet mit Führungskraft B eine doppelte Führungsspitze. Für das Unternehmen ist das sinnvoll: Es will die Produktionsstätte bei Fritz deutlich erweitern und möglichst differenzieren. Das bedeutet bei Fritz einen höheren Output und zugleich eine Erweiterung der Produktionspalette in diesem Bereich, die sich voraussichtlich schnell am Markt etablieren und weiter wachsen wird. Führungskraft A wird sich um den höheren Output kümmern, Führungskraft B um das Erweitern des Sortiments in diesem Produktionsbereich. Führungskraft A bleibt der Gesichtsverlust erspart und er hat die Aussicht, in absehbarer Zeit wieder einen eigenen Produktionsbereich unter sich zu haben. Da beide Bereiche in diesem Fall weiterhin eng zusammenarbeiten würden, wäre das Team bereits perfekt eingespielt. Im Einzelgespräch mit dem Stellvertreter von Führungskraft A bei Schulze stellt sich heraus, dass dieser sich beruflich gern umorientieren möchte. In einem der durch die Übernahme von Fritz neu hinzugekommenen Unternehmensbereiche steht eine der dortigen Führungskräfte kurz vor der Rente, dessen Stellvertreter geht in wenigen Wochen für ein Jahr in Elternzeit. Der Stellvertreter von Führungskraft A übernimmt die Elternzeitvertretung und wird während dieser Zeit in die Aufgabenbereiche der scheidenden Führungskraft eingearbeitet, deren Aufgabenbereiche er nach deren Weggang übernehmen wird. Führungskraft A und B entlasten einander gegenseitig, und auch Führungskraft B ist froh über die Entwicklung mit der Doppelführungsspitze. Erweiterung und Erhöhung des Outputs hätte Führungskraft B sich allein nicht zugetraut. Alle Positionen wurden harmonisch vereint: Jeder hat sein Ziel zu 100 Prozent erreicht.

Vier go-i-Meilensteine bringen Sie zu Ihrem Veränderungsziel:

- Der erste Schritt – Der Weg zu innerer Authentizität und eigener Klarheit
- Der zweite Schritt – Den anderen verstehen
- Der dritte Schritt – Sich zusammensetzen und Probleme lösen
- Der vierte Schritt – Verbindlichkeiten schaffen und das Erreichte umsetzen

Fünf go-i-Kernüberzeugungen bilden dafür das Fundament des go-i-Prinzips:

1. Ein konstruktivistisches, systemisches Weltbild.

   Wann immer Menschen zusammenkommen und miteinander interagieren, entstehen Probleme. Durch Interaktion lösen Menschen diese Probleme und legen auf dieser Basis weitere Schritte fest. Viele Theorien fußen darauf, dass Probleme und ihre Lösungen schematisch eingeordnet werden könnten. Diesem Vorgehen liegt das Gedankenmodell der so genannten Trivialen Maschine zugrunde – wer die Maschine Mensch zum Beispiel in einem Change steuern will, muss lediglich ihren Bauplan kennen. Steuernder und „Maschine" bilden bei diesem Lösungsweg keine Einheit. Der Steuernde analysiert und entscheidet eigenmächtig und gibt der „Maschine" Handlungsanweisungen an die Hand, mit denen das Problem gelöst werden wird. Der österreichische Physiker, Konstruktivist und Mitbegründer der kybernetischen Wissenschaft Heinz von Förster (1911 bis 2002) hingegen sieht den Menschen als Nicht-Triviale-Maschine – und somit jede Problemlösung in der Interaktion als einzigartig. Die Nicht-Triviale-Maschine ähnelt einer Black Box: Vorgänge sind nicht berechenbar, nicht eindeutig und auch nicht wiederholbar. Die Nicht-Triviale-Maschine lässt sich nicht beherrschen, sie lässt sich nicht steuern, und den einzig richtigen Weg gibt es nicht. Der Steuernde ist Teil der Maschine, muss sich auf sein Gegenüber einlassen und ihn und die Gesamtsituation im Einzelfall verstehen wollen. Er wird so zum Partner. Lösungsstrategien können deshalb im Change und anderswo nur im Austausch entwickelt werden. Dabei greifen beide Seiten auf alle Ressourcen zurück, die ihnen zur Verfügung stehen: erlerntes Wissen etwa oder gemachte Erfahrungen. Diese Ressourcen bieten Orientierungshilfen – aber Lösungsmuster bieten sie nicht. Es gibt keinen Schalter, den man beim anderen umlegen kann, keinen direkten Draht. Aber es gibt die Möglichkeit, Einladungen auszusprechen. Und wer seine Sache gut macht, der formuliert seine Einladungen so, dass er es dem anderen leicht macht, ihm zu folgen.

Einladung zum Change

Ein Beispiel dafür in einem Change-Prozess kann Mitarbeiter Schneider in rechtlich schwer kündbarer Position sein, dessen Stelle im Unternehmen im Rahmen eines Change obsolet wird und der daher das Unternehmen verlassen soll. Das Unternehmen erwartet deutliche Widerstände, denn Schneider hat in den letzten Jahren viel für das Unternehmen getan und fühlt sich unter seinen Kollegen wohl. Das Unternehmen bietet eine hohe Ablösesumme, aber Schneider schätzt das Unternehmen und würde gern bleiben. Statt der hohen Ablösesumme denkt Schneider laut über ein Sabbatical nach. Das Unternehmen war mit Schneiders Arbeit stets zufrieden. Die Überlegungen des Mitarbeiters führen zu einer neuen Idee: In einem Jahr wird eine Stelle im Unternehmen frei, die gut zu Schneiders Qualifikationen passen würde. Schneider ist begeistert, das Unternehmen hat seine Ziele durchgesetzt, bereits heute ein Problem von Morgen gelöst und spart bei der ganzen Sache auch noch Geld.

2. Man kann Menschen nicht führen.

   Wer führt, gibt eine Richtung vor. Dabei beeinflusst er sein Gegenüber. Doch der Weg zum Ziel ist weit und irgendwann kommen die Zweifel. Entscheidend ist deshalb, wie weit uns unsere Überzeugung trägt. Und diese ist immer dann besonders stark, wenn wir den Weg, den wir gehen sollen, auch gehen wollen. Wenn dieser Weg uns nicht nur zu dem Ziel eines anderen, sondern auch zu unserem eigenen Ziel führen kann. Wenn nicht einer vorangeht und wir ein Stück weit mit trotten, sondern Partner zielbewusst Seite an Seite gehen – wie im Beispiel oben mit Schneiders Sabbatical.

Schneiders eigener Weg

Der Mitarbeiter wird sehr wahrscheinlich nach Ablauf des Sabbaticals hochmotiviert in das Unternehmen zurückkehren. Er ist nicht geführt worden, er selbst hat den Weg mit bestimmt – und dabei Respekt und Anerkennung erfahren.

Langfristig Mitstreiter gewinnt, wem es gelingt, die eigenen Ziele mit den Zielen seines Gegenübers in Einklang zu bringen. Nicht in Form eines Kompromisses, der zwangsläufig beinhaltet, dass niemand das von ihm gewünschte Ziel erreicht. Sondern durch das Finden eines Konsenses, bei dem niemand auch nur einen Millimeter weit von seinen eigenen Zielen abrücken muss.

3. Alle Entscheidungen sind emotional motiviert.

Ende des letzten Jahrhunderts revolutionierten Wissenschaftler die Hirnforschung. Ihre These: Der Mensch wird deutlich stärker von seinen Emotionen gesteuert als bislang gedacht. Um genau zu sein, ist es fraglich, inwiefern Ratio allein überhaupt eine Rolle bei menschlichem Verhalten und Entscheidungen spielen kann, sprich: Ob es „Verstand" überhaupt gibt. Gerade für Change-Prozesse ist diese Erkenntnis essenziell, denn Präzision oder Logik – Aspekte, die oft als rational angesehen werden – sind demnach nicht das Gegenteil von Emotionen. Vielmehr sind Emotionen „der verbindliche Leitstrahl, der uns durchs Leben führt" (Hans-Georg Häusel, siehe sogleich). Emotionen stören also nicht in Entscheidungsprozessen, sondern haben eine vernünftige Funktion: Sie sind notwendig für das Fällen rationaler Entscheidungen („rational" im Sinne der Spieltheorie: möglichst hoher Gewinn/Lust bei möglichst minimalem Risiko/Unlust).

Schneiders Emotionen

Mitarbeiter Schneider etwa hätte sich im Beispiel oben aus rationellen Gründen auf die hohe Ablösesumme einlassen können. Er ist eine qualifizierte Führungskraft, hätte sicherlich auch anderswo Arbeit gefunden, und die Ablösesumme war wirklich gut bemessen. Aber Schneider hat auf seine Emotionen gehört: Er fühlt sich der Firma verbunden und möchte gern bleiben. Das Risiko des Vorschlags eines Sabbaticals ist gering – es kann seine Situation nur zum Besseren verändern. Das einzig Negative könnte eine Entwertung durch den Arbeitgeber sein, der ihn vielleicht generell loswerden will. Aber auch hier hört Schneider auf seine Gefühle: Er vertraut dem Unternehmen.

Einige dieser Forscher waren die amerikanischen Neurobiologen Antonio Damasio und Joseph LeDoux sowie Hans-Georg Häusel. Letzterer bringt die Sache mit der Ratio und den Emotionen in seinem Buch „Brain View. Warum Kunden kaufen" gut auf den Punkt: 70 bis 80 Prozent unserer Entscheidungen werden unterbewusst gesteuert über das so genannte limbische System, das Kernzentrum unserer emotionalen Verarbeitung. Und selbst die verbleibenden 20 bis 30 Prozent unserer rationalen Entscheidungen sind emotional gebunden. „Unser Verstand", so Häusel, „ist ein Werkzeug zur Bewältigung von Lebensanforderungen. Wie ich dieses Werkzeug aber dann einsetze, wird ebenfalls von unseren Emotionssystemen bestimmt. Ich kann mit meiner technischen Intelligenz ein Maschinengewehr bauen, ich kann aber auch angesichts des Hungers in der Welt eine Bewässerungsanlage für Entwicklungsländer konstruieren".

Wie Emotionen den Verstand leiten

Auch Schneider hätte mit seinem Verstand eine andere Lösung für sich suchen können. Er hätte in seiner Ehre verletzt die Ablösesumme annehmen, sich einen neuen Job in einem Konkurrenzunternehmen suchen und der alten Firma zeigen können, was sie davon haben, ihn rausgeworfen zu haben. Stattdessen spricht er eine Einladung aus, die seinen Emotionen entspricht: Er fühlt sich dem Unternehmen verbunden, bringt ihm Vertrauen entgegen – und wird nicht enttäuscht.

Für den Change bedeutet das: Wer die emotionale Ebene außer Acht lässt und allzu sehr oder gar allein auf die Ratio setzt, wer sein Gegenüber nicht versteht, ihm nicht zuhört und nur oberflächlich hinsieht, wird in Change-Prozessen nicht erfolgreich sein. Und wer sich selbst emotional von dem Change-Prozess nicht überzeugen kann, auch nicht.

4. Als Partner zum Ziel

In ihrem Buch „Das Harvard-Konzept" geben die Verhandlungs- und Konfliktmanagement-Experten Roger Fisher, William Ury und Bruce Patton die Marschlinie vor: Bei einem ergebnisorientiert geführten Change-Prozess steht der größtmögliche gemeinsame Nutzen im Vordergrund im Sinne einer Win-Win-Strategie. Auch auf der persönlichen Ebene geht es nicht um Befindlichkeiten sondern um die Beziehung der am Change-Prozess Beteiligten zueinander, um die Wertschätzung des Gegenübers, seiner Person und seiner Ziele. Die Grundsätze des Harvard-Prinzips beeinflussen den Charakter von Verhandlungen selbst. Sie schaffen die Voraussetzung für einen Change miteinander (und nicht gegeneinander). Wer in dieser Phase genau hinhört, erfährt viel über sein Gegenüber und kommt währenddessen auch dem eigenen Ziel näher.

Ein offenes Ohr für Schneider

Hätte das Unternehmen seinem Mitarbeiter Schneider nicht zugehört, hätte es nicht erfahren, dass dem in den letzten Jahren unter Volllast arbeitenden Schneider ein Sabbatical gerade sehr entgegen kommt. Man hätte dann die für beide Seiten erfolgreiche Lösung nicht finden können. Auch deshalb nicht, weil die eher konservativ geführte Firma Schneiders bislang noch nie mit dem Wunsch eines Sabbaticals konfrontiert war und so von selbst nicht auf diese Idee gekommen wäre. Schneider jedoch hat früher in einem größeren Konzern gearbeitet, in dem das Sabbatical-Angebot zum Standard gehörte.

Kurz: Jeder Mensch handelt vor dem Hintergrund mannigfaltiger eigener Erfahrungen und Kompetenzen – und bringt so auch immer seine eigenen kulturellen und sozialen Aspekte mit in die Veränderung ein. Auf der Suche nach der besten Lösung können beide Seiten von dem Wissen des jeweils anderen profitieren – und beide Seiten gehen diesen Weg gern und mit vollem Einsatz. Weil sie nicht Kompromissen hinterher trotten, sondern ihre jeweiligen Ziele erreichen. Und weil sie als Partner starten und als Partner ins Ziel gehen – und nicht als Kontrahenten starten und als aus Not oder Druck geborene Leidensgemeinschaft halbherzig ins Ziel schlurfen.

Das Schöne an dieser Art des Change-Prozesses ist:

5. Es gibt immer eine Lösung:

   Das scheinbar Unvereinbare zu vereinen ist eine intellektuelle und konstruktive Herausforderung. Alle Partner ziehen an einem Strang, damit jeder sein Ziel erreicht, und am Ende haben zwei Kontrahenten als Team einen Sieg errungen. Das ist nicht nur für das eigene Wohlbefinden, sondern auch für zukünftige Kontakte mit den am Change-Prozess Beteiligten ein unschätzbarer Gewinn und eine nachhaltige Investition für zukünftige Krisensituationen. Nicht nur bei Schneider und seiner Chefetage.

Das go-i-Modell ist kein Kommunikationswerkzeug an sich, es ist eine spezifische Herangehensweise, eine besondere Einstellung zur Kommunikation. Und es trägt der Tatsache Rechnung, dass der Weg zu Veränderungen weit ist. Deshalb muss die Überzeugung aller Beteiligten echt sein, um nachhaltig wirken zu können. Denn einer allein bewirkt keine Veränderung. Er braucht andere an seiner Seite, die ihm nicht nur aufgrund seiner klug gewählten Worte folgen, sondern von dem Change selbst auch wirklich überzeugt sind.

Bei genauerem Hinsehen finden sich bereits viele in Japan praktizierte Kommunikations- und Organisationsmodelle auch im westlichen Business wieder. Einige erfreuen sich sogar wachsender Beliebtheit. So etwa die Lebens- und Arbeitsphilosophie Kaizen (Veränderung zum Besseren), die in der Management-Praxis unter den Begriffen Kontinuierlicher Verbesserungsprozess (KVP) oder Continuous Improvement Process (CIP) synonym verwendet wird. Ihr Ziel: Das Streben nach ständiger Verbesserung, in die Führungskräfte und Mitarbeiter gleichermaßen einbezogen werden. Dabei geht es nicht um sprunghafte Verbesserung durch Innovation, sondern um schrittweise erfolgende Perfektionierung und Optimierung des Bewährten – etwa durch Perfektionierung des betrieblichen Vorschlagswesens, Investition in die Weiterbildung der Mitarbeiter oder die Einbindung eines Qualitätsmanagements. In Japan selbst geht es eher um die „ewige Veränderung" im philosophischen Sinn, etwa die Umorganisation der innerbetrieblichen Hierarchie, die Eingemeindung einer Stadt oder die leichte konstruktive Veränderung eines Gebrauchsgegenstandes, die dem Kunden einen erweiterten Nutzwert schafft. Aus dem letzten Punkt entstanden etliche Produktinnovationen wie der Walkman oder der Flachbildfernseher. Die Ziele des Kaizens reichen von Gewinnmaximierung und Kundenzufriedenheit (durch Kostensenkung, Qualitätssicherung und Zeiteffizienz) bis zu Mitarbeiterzufriedenheit (durch Weiterbildungen, Mitspracherecht etc.) Zu den kaizenden Großfirmen gehören etwa Toyota, Porsche oder Opel.

Obschon also westliche Kommunikationsmodelle bereits viele Aspekte von in Japan bewährten Praktiken beinhalten, erscheint die asiatische Kultur den Menschen in Deutschland bis heute an vielen Stellen fremd. Das go-i-Prinzip vereint das Beste beider Welten – und lässt Sie Ihr Gegenüber mit einem Ansatz gefangen nehmen, der in seiner Einfachheit auf der Hand zu liegen scheint, in der Praxis aber bislang viel zu selten umgesetzt wird.

Das Gute dabei ist: Tricks und Kniffe brauchen Sie nicht. Es gibt nicht nur „entweder – oder", sondern „sowohl als auch" – und somit einen gemeinsamen Weg zum Ziel. So harmonisch Sie allerdings mit dem go-i-Prinzip die Change-Kommunikation gestalten, so unnachgiebig bleiben Sie in der Sache selbst. Schließlich wollen Sie nicht die Welt verbessern, sondern einen Change-Prozess effektiv begleiten, anstoßen und umsetzen. Und Sie möchten, dass Ihr Gegenüber Ihre Einladung annimmt und Sie Ihr Ziel erreichen. Das go-i-Prinzip ist weich im Ablauf, und hart in der Sache. Ganz so wie dieses Mädchen mit seiner Botschaft „Lieber Gott, mach mich fromm. Dass ich was ich will bekomm."

Lieber Gott, mach mich fromm, dass ich was ich will bekomm!

Foto: Fotolia © DURIS Guillaume

5.4 Die vier go-i-Meilensteine

5.4.1 Der erste Schritt: Zweifler zu Überzeugungstätern machen

Wer sich selbst emotional von den eigenen Zielen nicht überzeugen kann, kann auch keine überzeugenden Einladungen aussprechen. Wer aber Einladungen aussprechen will, muss sich zunächst einmal darüber klar werden, was er überhaupt erreichen, vertreten und anbieten möchte. Die Ziele des anderen finden Sie nur heraus, wenn Sie ihm zuhören. Das gilt auch für die eigene Perspektive. Hören Sie sich selber zu und definieren Sie dann Ihre Ziele – am besten definieren Sie sie SMART (**S**pezifisch und simpel, **M**essbar, **A**ttraktiv, **R**ealisierbar, Terminiert). Klare Ziele geben Orientierung, Sicherheit, Perspektive und Erfolg und sind eine wesentliche Voraussetzung für eine geglückte Einladung und somit die Ursache für erfolgreiche Handlungsprozesse. Formulieren Sie Ihre Ziele im Präsens, formulieren Sie sie positiv und greifen Sie nicht zu Vergleichen, sondern zu absoluten Werten. Damit Ihre Ziele erreichbar bleiben, können Sie auch Etappenziele formulieren.

Ein erreichbares Ziel

Ich finde in den nächsten zwei Wochen mit Schulze eine Lösung, zu der wir beide von ganzem Herzen JA sagen können. Dabei ist mir wichtig, dass wir eine Kostenersparnis von mindestens 10 Prozent realisieren und keine weiteren Stellen eingebunden werden müssen.

Aber es reicht nicht aus, dass Sie Ihre Ziele kennen. Sie müssen von diesen auch überzeugt sein, begeistert und persönlich motiviert, damit andere Ihr Anliegen sehen, hören, spüren – und verstehen können. Ein Blick auf Ihr so genanntes Inneres Parlament zeigt naheliegenderweise, dass es selten bis nie eine Option ohne Bedenken gibt. Ein Blick in die Praxis:

Überzeugt?

Das niederländische Unternehmen NederTech mit eigener Produktionsstätte kauft das deutsche Unternehmen GelderTech mit Sitz in einer ländlichen Region, das auch eine Produktionsstätte besitzt. Die Setzung: Die deutsche Produktionsstätte soll sukzessive reduziert und schließlich geschlossen werden. In einem solchen Fall gibt es nichts zu diskutieren und nur wenig schönzureden: Stakeholder außerhalb der Führungsebene sind in der Regel nicht sehr mobil. Die Angestellten der Produktionskette werden ihre Arbeitsplätze verlieren. Auch wenn Sie nach bestem Wissen und Gewissen überzeugt sind, dass der Change, den Sie vertreten, für die Firma und die dort verbleibenden Angestellten richtig ist, bleiben Zweifel. Eine klassische Herausforderung in Change-Prozessen: Wie sorge ich dafür, dass die Mitarbeiter der Firma NederTech dennoch motiviert bleiben? Kann ich meinem Gegenüber diese Nachricht wirklich zumuten? Überzeuge ich die Stakeholder überhaupt zu etwas, hinter dem ich selbst stehen kann, wenn ich sie nun dazu bringe, Firma NederTech trotz drohender Kündigung die Stange zu halten?

Hinzu kommt: Gerade in Change-Prozessen ist es wichtig, die richtige Balance zwischen dem Einbeziehen der Beteiligten und dem sicheren Führen aller zu finden. Oft ist es in diesem Fall die Angst vor dem Unbekannten, die auch auf Sie selbst lähmend wirkt, Sie zögern lässt – die Angst vor dem Erfolg. Was, wenn mein Gegenüber meiner Einladung tatsächlich folgt? Welche Verantwortung lastet da auf meinen Schultern? Traue ich mir das überhaupt zu? Oder werde ich die Kontrolle verlieren, wenn ich den Wagen einmal ins Rollen gebracht habe? Angst lähmt und macht handlungsunfähig – nichts, das in Change-Prozessen hilfreich wäre.

Und vielleicht ist Ihre Angst vor dem Ansprechen der Veränderungen ja auch ganz unbegründet. Jeder Einzelne ist für sein Handeln und seine Taten verantwortlich, und manchmal fallen die erwarteten Reaktionen ganz anders aus als gedacht. Vielleicht kann Ihr Sozialplan überzeugen und macht den Betriebsrat zu Ihrem Verbündeten, vielleicht eröffnen Kooperationen mit der Agentur für Arbeit (Arge) oder – im höheren Management – mit Inplacement-Agenturen ganz neue Perspektiven.

Kurz gesagt: Es gibt immer Unwägbarkeiten und meist zumindest die Spur leiser Zweifel. Sie können sie nicht alle ausräumen – und das ist auch gar nicht notwendig. Wichtig ist nur, dass Sie zu einer Entscheidung kommen, Ihre Zweifel willkommen heißen und mit Ihrer ganzen Persönlichkeit hinter der Entscheidung stehen und nicht nur mit Ihrem Verstand. Wenn Sie selbst der Zukunft nicht trauen und sich unwohl mit ihr fühlen, wird Ihrem Gegenüber das nicht anders ergehen. Konstruieren Sie sich die Zukunft so lange, bis sie zu Ihnen passt und Sie hinter ihr stehen können mit einem kongruenten Ja. Nur dann werden andere Ihre Einladung als eine solche begreifen – und ihr Folge leisten wollen.

5.4.2 Der zweite Schritt: Ihr Gegenüber verstehen, um dann selbst verstanden zu werden

Gerüchteküche, Vertuschung, manipulative oder schlechte Kommunikation – die klassische Stolperfalle im Change-Prozess liegt im Dialog. Es ist eine Kunst, mit Fingerspitzengefühl den richtigen Augenblick zur Herausgabe von Informationen zu finden und alle einzubinden, ohne zu viele Köche den Brei verderben zu lassen. Die Unternehmensberater Jochen Peter Breuer und Pierre Frot sprechen in diesem Kontext von „emotionalen Viren", die eine „emotionale Verschmelzung" des Unternehmens nach sich ziehen – zum Positiven oder zum Negativen.

> **Gerüchte um Apple**
>
> Das „Flurfunk-Problem" lässt sich gut anhand der Entwicklungen bei Apple Inc. im Jahr 2011 zeigen. Das Gerücht über Steve Jobs schwere Krankheit ließ die Aktien Anfang 2011 in den Keller gehen. Dass er zurückkehren sollte, ließ sie steigen – und schließlich trat Jobs am 24. August 2011 als CEO zurück – was wie erwartet erneut zu einem Aktieneinbruch führte.

Es liegt auf der Hand: Wer sein Gegenüber einladen und von ihm verstanden werden will, muss umsichtig agieren und eine Atmosphäre von Sicherheit und Wertschätzung erschaffen können. Im Sinne der go-i-Philosophie bedeutet das: Verstehen kommt vor verstanden werden.

Dem Verstehen kommt ein zentraler Punkt bei Ihrer Kommunikation zu. Denn damit ein Mensch den Ideen eines anderen freiwillig folgt (und darum geht es ja), muss er ihm mindestens eine der folgenden Zustände entgegenbringen: Liebe, Vertrauen oder Verstehen. Liebe ist selten im Geschäftsleben, Vertrauen braucht Zeit, um zu wachsen, und somit bleibt – das Verstehen. Interessieren Sie sich deshalb aufrichtig für Ihr Gegenüber und stellen Sie ihn in dieser Phase zunächst in den Mittelpunkt. Sprechen Sie ihn so an, wie er es braucht und nicht so, wie Sie es brauchen. Wie „tickt" Ihr Gegenüber, welche Ziele verfolgt er, welche Widerstände halten ihn zurück?

> **Die niederländisch-deutsche Fusion**
>
> Im Falle unserer niederländisch-deutschen Firmenfusion etwa binden die Mitarbeiter an die Region vermutlich eigene Immobilien oder regionale Verwurzelung (die eigene und die der zu den Angestellten gehörenden Familien). Auch die Angst vor mangelnden Alternativen am Arbeitsmarkt in der wenig besiedelten Region könnte sich hemmend auswirken.

Daher gilt in Change-Prozessen: Rapport vor Intervention. Ehe Sie Ihre Einladung aussprechen und dabei versuchen, Einfluss auf Ihr Gegenüber zu nehmen, sollten Sie zu diesem einen guten Kontakt aufbauen, ihm zuhören und ihm vermitteln, dass Sie seine Ängste, Sorgen und Wünsche verstanden haben. Im NLP-Sprachgebrauch steht „Rapport" für „guten Kontakt". Das Ziel ist nicht perfekte Harmonie, sondern das Finden einer gleichen Wellenlänge auf folgenden Ebenen:

- technische Ebene: Kommen die Informationen bei dem jeweils anderen an?
- inhaltliche Ebene: Sprechen wir von denselben Dingen und sind sie für uns beide interessant?
- emotionale Ebene: Befinden wir uns auf einem ähnlichen emotionalen Level? Vertrauen wir einander so weit, dass wir erfolgreich miteinander sprechen können?

Eine mögliche Methode, sich so detailliert wie möglich an das momentane und kontextbezogene Weltmodell seines Gegenüber anzupassen, ist das Pacing, was im Deutschen sinngemäß „Schritt halten" bedeutet. Das Geheimnis: Die aktive Person gleicht ihre eigenen Verhaltensweisen stimmlich, mimisch, sprachlich und in der Körpersprache seinem Gesprächspartner an. Wenn wir uns dabei vor Augen halten, dass jeder innere Zustand ganz spezifisch körperlich repräsentiert wird, wird schnell deutlich, dass es uns so gelingen kann, eine Idee vom Gemütszustand unseres Gegenübers zu erhalten.

Ein Kerngefühl in Change-Prozessen ist Angst. Die Ursachenliste der Widerstände im Unternehmen von Thomson (Mast, S. 415) nennt hierbei die Angst vor dem Wandel selbst, vor Gesichtsverlust, Arbeitsplatzverlust und Versagen sowie Stolz und Bequemlichkeit.

Unterschiedliche Erwartungen und Ängste

Vorarbeiterin Kunze etwa ist engagiert und tatkräftig und sieht sich bei der Fusion in einer Schlüsselrolle. Sie will den Niederländern schon zeigen, wie deutsche Wertarbeit funktioniert, erzählt das auch gern jedem Kollegen, der ihr begegnet, und hofft im Stillen auf eine Aufwertung ihrer Stelle. Ihr Kollege Schick hingegen fährt schon seit Jahren Dienst nach Vorschrift. Selbst wenn er einen neuen Job bekäme, ist ihm die Vorstellung, noch einmal ganz von vorn anzufangen, ein Graus. Es liegt auf der Hand, dass Vorarbeiterin Kunze in der Change-Kommunikation an gänzlich anderer Stelle abgeholt werden muss als ihr Kollege Schick.

Wenn Sie die Ängste Ihres Gegenübers kennen, können Sie sie zulassen und sich etwas überlegen, das ihm seine Ängste nimmt. Aber auch überzogene Erwartungen können ein Problem sein – etwa wenn ein Mitarbeiter, so wie Vorarbeiterin Kunze, sich von der Veränderung besonders viele Vorteile für sich und seine Position erhofft. Halten Sie in diesem Annäherungsprozess auch die Augen offen und suchen Sie nach Gemeinsamkeiten zwischen sich selbst und Ihrem Gegenüber. Jeder Mensch verfolgt eigene Interessen, aber oft ergeben sich Schnittmengen, die verbinden.

Schnittmengen

Kunze etwa ist ehrgeizig und setzt sich seit Jahren für die Firma ein. Auch Ihnen geht es um das Beste für die Firma. Das ist eine gute Ausgangsbasis für ein Gespräch und ermuntert Kunze vielleicht, eigene Lösungsvorschläge einzubringen.

Schick hingegen hat vor allem die eigene Bequemlichkeit im Sinn. Immerhin hat er ja auch schon etliche Arbeitsjahre auf dem Buckel. Das Gefühl kennen Sie auch – den Wunsch, einfach mal zu entspannen. So kommt Schick vielleicht selbst auf die Idee, dass Frührente vielleicht gar keine so schlechte Alternative für ihn sein könnte.

Nun haben wir es in der Change-Kommunikation gerade in Bereichen wie Produktion oder Wartung selten mit einzelnen Individuen als Gegenüber zu tun sondern mit Gruppen. So schön es auch wäre – in einem Change-Prozess ist es gerade bei großen Firmen oft schwierig, auf jeden einzeln und individuell einzugehen. Sich auf Gruppen einzustellen und nicht auf Individuen kann zu unnötigen Unschärfen führen. Methoden der Persönlichkeitsdiagnostik (etwa INSIGHTS MDI® oder die Motiv-Struktur-Analyse) helfen dabei, sich auf sein Gegenüber einzustellen, aber wo nötig auch, Individuen in Typen zu bündeln und gesamt anzusprechen. Alle Shareholder werden Sie sicherlich niemals einzeln ansprechen können, aber mithilfe der Persönlichkeitsdiagnostik doch recht viele Gruppen, Stellvertreter oder Meinungsmacher. Bringen Sie ihnen Wertschätzung und ehrliches Interesse entgegen – und machen Sie sie so im Idealfall zu Ihren Partnern, noch ehe die Verhandlung überhaupt inhaltlich eröffnet wurde. Und erst dann laden Sie sie ein, um Ihr Anliegen vorzubringen.

5.4.3 Der dritte Schritt: Mit Konsens zum Ziel

Sie stehen fest hinter dem, was Sie vertreten? Sie wissen, wie Ihr Gegenüber tickt und was ihn treibt? Gut. Dann ist die Zeit reif für die Vermittlung Ihrer Inhalte. Jetzt geht es um die Sache selbst. Sie sprechen Ihre Einladung aus und treten in die Verhandlung ein. Hart in der Sache und fair im Umgang. Mit größtmöglicher Wertschätzung für Ihr Gegenüber und zugleich einem klaren Ziel vor Augen: Keine Kompromisse, sondern ein Weg, mit dem beide Seiten ihr Ziel erreichen. Um das Ziel Ihres Gegenübers zu erfahren, müssen Sie ihm zuhören. Das bedeutet auch: Ihr Gegenüber braucht Raum, um seine Position darzulegen. Oft gehen wir mit vorgefertigten Meinungen in ein Gespräch, erwarten bestimmte Widerstände und nicht immer liegen wir damit richtig. Vielleicht ist der Sachbearbeiter Berger ganz glücklich mit der Vorstellung eines neuen Vorgesetzten aus den Niederlanden, weil er sich mit dem alten Stoffel aus dem Nachbardorf noch nie so gut verstanden hat? Und wer sagt überhaupt, dass Krisengespräche immer nur von Katastrophen handeln müssen? Fragen Sie Ihr Gegenüber ruhig, wo es für sich selbst und die Firma Chancen im

Veränderungsprozess sieht – und überlegen Sie dann gemeinsam, wie Sie diese wahrnehmen könnten.

> **Achtung**
> Geben Sie Ängsten nur bis zu dem Punkt Raum, an dem ein Gespräch über diese Ängste mehr Energie nimmt, als es gibt. Wechseln Sie an diesem Punkt das Gesprächsthema, damit die Angst nicht verbalisiert größer wird, als sie vor dem Gespräch war.

Lassen Sie auch Gesprächspausen zu und halten Sie diese aus. Pausen helfen Ihnen und Ihrem Gegenüber. So können Erkenntnisse „sacken" – und danach sind beide Seiten wieder voll bei der Sache. Klarheit schaffen, Fragen stellen, Ich-Botschaften formulieren und bitte keine rhetorischen Tricks – wer firm in diesen Bereichen ist, kann auch in laufenden Verhandlungen Störungen im Prozess beseitigen und Probleme lösen. Haben Sie dabei stets mindestens drei Lösungsalternativen in petto.

> **Möglichkeiten für die deutschen Mitarbeiter**
> Im Falle unserer niederländisch-deutschen Fusion etwa könnten Sie den Mitarbeitern exemplarisch die Modelle Wechsel in die Niederlande, Unterstützung bei der Suche nach einer neuen Anstellung in Zusammenarbeit mit der Agentur für Arbeit, eine Abfindung oder gar das Gründen einer Zuliefererfirma anbieten, die derzeit in der Region noch fehlt, deren räumliche Nähe aber hilfreich wäre.
> Für Vorarbeiterin Kunze etwa könnte die Zuliefererfirmengründung eine packende Herausforderung sein, Sachbearbeiter Berger findet den Wechsel in die Niederlande zumindest überdenkenswert und Kollege Schick ist mit dem Abfindungsmodell gar nicht so unzufrieden.

„Packen" Sie Ihr Gegenüber nicht nur auf der Sachebene sondern auch und gerade auf der von Willen und Leidenschaft beherrschten emotionalen Ebene. So springt der Funke über und Ihr Change-Partner kommt freiwillig mit Ihnen.

Am Ende stehen Kompromiss oder Konsens. Die fünf Möglichkeiten:

1. Ihr Gegenüber gibt nach und Sie selbst erreichen Ihr Ziel zu 100 Prozent.
2. Sie selbst geben nach und Ihr Gegenüber erreicht sein Ziel zu 100 Prozent.
3. Das Gespräch wird ohne Ergebnis abgebrochen.

4. Beide Seiten einigen sich auf einen Kompromiss.

5. Die Lösung erfolgt nach dem go-i-Prinzip: Jeder erreicht seine Ziele, ohne Abstriche machen zu müssen.

> **Die Lösung nach dem go-i-Prinzip**
>
> Wie im Fall von Vorarbeiterin Kunze, die sich schließlich wirklich mit Unterstützung der Agentur für Arbeit selbstständig macht. Sie wird ihr eigener Chef und übernimmt einige Kollegen der alten Firma. Ihr ehemaliger Arbeitgeber wird ihr erster Auftraggeber, dem sie aufgrund langjähriger Firmenzugehörigkeit perfekt zuarbeiten kann.

Und auch wenn das hundertprozentige Erreichen aller Ziele gar nicht gelingen will, gilt für das go-i-Prinzip: Keine Kompromisse! Mit einem Kompromiss erreicht niemand sein Ziel – weder Sie noch Ihr Gegenüber. Auch Druck oder gar Bestechung haben in der go-i-Philosophie nichts verloren. Lassen Sie Ihrem Gegenüber in einem solchen Fall wenn möglich in Teilbereichen den Sieg zu 100 Prozent davontragen – und kommunizieren Sie ihm dies auch genauso klar und offen.

> **Kompromiss oder Sieg in einem Teilbereich?**
>
> Kollege Schick etwa hätte gern noch ein paar Jahre weitergearbeitet und seine Rente aufgebessert. Auf etwas ganz Neues einlassen will er sich aber in keinem Fall: Einen alten Baum verpflanzt man nicht. Weiter beschäftigen können Sie ihn nicht. Aber durch die Abfindung kann er den Rest seines Häuschens abbezahlen, hat somit weniger laufende Kosten und kann eine geringere Rente besser verschmerzen. Und umziehen muss er auch nicht mehr. Somit hat er in seinen Kernforderungen sein Ziel zu 100% erreicht. Ebenso wie die Firma.

Manchmal wachsen die Beteiligten in solchen Situationen sogar über sich hinaus. Ein vielzitiertes und oft kopiertes Beispiel aus der Praxis zu sozial verträglichem Krisenmanagement ist die 1993 von VW in einer Krisensituation getroffene Vereinbarung zur 4-Tage-Woche.

5.4.4 Der vierte Schritt: Implementieren der Veränderungen – Von Regeln und Zielpunkten

Wenn Sie sich schließlich handelseinig geworden sind, ist es Zeit für die Frage: Was passiert, wenn wir unsere Beschlüsse auch umsetzen? Welche weiteren Blockaden könnten sich ergeben und wie können Sie dann reagieren? Der Öko-Check, bekannt aus der NLP, kann in Zwischen- und Endstufen gleichermaßen zum Einsatz kommen und das System einer Stabilitätsprobe zu unterziehen.

Öko-Check für die Fusion

Ist es wirklich eine gute Idee, ein zweites Unternehmen der gleichen Branche hinzuzukaufen und binnen eines halben Jahres Marktführer werden zu wollen? Immerhin steigt mit den Fixkosten auch das Risiko, und je größer ein Mechanismus wird, desto unkontrollierbarer kann er werden. Außerdem müssen Sie Strukturen, Mentalitäten und regionale Unterschiede der Mitarbeiter zusammenführen. Und nicht zuletzt hat das größere Unternehmen aus der ländlichen Region bei genauerem Hinsehen doch Angst, dass „die Kleinen" aus den Niederlanden ihm zu sehr reinreden.

Ein neues Problemfeld tut sich damit auf – und mit ihm Ihre Chance, auch dieses im Vorfeld zu klären und entsprechende Regeln festzulegen. Welche Steps werden wann angestoßen und durchlaufen? Wissen alle im Unternehmen darüber Bescheid, wie gut die Chancen für eine Marktführerschaft wirklich stehen? Wie genau sollen die neuen Kollegen eingebunden werden? Wer hat wo das Sagen? Wie kann man voneinander lernen und in welchem Rahmen? Welche Probleme und Ängste gibt es noch – und welche Lösungen wählt das Team, um die Sache anzugehen? Am Ende halten Sie die Ergebnisse schriftlich fest. Das darauf folgende Commitment aller Beteiligten und Betroffenen festigt den Entschluss und hilft, auch in schwierigen Zeiten an den gemeinsam gefundenen Vereinbarungen festzuhalten.

5.5 Fair im Umgang, hart in der Sache – Harmonie als Business-Prinzip

Während berufliche Veränderungen im Leben der vorletzten Generation noch Seltenheitswert besaßen, steigen die Veränderungsintervalle seit Jahrzehnten in immer schnellerer Geschwindigkeit an. Change-Prozesse werden sukzessive von Ausnahme- zu Alltagssituationen. Und weil das Sehnen nach der „guten, alten Zeit, als alles anders war" noch nie geholfen hat, lernen Unternehmen und ihre Share- und Stakeholder mit diesen immer schnelleren Veränderungen zu leben. Auch hier lohnt ein Blick nach Japan. Nemawashi (übersetzt: die Wurzeln bündeln) bezeichnet die informelle Art der Entscheidungsfindung innerhalb eines Betriebes und bildet auch die Wurzel des go-i-Prinzips. Übertragen bedeutet es: Eine Entscheidung muss bei allen

Beteiligten wie ein Wurzelwerk eingepflanzt sein – und deshalb entscheiden auch alle Beteiligten nach dem Ringi-Prinzip mit.

Hinweis

Im Ringi Seido bezeichneten „Umlaufverfahren" werden nach einem festgelegten Ablauf möglichst viele Kompetenzen in den Entscheidungsweg zu einem Vorschlag eingebunden (Rothlauf, S. 426).

Die Amerikanerin Rochelle Kopp (japanintercultural.com) bringt die Kernmechanismen des Nemawashi auf den Punkt: Um bei der Konsensfindung ellenlange Debatten und Streitgespräche zu vermeiden, debattiert man entweder Eins-zu-Eins oder in sehr kleinen Gruppen. Das Ziel: Den anderen zu überzeugen, indem man ihn einlädt, den eigenen Standpunkt anzunehmen. Üblicherweise beginnt ein Nemawashi wie folgt: Derjenige, der einen Antrag stellt oder eine bestimmte Vorgehensweise vorschlägt, versucht herauszufinden, wer die Hauptentscheidungsträger in diesem Abstimmungsprozess sind. Ein guter Nemawashi-Praktiker wird (auch im privaten Rahmen) etliche kleine Meetings einberufen, um sicher zu gehen, dass er auch wirklich alle wichtigen Entscheidungsträger erreicht hat. In einem offiziellen „premeeting" werden potenzielle Unstimmigkeiten aus dem Weg geräumt und im Nemawashi selbst die eigene Idee oder der eigene Lösungsansatz vorgetragen, abgelehnt, angenommen und/oder verfeinert oder optimiert, vielleicht vom Antragsteller selbst, vielleicht von ihm und einer Gruppe Gleichgesinnter, vielleicht aber auch von einer dritten, ganz anderen Partei. Am Rande bemerkt: Die Sache mit dem Nemawashi nennen wir hierzulande Lobbyarbeit. Sie kennen wir zu Genüge, nicht nur aus der Politik.

Vorfühlen

Ehe Vorarbeiterin Kunze mit ihrer Idee der Gründung einer Zuarbeiterfirma an die Öffentlichkeit geht, fühlt sie lieber zunächst einmal vor. Sie spricht mit dem Kollegen Hansen, der einen guten Draht zur Führungsspitze hat: Ob er sich vorstellen könnte, dass sie, Kunze, dieses Unternehmen gründet und er mit ihr wechseln würde? Kunze hat Hansen richtig eingeschätzt: Ihm gefällt Kunzes Idee, aber er ist ein vorsichtiger Mensch und fühlt ebenfalls erst einmal vor. Und tatsächlich: Die Führungsspitze steht der Sache positiv gegenüber. Hansen berichtet an Kunze, und diese kann sich ohne die Gefahr des Gesichtsverlustes als Urheber der Idee bekennen.

Auf den ersten Blick kein allzu großer Unterschied zum herkömmlichen Prozedere, aber ein umso größerer in der Geisteshaltung, die hinter den Prozessen steckt. Im Nemawashi geht es nicht um den Sieg des Einzelnen, sondern um ein bestmögliches Ergebnis für die Gruppe – weder Kunze noch Hansen noch ihr scheidender Arbeitgeber siegen alleine. Im Gegenteil: Die Neugründung hilft sogar noch weiteren Kollegen aus der Krisensituation.

Go-i ist eine Lebenseinstellung, eine Einstellung, die die eigene Kommunikation bestimmt und vollständig durchdringt. Es geht bei dieser Art des Kommunizierens nicht darum, ob wir eine Position vertreten, sondern wie wir es tun. Die Grundhaltung ist stets eine dem Gegenüber zugewandte: Wir können Menschen langfristig niemals einen Weg aufzwingen, wir können sie nur einladen, uns zu folgen.

> **Zwang ist niemals der richtige Weg**
>
> Kollege Schick etwa wäre niemals der richtige Ansprechpartner für eine Neugründung oder einen Wechsel in die Niederlande gewesen. Hätten Sie ihn dazu überredet, hätte er vielleicht halbherzig und unzufrieden ein paar weitere Jahre abgesessen und weder Ihnen noch sich selbst damit genutzt.
>
> Vorarbeiterin Kunze wäre nur halb so stolz auf ihre eigene Firma, wenn Sie ihr diesen Entschluss als die einzig mögliche Alternative aufgedrängt hätten. So aber hat sie selbst aus den möglichen Alternativen die beste für sich gewählt, hat ihr Gesicht nicht nur gewahrt, sondern auch ihr Rückgrat gestärkt – und Sie haben Ihr Ziel dennoch zu 100 Prozent erreicht: Kunze ist nicht mehr im Unternehmen. Ihr Zusatzgewinn: Sie bleibt dem Unternehmen verbunden und wird ihrerseits durch ihre positiven Erfahrungen sogar zum Werbeträger. Mit ihr als Zulieferin ergeben sich in den nächsten Jahren einige Kooperationen, bei denen auch die alte Firma neue Kunden gewinnt.

Der Weg dorthin ist leicht, wenn Sie das go-i-Prinzip verinnerlicht haben:

- Überzeugen Sie statt zu blockieren oder zu manipulieren.
- Entwickeln Sie Ideen gemeinsam mit Ihrem Gegenüber und vereinen Sie das Beste aus beiden Welten.

So erzielen Sie nachhaltige Erfolge in der Kommunikation – und verschaffen sich in Krisensituationen einen entscheidenden Wettbewerbsvorteil. Viele Krisen vermeiden Sie so von Anfang an oder berauben sie ihrer Schärfe. Mit einem offenen und konstruktiven Kommunikationsstil gehen Respekt und klare Ansagen Hand in Hand. Der Wandel ist willkommen und ein steter und sei es auch nur gedanklicher – Begleiter. Und so werfen Veränderungen ein Unternehmen erst gar nicht so schnell aus der Bahn. Kurz: Wo Share- und Stakeholder die Ziele des Gegenübers ebenso sehr in den Fokus stellen wie ihre eigenen, können sie besser dafür sorgen, dass am Ende beide durch die Ziellinie gehen – erfolgreich und gemeinsam.

5.6   Literaturverzeichnis

Breuer, J. P.; Frot P.: Das emotionale Unternehmen: Mental starke Organisationen entwickeln – Emotionale Viren aufspüren und behandeln. Wiesbaden 2010.

Bryson, K.: Sei nicht nett, sei echt!: Ein Gleichgewicht zwischen Liebe für uns selbst und Mitgefühl mit anderen finden. Handbuch für Gewaltfreie Kommunikation. 2. Auflage, Paderborn 2009.

Häusel, H.-G.: Brain View. Warum Kunden kaufen., 2. Auflage, Freiburg 2009.

Mast, C.: Unternehmenskommunikation. Ein Leitfaden. Stuttgart 2010.

Maurer, Dr. J.: Verhandlungspraxis kompakt: Japan. Bundesagentur für Außenwirtschaft 2008 (Broschüre).

Mücke, K.: Probleme sind Lösungen: Systemische Beratung und Psychotherapie – ein pragmatischer Ansatz – Lehr- und Lernbuch. 4. Auflage, Potsdam 2009.

Müller, W.: Das go-i-Prinzip. So gewinnen Sie Menschen dauerhaft für Ihre Ideen. Düsseldorf 2010.

Oakwood Learning Limited: Understanding the True Realities of Influencing. What do you need to do in order to be influental? Studie aus dem Jahr 2006 (Oakwoodlearning.com).

Rothlauf, J.: Interkulturelles Management, 2. Auflage, München 2006.

Scheelen, F. M.: So gewinnen Sie jeden Kunden. Das 1x1 der Menschenkenntnis im Verkauf., 5. Auflage, Landsberg/Lech 2005.

Schmidt, G.: Liebesaffären zwischen Problem und Lösung. Hypnosystemisches Arbeiten in schwierigen Kontexten. 3. Auflage, Heidelberg 2010.

Storch, M. mit Canitieni, B., Hüther, G. und Tschacher, W.: Embodiment. Die Wechselwirkung von Körper und Psyche verstehen und nutzen. Bern 2006.

Ulsamer, B.: NLP in Seminaren. Lernen erfolgreich gestalten. Bremen 1994.

6 Spiritualität als starkes Rückgrat bei Veränderung

Nur ein Unternehmen mit Geist kann dauerhaft ein erfolgreiches Unternehmen sein. Ansonsten wird es diktiert von Austauschbarkeit und Führungslosigkeit. Fünf beispielhafte Schritte zeigen, was eine spirituelle Grundhaltung für ein Unternehmen und bei Veränderungsprozessen bedeutet.

Der Autor

 Über 2.000 Vorträge vor rund 400.000 Menschen, 30 Bücher in 12 Sprachen, erfolgreiche Firmengründungen, Vorlesungen, eine anhaltende Beratertätigkeit und immer neue Ziele – das ist Hermann Scherer. Er lebt in Zürich und ist in der Welt zu Hause, wo er mit seinen mitreißenden Auftritten Säle füllt. Der Business-Experte „zählt zu den Besten seines Faches" (Süddeutsche Zeitung, 29. September 2004).

Kontakt:
Hermann Scherer, Zeppelinstr. 3, 85399 Hallbergmoos,
Tel.: +49 (0)8161 - 787380,
E-Mail: h.scherer@hermannscherer.com,
Homepage: www.hermannscherer.com

6.1 Heilsame Irritation

Monatelange Schreibarbeit, höchste Präzision, unzählige handwerkliche Schritte und kostbare Materialien: Wer einmal hinter den Fertigungsprozess eines mittelalterlichen Buches geblickt hat, der weiß, dass die eigentlichen Schatzkammern der Klöster die Bibliotheken waren. Es muss nicht einmal eine prächtig illustrierte Handschrift sein – auch in die einfachen Bücher wie die Klosterregeln flossen handwerkliches Know-how und vor allem das Herzblut der Mönche in den Schreibwerkstätten.

Wie wohl ein Mönch des Mittelalters auf das Fertigungstempo heutiger Kopierer und Druckmaschinen reagieren würde? Sicher verwundert angesichts der Schnelligkeit. Bestimmt aber irritiert. Denn wenn es im Mittelalter immense Kosten und viele Monate oder gar Jahre verschlang, bis eine Ausgabe einer Klosterregel fertiggestellt war, kam darin die Wertschätzung für den Inhalt zum Ausdruck. Und in der Tat: Die Bücher haben den Geist, den Spirit transportiert, der der Gemeinschaft Stabilität und Lebendigkeit gab. Und zwar sowohl in wirtschaftlicher als auch in spiritueller Hinsicht. Dagegen erscheinen mit der heißen Nadel gestrickte Grundlagenpapiere und die Zahlenkolonnen der Controlling-Berichte mehr als blass.

Was nützen Business-Pläne, modisch gestaltete Organigramme und Hochglanz-Visionspapiere, wenn sie so schnelllebig und letztlich auch austauschbar sind, dass sie überhaupt erst gar nicht gelebt werden? Wenn das, was einem Unternehmen vermeintlich als Geländer bei Veränderungsprozessen dienen soll, selbst in beständiger Regelmäßigkeit einer neuen Umbaumaßnahme unterworfen wird? Unverbindlichkeit und Wechselhaftigkeit können einem Unternehmen kein Rückgrat geben, das Stärke gibt und zu Erfolg führt. Dazu gehört mehr.

Ein Unternehmen braucht einen Geist, der sich jenseits von austauschbaren Fassadenanstrichen bewegt, und der wirklich etwas bewegt.

6.2   Irritierende Heilsamkeit

Es ist ein weiter Weg, den der Begriff Spiritualität aus den Hallen der mittelalterlichen Klöster bis in die Gegenwart genommen hat. Kaum ein anderes Wort hat es zu Konnotationen gebracht, die in einem solchen Farbspektrum schillern – bis hin zum Nichtssagenden. Kein Wunder! Tatsächlich nähren die Schaufenster der diversen Kaffee- und Supermarktketten den Eindruck, dass es mit Spiritualität nichts mehr auf sich hat als Entspannungsübungen, Meeresrauschen-CDs, esoterische Binsenweisheiten und das Säuseln des weltanschaulichen Grundrefrains „Du bist gut so, wie du bist – und das ist auch gut so!"

Wenn selbst das einfachste Schaumbad zum Meditationserlebnis werden soll und jede einzelne Flasche Quellwasser Geist und Seele zu einer neuen Mitte führt, wieso soll dann Spiritualität mehr sein als nur banaler Lifestyle?

Wirtschaft und Unternehmen wirken da wie ein Kontrastprogramm. Nicht unverbindliche Botschaften sondern klare Zahlen geben den Ton an. Networking bedeutet mehr als Händchenhalten. Statt Räucherstäbchen gibt es allenfalls Zigaretten. Wo das Tagesgeschäft und strategische Herausforderungen die Zügel in der Hand haben, kann man auf ein Hindernisrennen mit Geist und Seele gerne verzichten. Rationalität, Zahlen- und Sachorientierung werden als Gebote der Stunde verkauft. Auch hier bestimmt die Nachfrage das Angebot.

Oft übergeben Unternehmer und Führungskräfte allein den nackten Daten die Zügel bei ihren Entscheidungen. Der Glaube an die Zahlen dient dann als einzige Richtschnur für das unternehmerische Handeln. Auch eine Form der weltfremden Dogmatik. Denn dahinter steckt ein Aberglaube, bei dem sich der Manager gar nicht einmal so sehr von dem unterscheidet, der sich auf die Wirkung von Glücksanhängern und Schwarze-Katze-von-rechts-Regeln verlässt: Er glaubt an Ursachen, die die Wirkung gar nicht herbeigeführt haben. Pointierter formuliert: Er hält Falsches für wahr. Wer überzeugt ist, dass unternehmerischer Erfolg nur aus nackten Zahlen und beinharten Vorgaben entspringt, unterliegt demselben Fehler wie der, der glaubt, dass sein Beinbruch daher rührt, dass er unter einer Leiter durchgelaufen ist. Ein solcher Irrtum mag im Rückblick vielleicht noch charmant und ungefährlich sein – beim Blick in die Zukunft und bei Entscheidungen ist er schlichtweg fatal.

Ein Unternehmen ist dann erfolgreich, wenn es Spirit hat. Ein Geist, der die Mitarbeiter eint, und aus dem sie selbst Begeisterung entfachen. Kein klassisches Visionspapier kann da mithalten. Spiritualität und wirtschaftliche Erfolge sind keine Pole, die sich abstoßen – sondern schlichtweg die unkündbare Kombination, die den Schlüssel für modernes Denken in der Wirtschaft – Change-Prozesse eingeschlossen – darstellt. Zahlen enthalten also Spirit – und das inspiriert uns!

6.3   Es geht um alles

Die Wurzeln des Begriffs Spiritualität liegen im lateinischen Verb *spirare*, das einen ganz schlichten Vorgang benennt: atmen. Alles andere als weltfremd steht der Ausdruck also zunächst für eine ganz grundlegende Tätigkeit, die uns am Leben hält – tausendfach pro Tag praktiziert. Sauerstoff für die Muskeln, Frischluft für den Kopf.

Seinen zusätzlichen Bedeutungsaspekt erfuhr das Wort durch die Verwendung im religiösen Kontext: Den Schöpfungsmythen zufolge erhält die menschliche Hülle erst nach dem Einhauchen des Geistes durch den Schöpfer ihre Lebendigkeit. Der Spiritus wird damit zum Geist und zur Seele des Menschen. Die Bibel schildert dieses Bild im zweiten Schöpfungsbericht: „Da formte Gott, der Herr, den Menschen aus Erde vom Ackerboden und blies in seine Nase den Lebensatem. So wurde der Mensch zu einem lebendigen Wesen." (Genesis 2,7)

Spiritualität hat also entscheidend mit Lebendigkeit zu tun: Lebendig ist der, der einen „spirit" hat, Geist und Seele besitzt. Das sind Einsichten, die die Menschen vor mehr als zweieinhalbtausend Jahren in ihren Mythen von Generation zu Generation weitergegeben haben – und nach denen sie ihren Alltag und ihre Werte gestaltet haben. Die Würde des Lebens hat sich daraus ebenso definiert wie die Achtung vor dem Tod, wenn der Geist den Körper verlässt.

Dort, wo es um Leben und Tod geht, fängt Religion an. Spiritualität und Religion sind jedoch zwei Paar Schuhe. Religion bildet Glaubensinhalte ab und fügt sie zu einem System zusammen. Darin enthalten sind Vorstellungen vom Jenseits, Gottesbilder oder etwa auch der Schicksals- und Tugendzusammenhang von Karma und Dharma im Buddhismus. Spiritualität ist dagegen nicht einer bestimmten Religion vorbehalten, sondern bedeutet ganz konkret, aus verbindlichen Prinzipien sein Handeln zu bestimmen und sein Leben bewusst danach auszurichten. Auf eine einfache Formel gebracht heißt das also: Der Mensch ist ein spiritueller Mensch, wenn er um seine Lebendigkeit weiß. Wenn er als bewusster Akteur und souveräner Gestalter seines Geschickes auftritt.

Ganz schön düster sieht es aus, wenn man dieses Einsicht umkehrt: Dann kommt man schlichtweg zu dem Schluss, dass jedes Lebewesen ohne Spiritualität nichts hat, was es am Leben hält. Es wird zu einer Marionette, ohne Antrieb und Vision.

Im Blick auf die Wirtschaft heißt das wohl: Jedes Unternehmen muss spirituell sein – oder es ist bald kein Unternehmen mehr, zumindest keines mehr, das den Markt bestimmt.

6.4 Jenseits des Methodenkoffers

Eine einfache Lösung würde nun so aussehen: Die Geschäftsleitung bestellt einen Berater ein, der dann via PowerPoint und in Form von Checklisten jeder Abteilung eine Portion Seele und Geist verpasst und am Schluss noch ein paar neue Tools mit dem Etikett Spiritualität in den Methodenkoffer legt. Das wäre absurd und jeder Unternehmer wäre damit nicht nur schlecht beraten, sondern einfach auf dem Holzweg. Denn anders als Teamübungen und Kreativworkshops ist mit Spiritualität kein Werkzeug gemeint, das vom Unternehmen abtrennbar oder gar austauschbar ist.

Erst wenn Spiritualität eine Grundeinstellung wird, die in allem Handeln und Tun, in jeder Entscheidung und jeder Überlegung mitschwingt, ist sie überhaupt erst im Unternehmen angekommen. Der Spirit eines Unternehmens kann also nur als Habitus verstanden werden. Aufschlussreich ist auch hier die ursprüngliche Wortbedeutung: *habitare* steht im Lateinischen für wohnen. Der Spirit eines Unternehmens ist also, ganz wörtlich verstanden, das Haus, in dem er wohnt, von dem aus das Management Entscheidungen trifft und das Unternehmen seinen Kurs bekommt. Praktisch der Ort, an dem die unternehmerischen Zelte aufgeschlagen sind und die Keimzelle des Erfolgs liegt. Nicht von ungefähr heißt das Ordensgewand bei den Benediktinern Habit: Es ist das, was sie umhüllt und nach außen hin sichtbar zu dem macht, was sie sind und was ihrem innersten Wesen entspricht.

Aber wie sehen nun die Wände dieses Hauses aus, wie ist die Innenarchitektur, wie sieht der Innenraum aus, auf dem das Geschick des Unternehmens ruht?

6.5 Wo der Anfang des Erfolgs entspringt

Wer über das Anfangen lernen möchte, schaut am besten auf die Anfänge. Das älteste literarische Werk der Menschheit ist da ein guter Ratgeber: In 3.600 Verszeilen erzählt das Gilgamesch-Epos, das in etwa im 12. Jahrhundert vor Christus in Babylonien niedergeschrieben wurde, von Heldengeschichten, Flutkatastrophen – und vom Beginn der Welt. Die Erschaffung des Menschen wird dabei ganz bodenständig erledigt: Die Himmelsgöttin Aruru formt den Menschen aus Lehm. Leben und Lebendigkeit entstehen nicht im luftleeren Raum, sondern aus etwas Schlichtem, ganz Stabilem und Althergebrachtem. Ein Gedanke, den die Bibel und weitere bedeutende Erzählungen über den Ursprung der Welt teilen.

6.5.1 Schauen Sie genau hin!

Schöpfung meint also erst einmal, das Bestehende aufzugreifen. Was dieser Grundhaltung entspringt, ist wegweisend für jedes Unternehmen: Keine Entscheidung, keine Veränderung, kein Erfolg beginnt bei Null. Neues etablieren und Veränderungen gestalten – das fordert von den Entscheidungsträgern ein, dass sie auf das schauen, was überhaupt vorhanden ist. Das sind die Mitarbeiter, die bestehenden Strukturen und die Art und Weise an sich, wie ein Unternehmen funktioniert und auftritt.

6.5.2 Schauen Sie zurück!

Ebenso gehört dazu der Blick in die Vergangenheit: Zum erfolgreichen Gestalter und Visionär wird nur der, der sich vom Blindflug löst und überhaupt sehen kann, wo ein Unternehmen herkommt. Ein Manager kann sich ruhig einmal in der Unternehmenskantine zum Tisch der älteren Mitarbeiter setzen und einfach nur zuhören. Dann ist die Rede von Augenhöhe keine abgedroschene Floskel mehr. Geistloshysterische Tabula-rasa-Aktionen fallen bei einer solchen Haltung ebenso unter den Tisch, wie der absurde und aufreibende Versuch, für jede Situation das Rad neu erfinden zu wollen. Stattdessen werden Entwicklungen ins Leben gerufen, die wirklich mit Herz und Verstand gemacht sind – und die wirklich greifen. Eben weil sie die Handschrift des Unternehmens tragen.

Was diesen Aspekt der Unternehmensspiritualität ausmacht, zeigt sich besonders deutlich, wenn eine Firma seinen pensionierten Mitarbeitern die Tore öffnet. Eine kluge und vor allem begeisternde Idee.

Wenn Alt auf Jung trifft

Einmal im Jahr gibt es einen solchen Tag in der ZF-Sachs-Niederlassung in Schweinfurt. Wenn der altgediente Haudegen, an dessen Werkbank in den sechziger Jahren Kupplungs- und Motorteile für Rennmotorräder von Hand entstanden, dann zusammen mit dem jungen Metalltechniker an der computergesteuerten Fräsanlage sich über Getriebetechnik und der Freude am Fahren unterhält, dann entsteht das unschätzbar wertvolle Gefühl, zu einem großen Ganzen zu gehören. Eine Begeisterung, die Generationen überbrückt.

Das Unternehmen erhält eine Identität – und nur so kann sich überhaupt ein Mitarbeiter damit identifizieren. Diese Identifikation bringt der Arbeiter in jedem Handgriff, in jeder Idee und in jeder Anstrengung ein. So entsteht Spirit – und so beginnt Erfolg.

6.6 Nur unter Spannung fliegt der Pfeil

Wer Veränderungen herbeiführen will, der kommt um Aufbrüche nicht herum. Wer dabei auch noch Harmonie erwartet, wird enttäuscht werden: Wo etwas aufbricht, kommt es erst einmal zum Bruch. Am eigenen Leben musste das der Mönchsvater Benedikt von Nursia erfahren. Seine Mitbrüder murrten gegen die strengen Regeln im Kloster Vicovaro. Sie gingen sogar so weit, dass sie ihren Vorsteher mit einem Becher giftigen Weins zur Strecke bringen wollten. Als Benedikt den Wein trinken wollte, zerbrach der Becher. Es kam im wahrsten Sinne des Wortes zum Bruch: Benedikt verließ die Brüder und gründete eine neue Mönchsgemeinschaft auf dem Berg Monte Cassino. Eine klare Schlusslinie und ein entschlossener Neubeginn. Auf halbem Weg zwischen Rom und Neapel gelegen, zeugen die mächtigen Mauern der Abtei auch heute noch von der Tatkraft und der Zielstrebigkeit Benedikts, die sich aus dem Bruch ergeben haben.

Vielleicht trägt die Lebensgeschichte Benedikts legendenhafte Züge. Davon aber unabhängig entfaltet diese Episode ihre Deutlichkeit und Wirkung für Veränderungsprozesse im Unternehmen. Wer dort erwartet, dass Aufbrüche ohne Brüche und harmonisch von Statten gehen, outet sich als Romantiker, vom Sinn für Realität weit entfernt. Spannungen gehören zur Tagesordnung eines lebendigen Betriebs. Und wenn ein Unternehmer behauptet, in seiner Firma gäbe es keine Konflikte, dann hat er erst recht allen Grund zur Sorge. Denn Auseinandersetzungen stehen zunächst erst einmal für Engagement und Identifikation mit einer Sache.

Ein Unternehmen mit Spirit nimmt Konflikte ernst, versucht sie nicht zu vertuschen oder herunterzuspielen. Denn so leidvoll und nervenraubend Brüche, Konflikte und Reibereien auch sind, so erhellend sind sie auch: Dort, wo etwas zu Bruch geht, wird immer etwas offengelegt. Es entsteht Klarheit und ein freier Blick auf das, was ohnehin schon da war. Erst ein Konflikt deckt auf, was unter der Oberfläche brodelt. Der Kern eines Problems kommt zum Vorschein. Die so gewonnene Klarheit lässt sich in Entschlossenheit umwandeln. Klares Handeln führt weiter – halbe Sachen führen zu nichts, sondern bringen ein Unternehmen eher ins Wanken als ins Weiterkommen.

Wenn Hintertüren nicht geschlossen werden

Ich denke an einen mittelständischen Sachbuchverlag, in dem sich innerhalb mehrerer Jahre hinweg eine ganze Sammlung an Adressdatenbanken und Verwaltungssystemen eingenistet hatte. Der Vertrieb setzte auf Outlook, das Lektorat auf Excel-Tabellen, der Kundenservice auf eine eigens programmierte Software-Lösung, und in der Geschäftsführung pflegte man wiederum eine eigene Outlook-Datenbank. Jede Abteilung hatte ihr eigenes System. Zusammenarbeit: unmöglich. Unzufriedenheit: vorprogrammiert. Eine neue, einheitliche Adress-Software musste her – und wurde kostspielig eingeführt. Allerdings beging die Unternehmensleitung den fatalen Fehler, jeder Abteilung ihr altes System als „Back-Up-Lösung" zu lassen. Im Grunde genommen war das aber nur ein Scheinargument: Man hatte schlichtweg Angst, von den Mitarbeitern eine Eingewöhnung auf das neue System einzufordern – und die alten Zöpfe abzuschneiden. Die Softwareumstellung blieb nur vermeintlicher Aufbruch, weil er im Grunde genommen von der Unfähigkeit zur Klarheit dominiert war. Ein Zeugnis von Unentschlossenheit – und der Angst, dass ein Konflikt offen zur Sprache kommt. Das Scheitern war unausweichlich. Denn jede Abteilung ließ die neue Plattform links liegen und pflegte ihre alte Nische weiter, Adressen wurden wie alte Bekannte liebevoll weiter gehegt und gepflegt. Dass die Daten der einen Abteilung aber längst veraltet waren und im Büro nebenan völlig anders aussahen, spielte keine Rolle.

Eine teuer erkaufte Schein-Harmonie – und ein Beispiel für einen uninspirierten Umgang mit Problemen.

6.7 Versöhnen statt Vergessen

Aus der Feder des oben angesprochenen Benedikt von Nursia stammt die prominenteste Klosterregel des Abendlandes. Vor etwa 1.500 Jahren entstanden, ist sie der grundlegende Leitfaden, der die Klöster mit ihren komplexen Strukturen spirituell und wirtschaftlich durch die Jahrhunderte gebracht hat. Definitiv ein Erfolgsrezept – eben weil Wirtschaften und Spiritualität miteinander verschränkt werden. Damit eine Klostergemeinschaft lebendig bleibt, nimmt die Regel auch den Abt, gewissermaßen der CEO des Klosters, gehörig in die Pflicht. Vor dem Umgang mit Fehlern macht sie dabei nicht Halt: „Mit größter Sorge muss der Abt sich um die Brüder kümmern, die sich verfehlen." (Regula Benedicti 27,1)

Dass die Existenz von Fehlern überhaupt in einem Grundlagenpapier wie einer Klosterregel erwähnt wird, ist beachtlich: Wenn ein Unternehmen ein Visionspapier formuliert, fällt das Wort Fehler in der Regel komplett aus dem Vokabular der blumigen Sätze. Wo es aber keine Kultur gibt, wie nachhaltig mit Fehlern umgegangen wird, dort pflegt eine Firma einen blinden Fleck, der jeden Veränderungsprozess zur Sackgasse macht und zielsichere Zeitbomben heranzüchtet. Jedes ignorierte oder verschwiegene Problem wird das Geschick eines Unternehmens beeinflussen.

Das Tückische an Fehlern ist nämlich nicht deren Existenz, sondern die Art und Weise, wie ein Unternehmen mit ihnen umgeht. Fehler brauchen Aufmerksamkeit. Nur wer die Probleme kennt, kann die Chancen erkennen, die in ihnen schlummern. Die Klosterregel erklärt den Umgang mit Fehlern sogar zur Chefsache – höchste Priorität. Und höchstes Potenzial. Erst wer mit Fehlern offensiv umgeht, der entmachtet sie – und macht sie produktiv. Nur so lassen sich Prozesse optimieren oder gar ganze Produktionszusammenhänge sinnvoll gestalten. Damit werden Fehler allerdings nicht aus dem Gedächtnis eines Unternehmens oder einer Abteilung gelöscht, vielmehr findet ein Versöhnungsprozess statt: Jeder einzelne weiß um den Fehler, er weiß aber auch um die Entwicklung, die sich daraus ergeben hat, um die Chance, die genutzt wurde. Ein solches offensives und niveauvolles Umgehen mit Fehlern ist für das Innenleben eines Unternehmens wichtig, aber auch zwangsläufig bei seinem Wirken nach außen.

Offener Umgang mit einer Tragödie

Ein prominentes Beispiel hierfür ist das Pharma-Unternehmen Grünenthal. Der Konzern verkaufte Anfang der sechziger Jahre das Beruhigungsmedikament Contergan, dessen Wirkstoff Thalidomid zu massiven Fehlbildungen bei Neugeborenen führte. Die Tragödie hat sich tief in das kollektive Bewusstsein Nachkriegsdeutschlands eingegraben. Auch fünfzig Jahre später geht Grünenthal immer noch den Weg, offen mit seiner Geschichte und der daraus resultierenden Verantwortung umzugehen. Das umfasst zum einen finanzielle Hilfen – 500 Mio. Euro hat die Stiftung des Herstellers bis heute an die Opfer ausbezahlt; zum anderen aber auch den beachtlichen Umgang des Herstellers mit seiner Vergangenheit: „Die Contergan-Tragödie ist und bleibt Teil der Firmengeschichte von Grünenthal." – so heißt es auf der Homepage des Herstellers. Die Fehler und fatalen Versäumnisse sind damit immer Bestandteil des Unternehmens, aber eben nicht als offene Wunde, sondern als wichtiger und versöhnter Aspekt des Geists dieses Unternehmens.

6.8 Wer gewinnen will, muss fühlen

„Show, don`t tell!" – so lautet eine Grundempfehlung beim Erarbeiten von Vorträgen: Es ist besser die Dinge zu zeigen, sie unmittelbar wirken zu lassen, als nur darüber zu reden. Ein Prinzip, das auch Spiritualität und Religion durchwebt. Dort lautet der Begriff aber weniger marketing-sprachig und etwas erhabener: Liturgie. Das Bestreben dahinter ist aber das Gleiche. Nämlich eine unsichtbare Wirklichkeit sichtbar machen.

Sinnlich wahrnehmbare Riten

Wenn in der indischen Stadt Varanasi die Sonne über dem Ganges aufgeht, könnten die weisen und gelehrten Hindus sich ja noch einmal in ihren Betten herumdrehen und weiterdösen. Stattdessen brechen sie in aller Frühe zum Fluss auf und begrüßen im Morgenlicht die leuchtende Himmelsscheibe ebenso ehrfurchtsvoll, wie das Leben, das ihnen der neue Tag geschenkt hat. Das ist

> das, was sie glauben – und das bringen sie mit Gesten und vorgeschriebenen Riten mitten im emsigen Treiben am Ufer des Flusses zum Ausdruck.
>
> Oder bei der christlichen Taufe eines Kindes: Die Stirn des Täuflings wird mit Chrisam gesalbt – eine Handlung und Ehre, die sonst in der Antike nur Königen und Herrschern vorbehalten war. Das Salböl bringt sichtbar, riechbar und auch greifbar zum Ausdruck, was den Sinnen verborgen wäre: Nämlich dass nach christlichem Verständnis jeder Mensch königliche Würde besitzt.

Zwei wesentliche Elemente verbinden beide Perspektiven: Öffentlichkeit und eine sinnlich wahrnehmbare Form. Diese Aspekte trägt der Begriff Liturgie sogar in seiner Wortbedeutung: *leiturgia* lautet die griechische Wurzel, die übersetzt schlichtweg „öffentliches Werk" oder „Dienst des Volkes" lautet. Öffentlich meint damit auch: verständlich. Wenn Inhalte so elitär oder kompliziert dargestellt werden, dass sich mehr Verwirrung als Verständnis einstellt, ist der Weg zum Sektenhaften nicht weit. Und der Aspekt der Form fordert ein, dass Handlungen und Aussagen keiner Beliebigkeit unterworfen sind, sondern eine sinnliche und begreifbare Gestalt tragen.

Damit Inhalte Relevanz entfalten können, müssen sie diesen Grundprinzipien folgen. Das gilt auch für Unternehmen und Veränderungsprozesse. Wie soll sich denn Motivation und Verantwortungsbereitschaft unter den Mitarbeitern einstellen, wenn ein Unternehmen seinen geschäftlichen Erfolg in den Räumen der Führungsebene unter Verschluss hält, um ihn dann schließlich getarnt in den Zahlenkolonnen der Jahresberichte zur Unkenntlichkeit verrechnet zu präsentieren? Wie soll dem Mitarbeiter dabei die Relevanz seines alltäglichen Tuns und Engagements für das Unternehmen greifbar werden? Kein Wunder, wenn da ein Mitarbeiter der Arbeit und den eigenen Aufgaben leidenschaftslos und unverbindlich gegenübersteht. Er erkennt ja nicht die Relevanz seines eigenen Beitrags für das Gesamtwohl des Betriebs. Da kann es die besten Zahlen geben – wenn die Unternehmensleitung keine Freude und keine Transparenz zeigt, steht das Unternehmen bei den Mitarbeitern nicht hoch im Kurs.

Die Führungskraft muss nun aber beileibe nicht gleich das Weihrauchfass zum Eigenlob schwenken oder gar eine teure Imagekampagne fahren, die den Erfolg nach außen kommuniziert. Wirkung entfaltet sich im Einfachen: Das kann der Aufsichtsrat eines Automobilherstellers sein, der ein, zwei Stunden investiert, um den Quartalsbericht persönlich den Leuten am Band zu bringen. Ein Handschlag sagt mehr als tausend Zahlen. Dabei vermittelt er den Leuten nicht nur Dank für deren Leistung, sondern erfährt selbst auch Dank für die eigene Tatkraft. Dass Erfolge öffentlich gemacht werden, darf aber keine Kultur werden, die nur einer elitären Riege im Unternehmen vorbehalten ist. In einem Unternehmen mit Spirit trägt jeder einzelne zum Geschick bei – eben weil jedem das Unternehmen am Herzen liegt und eine Bedeutung für jeden hat. Jede Abteilung sollte eine wöchentliche Erfolgsrunde haben: Da muss nicht einmal Weltbewegendes benannt werden; wenn ein Auszubildender von seiner Begeisterung über das erste gelungene Werkstück berichtet, wenn die Telefonistin im Kundenservice von einer hochzufriedenen Kundenrückmeldung erzählt oder wenn ein Arbeiter einen Fertigungsschritt verbessert hat, dann kommt unterm Strich zum Erfolg auch noch Wertschätzung und Stolz dazu – was will man mehr!

„Show, don`t tell." Erfolge öffentlich begehen, begreifbar machen und miteinander teilen: Das hält ein Unternehmen lebendig.

6.9 Vom Sinn machen zum Sinn haben

Vom greifbaren Erfolg zum Unbegreifbaren. Was tun mit Herausforderungen, die einen Projektmanager ratlos lassen, weil sie nicht in die Milestone-Routinen passen? Wie reagieren auf Entwicklungen, die nicht absehbar waren? Aktionismus ist da kein probates Mittel – Hysterie erst recht nicht.

Der Zen-Buddhismus hat diese Fragestellung offensiv in seinen Zugang zur Welt integriert. Sie ist sogar fest in der Meditationspraxis verankert. Das Schlüsselwort ist *Koan*. „Lausche dem Klang, der einen klatschenden Hand." – So lautet ein solcher Lehrsatz, ein Koan, der zunächst mehr Irritation als Klarheit verschafft. Wie soll man etwas wahrnehmen, was es gar nicht geben kann? Darin liegt der Weg. Wer versucht, das Undenkbare zu denken und aus dem konkreten Inhalt eine Lehre zu ziehen, wird nicht weiterkommen. Eben das ist die Essenz: Dass es Dinge gibt, die sich dem Verstand zunächst nicht erschließen. Einsichten, die außerhalb des Begreifbaren liegen, die sich mit beinharter Logik nicht kontrollieren lassen – und die nicht gleich in althergebrachte Unternehmensmuster und Organisationsstrukturen passen.

6.9.1 Mut zur Gelassenheit

Es ist, als ob auf einer Landkarte bewusst weiße Flecken eingezeichnet werden. Gebiete, die nicht beeinflussbar sind, deren Existenz aber bekannt ist. Eine ungemein weise und gelassene Haltung. Denn nicht alles lässt sich steuern, nicht alles ist beeinflussbar. Von Resignation ist diese Einsicht aber weit entfernt.

Ein alltägliches Sprachbeispiel zeigt, wie wir unsere Gelassenheit gegen eine nervenaufreibende Machbarkeitsideologie eingetauscht haben: Im Deutschen gibt es die Wendung: „Etwas hat Sinn." Allerdings kommt die Aussage immer weniger in dieser ursprünglichen Form vor. Mehr und mehr wird im heutigen Sprachgebrauch formuliert: „Etwas macht Sinn." Dahinter steht die schlichtweg zu wörtlich übersetzte Wendung aus dem Amerikanischen: „It makes sense." Sprachlich ein feiner Unterschied, inhaltlich aber ein immenser. Weil sich darin die Überzeugung spiegelt, dass Sinn immer erst gemacht werden muss. Nur dort, wo man etwas tut, investiert oder Mühen aufbringt, entsteht Sinnvolles. Eine fatale Grundhaltung! Denn wo Sinn immer erst entstehen muss, da herrscht offenbar zunächst Sinnlosigkeit.

6.9.2 Kreativität braucht Freiräume

Ein Unternehmen, das sich nur über das Machen definiert, wird jeden Spirit, jeden Funken Begeisterung an die Kurzlebigkeit des Tagesgeschäftes und an oberflächliche und fahrige Entscheidungen opfern. Wer glaubt, dass nur Kontrolle gute Ergebnisse hervorbringt, der gießt jede Kreativität und jedes Entwicklungspotenzial in lebloses Beton. Und der hat das Vertrauen in sein Unternehmen und in die Mitarbeiter verloren. Denn wenn ein Unternehmen im Organigramm und in den Tagesabläufen jedes Detail geregelt hat, jede Minute verplant und in Schemata presst – wo hat Lebendigkeit oder gar die Erwartung noch Platz, dass sich etwas entwickeln kann?

Jede Entwicklung, jedes neue Produkt nimmt in einer Idee seinen Anfang. Und dazu braucht es Freiräume, Leerstellen im Tagesgeschäft. Orte und Zeiten, an denen sich die Kreativität der Mitarbeiter frei entfalten kann. Und an denen Ideen entstehen, die nicht gleich in bestehende Arbeitsabläufe und in althergebrachte Muster der Verzweckung passen.

Ein Unternehmen mit spiritueller Grundhaltung fängt nie bei Null an; denn es weiß, dass alles erst einmal einen Sinn *hat*. Jede Anstrengung, jeder Einfall und jeder Mitarbeiter hat einen Wert. Denn alles hat eine Bedeutung, ist von Relevanz. Und dort, wo etwas Bedeutung hat – dort ist Lebendigkeit.

6.10 Nur keine heilige Scheu

Unternehmen spirituell denken – das hat mit Kuschelkurs, Voodoo und Esoterik nichts zu tun. Stattdessen mit Geradlinigkeit, Klarheit und Gelassenheit. Und eine spirituelle Grundhaltung, das Wissen um seine eigene Lebendigkeit, ermöglicht es, neue Wege zu finden. Die Dinge anders zu machen setzt daran an, das Alte zu kennen. Alte Sachen haben uns dahin gebracht, wo wir heute stehen. Wer weiter will, muss etwas verändern, etwas Neues in die Welt bringen. Und es setzt voraus, dass man Dinge hat, die unverrückbar sind. Das ist der Habitus. Spiritualität im Unternehmen bedeutet, seinen Grundprinzipien zu folgen. Und überhaupt Grundprinzipien zu haben. Eine Grundeinsicht, die alternativlos ist. Denn nur, wer weiß, wo er herkommt, wie sich Aufbrüche gestalten lassen, wie man produktiv mit Fehlern umgeht und wie Erfolge greifbar werden und woraus sich Gelassenheit und Zukunftspotenzial speisen, wird auch morgen noch bestehen.

Unternehmen mit Spirit sind für die Mitarbeiter nicht beliebig und austauschbar, sondern tragen Bedeutung. Nur dann ziehen Mitarbeiter als kreative Akteure mit bei Veränderungsprozessen.

Keine heilige Scheu also vor Spiritualität – und vor unternehmensspezifischer Frömmigkeit. Denn die Wurzel des Wortes „fromm" selbst gibt schon Auskunft über das schlummernde Potenzial: promos steht im Griechischen für die Vorzugsstellung des Tapferen und Tüchtigen. Was will man mehr!

7 Mit Innovation nachhaltigen Unternehmenserfolg schaffen

Unternehmen brauchen Innovation, um ihre Stellung am Markt zu sichern und auszubauen. In vielen Firmen passiert Innovation eher zufällig und ungeplant. Dieser Beitrag zeigt, wie Unternehmen neue Entwicklungen systematisch angehen können, damit sie nicht den richtigen Zeitpunkt für die Einführung neuer Produkte, Dienstleistungen oder Prozesse verpassen.

Die Autorin

Dorothea Zeppke-Sors spezialisierte sich nach Führungspositionen in der Industrie zunächst auf Personalberatung. Die Wirtschaftswissenschaftlerin (Universität St. Gallen) erweiterte danach ihr Spektrum um das Training und die Beratung rund um soziale/kommunikative und methodische Kompetenz. In den letzten Jahren konzentrierte sich Frau Zeppke-Sors auf strategisches Prozesscoaching in Unternehmen. Ihre Erfahrung kombiniert mit ihrer Qualifikation als Master-Practitioner bei NLP-International bietet eine exzellente Mischung für ihre Kunden: Hohes prozesstechnisches Verständnis, Erkennen der wirtschaftlichen Zusammenhänge, Analyse der relevanten psychologischen Sachverhalte und die Fähigkeit, mit den Betroffenen gemeinsame Ziele zu erarbeiten und innovative nachhaltige Lösungen zu generieren.

Kontakt:
IPD-Consulting, Werdohler Landstr. 358, 58513 Lüdenscheid,
Tel.: +49 (0)2351 - 920643,
E-Mail: kontakt@ipd-zs.de,
Homepage: www.ipd-consulting.com

7.1 Warum Innovation so wichtig ist

Zum Zeitpunkt des Entstehens dieses Artikels befindet sich die Welt- und Finanzwirtschaft in einer ihrer schwersten Krisen. Die verantwortlichen Finanzexperten und Politiker ringen um die richtigen Wege und Lösungen aus dem Dilemma. Niemand von ihnen kann behaupten, den Königsweg für alle Weltwirtschaftsprobleme gefunden zu haben. Dennoch steht die Welt nicht still. Die Zeituhr läuft weiter. Die Märkte und Kundenbedürfnisse verändern sich in immer schnellerem Rhythmus und damit auch die Erwartungen an Märkte und Unternehmen, mit ständig veränderten bzw. neuen Produkten, Dienstleistungen, Systemen, Verhaltensweisen und Prozessen auf die Kunden zuzukommen.

Zur reibungslosen Umsetzung dieser innovativen Strategien und Konzepte bedarf es des Change Managements, das die Veränderungsprozesse im Unternehmen steuert.

In jedem nach vorn gerichteten Unternehmen besteht die Einsicht, dass Innovationen für das Wachstum und den Fortbestand des Unternehmens unabdingbar sind. So wissen in den meisten Fällen die Beteiligten genau, welche Probleme und Missstände in der Unternehmensorganisation bestehen. Jedoch ist die wichtige Fähigkeit, vernetzt und lösungsorientiert zu denken, vorausschauend in die Zukunft zu blicken und sich konkrete Ergebnisse mit entsprechenden Folgen in der Zukunft vorstellen zu können, nicht allen Menschen gegeben. Um die Ungewissheit hinsichtlich zukünftiger Trends und Entwicklungen richtig zu verarbeiten, braucht man aber die Fähigkeit, die erforderlichen Schritte zu identifizieren, und den Mut, Risiken einzugehen, um dann die konkreten Maßnahmen umzusetzen. Zusätzlich bedarf es auch bestimmter gelebter Change-Prozesse, die jedes Unternehmen für sich erarbeiten muss. Das Change Management muss von der gesamten Unternehmensorganisation gelebt werden. Bei Change-Prozessen, die nur von Wenigen durch einsame Entscheidungen getragen werden, ist die Wahrscheinlichkeit groß, dass die notwendigen Maßnahmen nicht umgesetzt werden. Die Einführung eines Innovationsmanagements integriert die Change-Prozesse in den Unternehmensalltag und unterstützt auf diese Weise die notwendigen Veränderungen.

7.2 Der richtige Zeitpunkt für Innovation

Viel zu wenige Unternehmen in Deutschland und Europa beschäftigen sich systematisch mit innovativen Konzepten. Denn jede Innovation bedeutet Veränderung, und der Mensch neigt dazu, die beinahe immer ungeliebten Veränderungen erst bei hohem Leidensdruck anzunehmen und nicht schon aufgrund eines proaktiven, weil vorausschauenden Handelns. Vergangenheitsbezogene Unternehmenszeitlinien zeigen, dass in vielen Fällen ein Unternehmen und damit die beschäftigten Mitarbeiter erst in eine Krise geraten müssen, um notwendige innovationsbedingte Veränderungen vorzunehmen.

Diese Notwendigkeit zur Innovation ergibt sich grundsätzlich aus einem natürlichen Prozess, dem jedes Produkt oder jede Dienstleistung aufgrund eines bestimmten Lebenszyklus unterliegt:

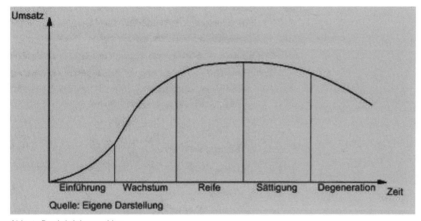

Abb. 1: Produktlebenszyklus

Wenn sich das Produkt am Markt behauptet, beginnt nach der Einführungsphase die Wachstumsphase. Der Umsatz steigt, bis er nach einer gewissen Zeit der „Reife" das Produkt in die so genannte Sättigungsphase eintritt.

Die Erfolgsgeschichte des Mobiltelefons

Ein prägnantes Beispiel für diesen Prozess ist das Mobiltelefon. Schneller als noch vor zehn Jahren angenommen, stiegen die Zahl der weltweiten Handynutzer, und damit die Zahl der Anbieter auf den Märkten. Handy-Läden verschiedenster Anbieter schossen wie Pilze aus dem Boden, bis der Umsatz zu stagnieren begann. Unter der Voraussetzung, dass die Handy-Modelle der Hersteller und die Dienstleistungen der Peripherieanbieter unverändert blieben, wäre der Markt zu einem Zeitpunkt gesättigt und lediglich defekte Geräte würden ersetzt werden.

Nokia, einer der größten Mobile-Phone-Hersteller, musste schmerzlich erfahren, dass fehlende Produktinnovationen in einem gesättigten Markt Unternehmen in existenzbedrohende Turbulenzen stürzen können. Nur mit extremem Hochdruck entwickelte neue Produkte und allgemeine Kostensenkungen sicherten das Überleben von Nokia. Der Weg zur nachhaltigen Gesundung ist für das Unternehmen jedoch noch längst nicht abgeschlossen.

Wenn man die Kurve des Produktzyklus in der Wachstumsphase intensiver analysiert, erkennt man, dass sie aus einer S-Kurve, der so genannten Sigmoidkurve, besteht:

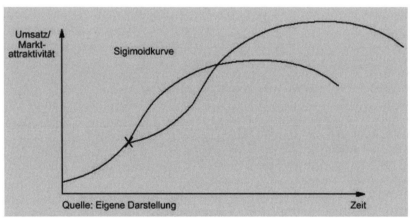

Abb. 2: In der Wachstumsphase

Der Punkt X zeigt den Zeitpunkt an, an dem die Kurve beginnt, eine andere Richtung einzunehmen. Zu diesem Zeitpunkt beginnt das Wachstum sich bereits abzuschwächen. Obwohl sich das Produkt oder die Dienstleistung noch in einer Wachstumsphase befindet, zeichnet sich bereits der Beginn des Abschwungs ab. Der Markterfolg eines Unternehmens hängt davon ab, dass die Unternehmensführung diesen Punkt erkennt. Hier ist der Moment gekommen, an dem gehandelt werden muss: Verkaufsfördernde Marketingmaßnahmen werden initiiert, eine beruhigte, von Anlaufproblemen befreite, Produktion erlaubt Kosteneinsparungen, das Produkt wird weiterentwickelt, die Entwicklung eines Nachfolgeproduktes wird initiiert. Dieses umzusetzen erfordert installierte Change-Prozesse, hohe Analysefähigkeit und Intuition, sowie vorausschauende Fähigkeiten des Managements.

Erfolgsbeispiele zur Wahrnehmung des X-Punktes

So stieß der Deutsche Bank-Chef Josef Ackermann auf großes Unverständnis, als er im besten Unternehmensjahr der Geschichte die Geschäftsabläufe neu strukturierte und verkündete, dass die Bank weltweit 6.000 Stellen abbauen werde.

Steve Jobs, der inzwischen verstorbene Apple-Gründer, hat in genialer Weise die Wahrnehmung des X-Punktes verinnerlicht: *„Es ist nicht der Job der Konsumenten zu wissen, was sie wollen, es ist mein Job"* (Heuzeroth, Th., Apple tauscht den Chef aus, in: Die Welt, 26. August 2011, S. 9). So gelang es ihm, Change-Prozesse so einzurichten und zu gestalten, dass immer im richtigen Zeitpunkt ein neues Produkt auf den Markt kam. Das brachte die Kunden dazu, ihr altes Apple-Produkt gegen das neue auszutauschen oder als Neukunde Apple-Produkte zu kaufen. So entstand ein ungeheures Wachstum, das dazu führte, dass Apple heute zu den erfolgreichsten Unternehmen weltweit gehört.

7.3 Wo Innovation ansetzen kann

7.3.1 Angebot und Nachfrage

Der Marktpreis eines Produktes bildet sich aus Angebot und Nachfrage. Der Ertrag eines Unternehmens ergibt sich aus dem Marktpreis, der mit dem Produkt zu erzielen ist, abzüglich der fixen und variablen Kosten, die für die Entwicklung, Herstellung und Vermarktung des Produktes aufgewandt werden müssen.

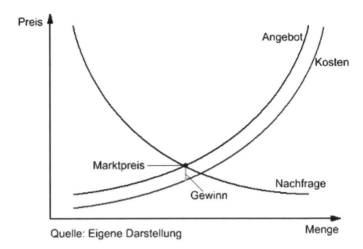

Abb. 3: Angebot und Nachfrage

Herrscht Konkurrenzdruck am Markt, geben die Preise nach, Angebotskurve und Kostenkurve nähern sich dann zwangsläufig an, der Gewinn sinkt. Mit innovativen Konzepten können als Gegenmaßnahme entweder die Kosten gesenkt werden und/oder die Nachfrage erhöht werden, indem das Produkt für den Markt z. B. durch eine veränderte Qualität interessanter gemacht wird.

7.3.2 Innovationsdimensionen

Innovative Veränderungen und Weiterentwicklungen können auf das Produkt, die Prozesse oder den Markt bezogen sein. In jedem Fall dienen die Maßnahmen dazu, den Bestand des Unternehmens durch Gewinn zu sichern.

7.3.2.1 Kosten senken

- Mitarbeiter
  Kosten können im Personalbereich durch Beeinflussung unterschiedlicher Faktoren gesenkt werden. Neben Stellenstreichungen oder dem Outsourcing von Prozessen u.a. können z. B. die Organisationsstrukturen verändert und damit die Arbeitsprozesse neu strukturiert und/oder mit neuen Methoden unterstützt werden. Das Personal kann weitergebildet und mit zusätzlichen Hilfsmitteln ausgestattet werden. Dies steigert seine Effizienz, mit der Folge,

dass mit weniger Mitarbeitern der gleiche oder mit den vorhandenen Mitarbeitern sogar ein höherer Output generiert werden kann.

Aufgrund des demographischen Wandels sind personelle Engpässe abzusehen. Ohne eine ausreichende Anzahl qualifizierter Mitarbeiter besteht die Notwendigkeit, Produktions- und Organisationsressourcen teuer zuzukaufen. Innovative Beschäftigungskonzepte müssen heute auf den Weg gebracht werden, damit morgen qualifiziertes Personal in ausreichender Menge zur Verfügung steht. Mit Themen wie Home-Offices, Kinderbetreuung, Employer Branding, Employer Behaviour, Work-Life-Balance müssen sich auch kleinere Unternehmen beschäftigen, um Mitarbeiter zu finden oder an das Unternehmen zu binden. Gerade Unternehmen außerhalb der interessanten Metropolen müssen besonders intensiv über innovative Mitarbeiter-Konzepte nachdenken.

• Entwicklungs- und Produktionsprozesse

Die Konzeption einer modell- und baureihenübergreifenden Plattform in der Automobilbranche gilt als Vorzeigebeispiel für kostenoptimierte Entwicklung und Produktion. Aber auch in kleineren Unternehmen haben sich innovative Prozesse durchgesetzt. Immer wieder wird darüber nachgedacht, wie sich Prozesse weiter optimieren lassen.

Technische Innovation

So ist die Firma Putzmeister groß geworden, indem der Gipsputz nicht mehr von Hand, sondern mittels Mörteldüsen angebracht wurde und auf diese Weise mehrere aufwändige Prozesse entfielen.

Da die Gefahr groß ist, dass sich die Organisation mit erreichten Zwischenergebnissen bereits zufrieden gibt, sind die zu erreichenden Ziele „sportlich ambitioniert" zu setzen und die Zielerreichung sollte kontrolliert werden. Ständige Verbesserungsprozesse wie innovatives Re-Engineering, z. B. durch die Veränderung des Produktionsprozesses, sichern den Vorsprung vor der Konkurrenz.

• Einkauf und Logistik

Im Bereich des Einkaufs haben sich die Prozesse in den letzten Jahren stark verändert. Galten in früheren Zeiten langjährige Kunden-Lieferantenbeziehungen als erstrebenswert, werden sie heute stark in Frage gestellt. In immer kürzeren Abständen werden die Einkäufer in der Lieferantenbeziehung ausgewechselt. Auf diese Weise sind sie unbelastet von persönlichen Beziehungen und es fällt ihnen leichter, innovative Vorgehensweisen in den Beschaffungsprozessen gegenüber dem verkaufenden Unternehmen umzusetzen.

Darüber hinaus werden die Einkaufsstrategien und -prozesse neu erarbeitet, neue Märkte werden erschlossen. Weltweiter Einkauf und Bündelung von Einkaufsvolumen sind in vielen Unternehmen zur Selbstverständlichkeit geworden. Doch gerade die Umsetzung einer globalen Einkaufssicht fällt vielen Einkäufern schwer, weil unterschiedliche Zeitzonen, Mentalitäten, Kulturen und Sprachbarrieren die gewohnte Tätigkeit verändern.

Kosten lassen sich ebenfalls durch innovative Logistik-Konzepte senken. Vor UPS oder DHL hatten viele Firmen in der Vergangenheit teure Lager verteilt auf ihre Liefergebiete.

- Qualitätssysteme

  Qualitätsmanagementsysteme können dazu beitragen, Qualitätskosten zu senken. Sie zwingen die Unternehmen, über innovative Prozesse im Gesamtunternehmen nachzudenken. Qualität wird nicht nur durch die QS geprüft, Qualität wird in allen Unternehmensbereichen operativ gelebt und praktiziert. Qualitätsmanagement- und Peripheriesysteme, die alle Unternehmensbereiche erfassen, unterstützen diesen Prozess.

  Durch die exakte Strukturierung und Offenlegung der Prozesse besteht allerdings die Gefahr, dass durch die notwendigen Audits unternehmensfremde Personen Einblick in die innovativen Strategien des Unternehmens bekommen, und dadurch wichtige Informationen in unkontrollierte Kanäle geraten.

- Strategische Partnerschaften

  In vielen Fällen kann es sinnvoll sein, innovative Prozesse durch strategische Partnerschaften mit anderen Unternehmen zu generieren. Gemeinsame Einkaufsorganisationen, Marketingoffensiven und Personalrecruiting sind Beispiele, Kostenstrukturen zu optimieren.

Erfolgreiche Kooperationen und Fusionen

Miele Professional und die DRAN Group, Mainz, praktizieren eine erfolgreiche Kooperation: Miele bietet nicht nur eigene Hausgeräte an, sondern hat in Zusammenarbeit mit dem Partnerunternehmen Reinigungs- und Desinfektionsautomaten für die Medizintechnik in sein Programm aufgenommen, um die Produktpalette zu erweitern.

M&A-Aktionen eröffnen Unternehmen Chancen, innovative Elemente zuzukaufen. Auch für diese Vorgehensweise hat sich gezeigt, dass bestehende analytische und vorausschauende Change-Management-Prozesse unverzichtbar für eine erfolgreiche Umsetzung sind, um ein Scheitern wie bei Daimler/Chrysler oder BMW/Rover zu vermeiden.

7.3.2.2 Nachfrage erweitern

Um die Nachfragekurve zu erhöhen, bieten sich folgende Möglichkeiten an:

* Bestehende Produkte weiterentwickeln

  Produkte, die seit Jahren unverändert vermarktet werden und dennoch Gewinne abwerfen, sind die Ausnahme. Produkte und Dienstleistungen müssen dem Kunden innovativ erscheinen, auch wenn sie nur marginal verändert werden.

  Nicht einfach nur Milch

  So ist die kleine Firma Hemme Milch aus der Wedemark mit einem neuen Verpackungsdesign auf den Markt gegangen. Mit einer schwarz-weißen, standfesten und umweltfreundlichen Tüte aus Stärke hat Hemme das substituierbare Produkt „Milch" für den Kunden so interessant gemacht, dass mittlerweile sogar Delegationen aus China den Produzenten besuchen.

  Aber auch für technische Produkte sind Weiterentwicklungen unumgänglich. So verbrauchen Waschmaschinen immer weniger Strom, weniger Wasser und wesentlich weniger Zeit für den Waschvorgang.

  Geräte der Smart Grid Generation (intelligentes Stromnetz), die z. B. das Smart Phone und die häusliche Photovoltaik-Anlage kombinieren, zeigen auf, in welche Richtung die Innovationen zukünftig in diesem Bereich gehen werden.

* Neue Produkte schaffen

  Ein Beispiel für neue Produkte ist zurzeit in aller Munde: Elektromobilität. Hieran erkennt man, wie frühzeitig in einem noch nicht gesättigten Markt – bis 2020 wird weltweit eine Verdopplung des Fahrzeugbestandes gegenüber 2010 erwartet – innovative Konzepte entwickelt und umgesetzt werden müssen, um fossile Treibstoffe zu ersetzen. Aber bis dahin explodieren die Automobilhersteller in Nischen, die bisher nur bedingt im Fokus der großen Hersteller standen: Die Produktpalette des Volkswagenkonzern erstreckt sich mittlerweile über zehn Marken vom Kleinstwagen up! bis zum Bentley. VW kann aus diesem Bestand alle Kundenwünsche befriedigen.

• Neue Geschäftsmodelle

Innovative Konzepte für neue Geschäftsmodelle stärken die Unternehmensposition durch Diversifizierung.

Erfolgreiche Geschäftsmodelle

• Der Konzern ARAL verkauft neben Treibstoff und Autozubehör zunehmend auch Lebensmittel des täglichen Bedarfs. Daneben etabliert sich in Tankstellen eine Fast Food Systemgastronomie. Nach Mc Donald's, Burger King und Nordsee nimmt ARAL im Bereich Fast Food heute bereits Platz 4 ein.
• Mieten statt kaufen wird immer attraktiver: Das Unternehmen Hilti verkauft nicht nur seine Produkte, sondern vermietet/verleast Maschinen und Werkzeuge auf Baustellen.
• Aber nicht nur die Ausweitung, sondern auch die Konzentration auf das Kerngeschäft – wie bei den Discountern Aldi und Lidl – gehört zu den erfolgreichen Geschäftsmodellen, wenn das System stringent und prozessorientiert eingesetzt wird: Relativ wenige Produkte zu niedrigstem Preis bringen hohen Umsatz.
• Flatrates wie bei Telefonverträgen, Musicload-Anbietern oder All-Inclusive-Reiseangeboten werden immer häufiger angeboten. Sogar Amazon bietet demnächst Flatrates für e-books an.
• Bei den immer mehr werdenden Lock-in-Angeboten liegt dem Geschäftsmodell eine erzwungene Kundenbindung zugrunde, die durch hohe mit dem Wechsel verbundene Kosten Kunden vom Anbieterwechsel abhält. Gewinn wird nicht durch das Produkt erzielt, sondern durch Wartungsverträge bzw. Ersatzteile. Jeder ärgert sich z. B. über die Kosten der Ersatzpatronen für Drucker oder wundert sich über den Kilo-Preis von derzeit 70 EUR für den Kapselkaffee der Nespresso-Maschinen.
• Zunehmend wird das Geschäftsmodell „Freemium" eingesetzt: Hier ist die Standard-Version kostenlos, Zusatzleistungen werden jedoch berechnet. Skype und Xing basieren mit ihrer Geschäftsidee auf dieser Innovation.

7.4 Wie sich Innovationskultur etabliert

Erfolgreiche Produkte, Dienstleistungen, Strategien und standardisierte Prozesse können kopiert werden und sind damit zunehmend austauschbar. Das, was schwer zu kopieren und zu übernehmen ist, ist die

Innovationskultur eines Unternehmens, denn hierbei steht der Mensch im Mittelpunkt. Viele Manager haben mittlerweile erkannt, dass die Innovationskultur nicht nur Nährboden für das weitere Wachstum ist, sondern zudem ein interessanter Aspekt, um High Potentials für das Unternehmen zu gewinnen bzw. im Unternehmen zu halten. Unterstützung von eigenverantwortlichem Handeln, großzügige Handlungsspielräume und deren klare Definition, Regeln für den toleranten Umgang der Mitarbeiter untereinander, der faire, lösungsorientierte Umgang mit Fehlern, das „vorbildliche" Verhalten der Hauptentscheider sind u.a. Voraussetzungen für eine innovationskräftige Unternehmenskultur.

Eine positive Innovationskultur lässt sich nicht nachhaltig in wenigen Wochen in einem Unternehmen installieren, hierzu bedarf es des Vorhandenseins gewisser Werte und Grundeinstellungen, die sich durch alle Abteilungen ziehen und in einer längeren Zeitperiode gewachsen sind.

7.4.1 Innovationsfördernde Faktoren

Die Innovationskultur ist in DAX-Unternehmen sicherlich anders zu beurteilen als in einem Familienunternehmen. Bei Familienunternehmen steht nicht das Interesse des Eigenkapitalgebers, sondern das des Kunden an erster Stelle. Innovation ist heute nicht mehr nur der Forschungs- und Entwicklungsabteilung vorbehalten. Ein Zusammenwirken verschiedener Funktionsbereiche ist Grundlage für wachstumsfördernde Prozesse: Eine offene Kommunikationskultur über Hierarchiegrenzen und Kompetenzbereiche hinweg, Austausch von Informationen auf Augenhöhe und gemeinsame Generierung von Ideen.

„Innovation entsteht nur in einer Innovationskultur. Entscheidend ist die Offenheit, Wissen zu teilen." (Jürgen Schrempp, 2000). Hier hat Deutschland einen großen Vorteil gegenüber den asiatischen Ländern: Dort wird stark in Hierarchien und Kompetenzstrukturen gedacht und gearbeitet. Nur, was der Vorgesetzte vorgibt, wird umgesetzt, eigenes Denken der Mitarbeiter wird in den meisten Fällen (noch) als störend empfunden. So sind die Denk- und Arbeitsweisen der Mitarbeiter seit Generationen auf effiziente Aufgabenerfüllung ausgerichtet und nicht auf Ideen, die sich mit zukünftigen, unstrukturierten und nicht realen Zuständen beschäftigen, die Kundenbedürfnisse befriedi-

gen. Überdies ist die mögliche Performance einer Organisationseinheit auf das Wissensniveau des Vorgesetzten beschränkt.

Für mitteleuropäische Firmen besteht daher die Chance, auch in Zukunft Vorsprung durch innovative Produkte und Dienstleistungen zu generieren und diesen zu halten. Mitarbeiter sollten mit großen Freiräumen ausgestattet werden, um einen ständigen Innovationsprozess zu ermöglichen. Querdenken darf nicht unterdrückt werden, sondern muss in den Alltag einfließen, um Denkrinnen und Denkblockaden aufzulösen und das Denken in neuen Dimensionen zu ermöglichen. Eine Atmosphäre der Offenheit und des Vertrauens muss in den Abteilungen herrschen. Zur offenen Kommunikationskultur gehört eine Fehlerkultur, die Fehler zulässt und auch die Kommunikation darüber fördert, damit aus ihnen – innovativ – gelernt werden kann.

Je größer der Freiraum ist, umso stärker müssen Ziele vorgegeben und kontrolliert werden. Kostenbewusstsein und entsprechende Kontrollmechanismen müssen parallel zum Innovationsbewusstsein vorhanden sein, sonst besteht die Gefahr des Verzettelns und des unstrukturierten Vorgehens und damit der finanziellen Instabilität.

Zudem müssen sich die betroffenen Mitarbeiter sehr mit dem Unternehmen identifizieren können. Damit schützt sich das Unternehmen vor Verlusten von produktiven innovativen Ideen an unternehmensfremde Personen, bevor die Ideen durch Patente geschützt sind.

- Kundenbeziehungen

  Zu einer zukunftsweisenden Innovationskultur gehört es, in neuen Beziehungsmustern zu denken. Auf diese Weise können auch die Kunden mit in den Innovationsprozess einbezogen werden. Bei der Kundenintegration arbeiten die Entwickler des Unternehmens mit Mitarbeitern des Kundenunternehmens zusammen in Projekten. So fließt deren qualifiziertes Wissen bereits zu Beginn des Prozesses mit ein und der Prozess richtet sich konkret nach den Kundenwünschen (zu den Methoden siehe auch Gassmann, O.; Sutter, Ph., S. 127 ff.). Die Kundenintegration erfordert eine stringente Prozessbegleitung, denn neben den Chancen müssen auch die Risiken beleuchtet werden, um u. a. nicht in zu große Abhängigkeiten zu geraten. So besteht die Gefahr, dass der Kunde die Kosten seiner Entwicklung auf den Lieferanten überträgt und durch den Einblick in dessen Kostenstruktur den Preis für sein Produkt bestimmen kann.

- Einbezug von Lieferanten

  Viele Unternehmen betreiben in ihren Entwicklungsabteilungen sehr hohen Aufwand, um Chancen und Risiken von Zulieferteilen in dem neuen Produkt auszutesten. Sie lassen bisweilen unberücksichtigt, dass der Zulieferer sein Produkt und dessen Risiken und Chancen unter konkreten Einsatzbedingungen bestens kennt. Also ist es nach genauer Prüfung aller Aspekte sinnvoll, den Zulieferer aufzufordern, dieses Wissen in den Prozess mit einzubringen. Hiermit sind allerdings Geheimhaltungsnotwendigkeiten abzuwägen.

- Cross-industry-innovation

  Bei dieser Strategie werden das Know-how und die Lösungsansätze aus anderen Branchen in den Innovationsprozess mit einbezogen, so z. B. Rohstofflisten, DIN-Normen oder Patentrecherchen (vgl. Gassmann, O.; Sutter, Ph., S. 215 ff.).

  Der Austausch von Innovationsteams zwischen Unternehmen verschiedener Branchen gehört zu den produktivsten Methoden in diesem Bereich, allerdings sind im Prozess von Anfang an die Urheberrechte zu beachten.

- Crowdsourcing

  Durch Social Media Marketing wie „Crowdsourcing" (Schwarmintelligenz) werden die Kunden direkt an der Produktentstehung beteiligt. Tchibo betreibt z. B. Crowdsourcing mit seinem Portal „tchibo-ideas.de". Durch die Einbeziehung der Kunden in die Produktentwicklung per Befragung oder per Internet werden nicht nur neue Produkte generiert, sondern es wird eine stabile Kundenbindung bis hin zur Kundenloyalität aufgebaut (vgl. Interview mit Miguel Helfrich, der Erfinder hinter Tchibo-Ideas, auf www.socialnetworkstrategien.de, 2010; siehe hierzu auch Gassmann, Oliver, Crowdsourcing, Innovationsmanagement mit Schwarmintelligenz, 1. Auflage, München 2010).

- Hinzuziehung von Innovationsexperten

  Bei der Lead-User-Methode werden innovative Vertrauenskunden, Lieferanten oder auch Experten von Universitäten, Instituten, Verlagen, Beratungsunternehmen u.a. in den Innovationsprozess mit einbezogen. Dieses Verfahren zielt darauf, aktuelles Wissen und Trends in die Produktentwicklung mit einfließen zu lassen.

- Einbezug der Mitarbeiter

    Der Erfolg des Unternehmens hängt entscheidend davon ab, ob es gelingt, die Mitarbeiter mit in den Innovationsprozess einzubeziehen. So installierte W.L. Gore, der Erfinder und Hersteller von Gore-Tex, in seinem Unternehmen eine „Innovationsdemokratie". Bei dieser Vorgehensweise wird das Innovationspotenzial der Mitarbeiter in den Prozess eingebracht. Jeder Mitarbeiter ist dazu angehalten, zehn Prozent seiner Zeit damit zu verbringen, über neue Einsatzbereiche für die Produkte nachzudenken (vgl. Gilbert, D.U.; Kleinfeld, A., Sieben Innovationsmythen, www.marketingsite.de/content).

- Betriebliches Vorschlagswesen

    Im Betrieblichen Vorschlagswesen als Teil des Innovationsprozesses liegt ein großes Potenzial für kreative Ideen. Sowohl Unternehmen als auch die Mitarbeiter profitieren von diesem Instrument: Fast sieben von zehn Verbesserungsvorschlägen können realisiert werden, die ausgezahlten Prämien reichen von kleineren Eurobeträgen bis hin zu mehreren 100.000 Euro, die Firmen sparen Milliarden an Entwicklungskosten (vgl. Betriebliches Vorschlagswesen, Gewinn für Firmen und Mitarbeiter, Argumente zu Unternehmensfragen aus dem Institut der deutschen Wirtschaft Köln, Nr. 9/2011).

    Die kreativen Potenziale der Mitarbeiter, auch der in den unteren Hierarchien, werden in den meisten Unternehmen viel zu wenig erkannt und strukturiert gefördert.

7.4.2   Innovationsblockaden

- Bürokratische Strukturen

    Bürokratische Strukturen, wie sie in großen Konzernen und sehr konservativ geführten Unternehmen zu finden sind, behindern den freien Fluss der Kommunikation und damit den interaktiven Austausch von Mitarbeitern und innovativen Ideen. Gerade ehemals öffentlich-rechtliche Unternehmen, die sich zunehmend der Konkurrenz des freien Marktes stellen müssen – beispielhaft seien hier viele Versorgungsunternehmen genannt – leiden unter verkrusteten und starren Hierarchien.

- Autoritärer Führungsstil

Ein Führungsstil, der genau und starr Aufgaben und Prozesse vorgibt, wenig Freiräume lässt und Unsicherheit mit Kontrolle zu kompensieren versucht, verbreitet kein kreatives Klima, sondern Furcht und Demotivation. Eine Führungskraft, die sich als Mentor eines jeden Mitarbeiters und als Moderator bzw. Coach seines Teams versteht, verbreitet dagegen ein Klima der Ungezwungenheit und fördert damit freie Kommunikation und kreativen Ideenaustausch.

- Zeit- und Ressourcenmangel

Gerade in Zeiten starken Wachstums besteht die Gefahr, dass das Unternehmen vom operativen Geschäft völlig eingenommen wird. Mangel an Zeit und Ressourcen sowie die Konzentration auf kurzfristig wichtiger erscheinende Ziele führen dazu, den Zeitpunkt zu verpassen, innovativ zu sein, die Produkte weiterzuentwickeln bzw. neue Produkte zu generieren, bevor sich das Wachstum wieder abschwächt.

- Keine produktbezogene Kostenkalkulation

Wachstum ist für ein Unternehmen besonders sinnvoll, wenn die innovativen Produkte nicht nur zum kurzfristig realisierten Umsatzwachstum, sondern auch langfristig zum Ertrag des Unternehmens beitragen. Eine stringente Kostenkalkulation muss möglichst belastbar aufzeigen, welche der zukünftigen Produkte in welchem Umfang zum Unternehmenserfolg beitragen werden. Fehlt diese Kalkulation, besteht bei Liquiditätsengpässen die Gefahr, „bewährte" Produkte im Sortiment zu halten und in den innovativen Entwicklungen den Grund für sinkende Erträge zu sehen.

- Kein Leidensdruck

Leidensdruck zwingt Systeme, sich zu verändern. Auch in der Natur treten erst Veränderungen ein, wenn die Umweltbedingungen sich so verändern, dass das System ohne Veränderung nicht überleben würde. Um als Unternehmen einen Vorsprung vor der Konkurrenz zu haben, ist es notwendig, proaktiv zu handeln und erst gar keinen Druck aufkommen zu lassen. Standardisierte Marktbeobachtungen und Analysen sind erforderlich, um rechtzeitig auf veränderte Kundenbedürfnisse reagieren zu können.

- Keine Risikobereitschaft

  Innovationen sind Entwicklungen, die Kundenbedürfnisse von morgen befriedigen sollen. Niemand weiß jedoch, welche Parameter die Wirtschaft in der Zukunft beeinflussen. Die Folgen der Lehman-Pleite und die fatale Wirtschaftsentwicklung in europäischen Ländern wie Griechenland hat niemand voraus sehen können. Und dennoch müssen die Entscheider in den Unternehmen auch in Krisenzeiten die Angst vor Misserfolgen überwinden und den Mut und das Vertrauen in die Zukunft haben, um zu investieren und durch innovative Produkte ihr Unternehmen auch morgen für die Kunden interessant zu gestalten.

- Ablehnung von Veränderungen

  Das Verhalten der Mitarbeiter in einem Change-Prozess unterliegt einem bestimmten Verlauf. Zunächst führt die Konfrontation mit der neuen Situation bei den Mitarbeitern zu großer Verunsicherung bis hin zu einem schockähnlichen Zustand. Es folgt eine Phase der Ablehnung, die Realität wird ignoriert, Sicherheit wird in den eigenen Fähigkeiten gesucht. Viele Mitarbeiter setzen oft irrationale Mittel ein, um zu beweisen, dass der eingeleitete Wandel nicht funktionieren kann. Nur, wenn der Druck anhält, wird schließlich die Unwiderruflichkeit der Veränderung erkannt, was mit großer Unsicherheit, sinkendem Vertrauen in die eigenen Fähigkeiten und Existenzängsten einhergeht. Häufig bringt diese Situation die Mitarbeiter dazu, das Unternehmen zu verlassen.

  Mitarbeiter, die den Weg im Unternehmen weitergehen, lernen nach temporären Rückschlägen die neuen Verhaltensweisen, bis das neue Verhalten erfolgreich integriert wird und sich ein neues Selbstwertgefühl aufbaut (vgl. Gassmann O., Sutter, Ph., S. 92 ff.).

  Bei der Einführung von Innovationen ist es erforderlich, sich dieses Prozesses bewusst zu sein, um in den entsprechenden Situationen mit gezielten Maßnahmen reagieren zu können und so den Mitarbeitern die Angst vor Veränderungen zu nehmen.

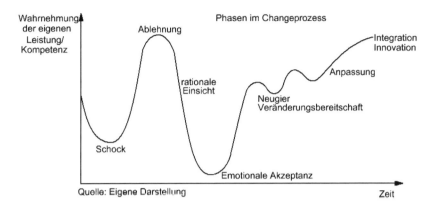

Abb. 4: Phasen im Change-Prozess

7.5 Innovation als strukturierter Prozess

Die meisten bedeutenden Innovationen in der Vergangenheit sind aus Zufall entstanden. Doch der zunehmende Innovationsdruck erfordert für die Weiterentwicklung von Produkten bzw. für die Entwicklung neuer Produkte einen strukturierten Prozess, den jedes Unternehmen speziell für die eigenen Belange (schriftlich) erarbeiten sollte. Gerade in der mittelständisch geprägten Industrie existieren Konzepte und Strategien – wenn überhaupt – häufig nur in den Köpfen der Unternehmensleiter. Selten sind sie in schriftlicher Form für diejenigen Mitarbeiter visualisiert, die für das innovative Wachstum des Unternehmens mit verantwortlich sind.

Die Ideenfabrik

Um diesen Zustand zu verhindern, hat Procter & Gamble eine Ideenfabrik entwickelt und sein Innovationsprogramm „Connect + Develop" derart systematisiert, dass sich der Umsatz des Produktes Tide (Ariel) innerhalb von zehn Jahren fast verdoppelt hat (vgl. Brown, Bruce; Anthony, Scott D., Die Ideenfabrik, Harvard Business Manager August 2011, S. 20).

7.5.1 Innovationsteam formieren

Kollektive Kreativität ist individueller Kreativität überlegen. Wenn ein Unternehmen über Innovationsteams nachdenkt, sollte es folgende

141

Punkte beachten: Je nach Größe des Unternehmens sind die Mitarbeiter der Teams ausschließlich für Innovationen zuständig oder aber sie sind Projektteams in wechselnder Zusammensetzung, die regelmäßig zusammenkommen. Wichtig ist ein kontinuierlicher Prozess und nicht eine zeitlich begrenzte Zusammenarbeit. Das Team darf nicht zu groß sein, um flexibel arbeiten zu können. Die Gruppen sollten weder zu homogen noch zu heterogen sein. Fachkompetenz, Prozesskompetenz und kreative Kompetenz sollten die Mitglieder auszeichnen, aber auch Verantwortungskompetenz sollte vorhanden sein, damit Ideen auch umgesetzt werden können.

7.5.2 Unternehmensvision / Mission / Leitbild / Corporate Identity

Jeglicher Innovation geht eine Vision voraus: Man muss in die Zukunft schauen und ein klares Bild davon haben, was genau erreicht werden soll. Die Vorgabe, einen Marktanteil von x-Prozent oder eine Umsatzrendite von x erreichen zu wollen ist keine Vision, sondern ein Ziel. Und „irgendein neues Produkt haben zu wollen" setzt keinen kreativen Prozess in Gang.

Bei kreativen Prozessen wird neben der linken auch die rechte Gehirnhälfte stimuliert. Die meisten Menschen benötigen dazu Unterstützung. In professionellen Workshops wird je nach Aufgabenstellung und Teilnehmern mit unterschiedlichen Methoden gearbeitet: Die Zukunft malen, kneten oder bauen mit Playmobil, Holz- und Lego-Steinen. Zukünftige Welten durch Tierfiguren reden lassen, durch Organisationsaufstellungen in völlig andere Denkwelten gebracht werden, durch das Betreten von Bodenankern (dieses sind auf dem Boden ausgelegte Moderationskarten) unterschiedliche Positionen beziehen, durch das Legen von Zeitlinien der Vergangenheit und Zukunft neue Perspektiven einnehmen oder durch „Wunderfragen" sämtliche Denkblockaden durchbrechen. Dies sind einige Beispiele, um zu einem „sichtbaren" Ergebnis des kreativen Prozesses und letztlich zu einer Vision zu kommen.

7.5.3 Zielformulierung

Die Formulierung eines klaren Ziels ist erforderlich, um dem Prozess eine Struktur zu geben. Weiterhin sind Grundsatzfragen wie „First-tomarket" oder „Innovationsfolger" zu klären (z. B. war das Produkt des heutigen Marktführers Clausthaler nicht das erste alkoholfreie Bier). Eine Anforderungsmatrix mit Muss- und Kann-Kriterien, die Vorgabe von Kosten- und Zeitrahmen sind Beispiele, die je nach Aufgabenstellung abgestimmt werden sollten.

7.5.4 Methoden zur Ideengewinnung

Zur Überwindung von eingefahrenen Denkschemata und zur Ideengewinnung gibt es eine Fülle von Kreativitäts- und Innovationsmethoden, die je nach Unternehmenskultur, Produkt bzw. Aufgabenstellung, der Anzahl und Persönlichkeit der beteiligten Personen und sonstigen Parametern eingesetzt werden können.

Die Ideenfindung wird dabei z. B. durch Hinzuziehung von externen und internen Netzwerken, Marktanalysen, Wettbewerbsanalysen, Trendanalysen, Technologieentwicklungen, Umfeldszenarien, Publikationsanalysen, z. B. das große Feld der Bionik, oder auch den Einsatz von Grundprinzipien wie bei der „TRIZ-Methode" unterstützt. Hilfreich ist je nach Zielsetzung der Einsatz weiterer analytischer Methoden zur Ideengewinnung, die zur Entwicklung technischer Produkte, wie z. B. Leuchten oder Küchengeräte, eingesetzt werden.

Methoden, die mit der Intuition der Beteiligten arbeiten, liefern in kurzer Zeit sehr viele Ideen. Sie sind – wie z. B. die Arbeit mit Bodenankern oder auch Organisationsaufstellungen – sehr viel diffiziler durchzuführen und bedürfen der Ausrichtung von Workshops mit geschulten Moderatoren.

7.5.5 Ideenbewertung

Bei der Bewertung der erarbeiteten Ideen und Produktlösungen sollte nicht hochgerechnet oder mit Prognosen gearbeitet werden. Wenn ein Produkt in der Vergangenheit zum Gewinn beitrug, folgt für die Zukunft nicht das Gleiche. Aus den gewonnenen Ideen und Entwicklungen muss analytisch abgeleitet werden. Mittels Screening wird die beste Lösung aus Alternativen ausgewählt, Wirtschaftlichkeitsanalysen und Realisierbarkeit, geeignete Produktionsverfahren, Beschaffungsquellen, Umsetzungsbarrieren u.a. werden in den Entscheidungsprozess mit einbezogen.

Für die letzte Entscheidung, also die Umsetzung, allerdings bleibt je nach Produkt ein Restrisiko, das der für die Innovation Verantwortliche eingehen muss.

7.5.6 Umsetzung – Aktivitätsplan

Die Umsetzung von Ideen ist produktabhängig. Markttests, Industrial Design, Critical Design Review zur Planungskontrolle, Prototypenbau und -test, Fertigungsvorbereitung, die Fertigung selbst und schließlich Markteinführung und Produktpflege müssen prozessorientiert geplant werden. Wichtig ist, dass alle Aufgaben zugeordnet werden und dass jeder Beteiligte in den Aktivitätenplan mit einbezogen wird, um die Umsetzung sicherzustellen.

7.5.7 Innovationscontrolling

Ein standardisiertes Informationscontrolling dient dazu, durch Planung und Kontrolle den Innovationsprozess zu steuern. Aspekte wie Budgetüberwachung, strategische Zielplanung, Meilenstein- und Projektfortschrittsplanung, Rentabilität, Technologie Roadmaps und Innovation Scorecards sind Instrumente, die bei allem Konfliktpotenzial zum Erfolg des Innovationsprozesses beitragen können.

7.6 Ein Fazit

Um Wachstum und damit den nachhaltigen Erfolg des Unternehmens zu sichern, ist ein auf das Unternehmen abgestimmter Innovationsprozess Voraussetzung. Auf diese Weise wird sichergestellt, dass die sich verändernden Kundenbedürfnisse mit dem richtigen Produkt zum richtigen Zeitpunkt erfüllt werden und der Vorsprung vor dem Wettbewerb bewahrt bleibt.

Darüber hinaus bleibt zu hoffen, dass die wirtschaftlichen und politischen Rahmenbedingungen den Unternehmen weiterhin ermöglichen, Gewinne zu erwirtschaften, die maßvoll besteuert werden, damit sowohl genügend Liquidität als auch der Mut für die Entwicklung notwendiger Innovationen erhalten bleiben.

7.7 Literaturverzeichnis

Betriebliches Vorschlagswesen, Gewinn für Firmen und Mitarbeiter, Argumente zu Unternehmensfragen aus dem Institut der deutschen Wirtschaft Köln, Nr. 9/2011.

Brown, B.; Anthony, S. D., Die Ideenfabrik, Harvard Business Manager, August 2011.

Gassmann, O.: Crowdsourcing, Innovationsmanagement mit Schwarmintelligenz, 1. Auflage, München 2010.

Gassmann, O.; Sutter, Ph.: Praxiswissen Innovationsmanagement, Von der Idee zum Markterfolg, 2. Auflage, München 2011.

Gilbert, D. U.; Kleinfeld, A.: Sieben Innovationsmythen, www.marketing-site.de/content.

Heuzeroth, Th.: Apple tauscht den Chef aus, in: Die Welt, 26. August 2011, S. 9.

8 Persönlichkeitsorientiertes Change Management

Mitarbeiter und Führungskräfte akzeptieren Veränderungsprozesse, wenn sie ihnen glaubwürdig vermittelt werden. Die Geschäftsleitung sollte die Notwendigkeit der Veränderung persönlichkeitsorientiert begründen. Die Menschen müssen auf der Grundlage ihrer Persönlichkeitsstruktur motiviert werden, den Veränderungsprozess aktiv mitzugestalten. Dies ist mit Hilfe der neuesten Erkenntnisse der Hirnforschung möglich. Wie dies gelingen kann, wird am Beispiel einer Vertriebsabteilung dargestellt, die vor der Bewältigung eines umfassenden Veränderungsprozesses steht.

Der Autor

Helmut Seßler, seit mehr als 20 Jahren erfolgreich als Verkaufstrainer und Verkaufstrainer-Ausbilder tätig, hat eine Vision: Er möchte Menschen helfen, ihren Traumberuf engagiert zu leben. Der Bankkaufmann und Betriebswirt ist Gründer und geschäftsführender Gesellschafter der INtem Gruppe. Für seine umsetzungsorientierten Konzepte wurden Helmut Seßler, sein INtem-Team sowie die INtem-Trainingspartner mit zahlreichen Preisen ausgezeichnet. Als Kooperationspartner des Neuromarketing-Experten Dr. Hans-Georg Häusel bietet die Seßler & Partner GmbH das INtem Limbic® Sales Training an.

Kontakt:
Helmut Seßler, INtem Trainergruppe,
Mallaustr. 69-73, 68219 Mannheim.
Tel.: +49 (0) 621 - 43876-0, E-Mail: h.sessler@intem.de,
Homepage: www.intem.de

8.1 Veränderungsprozesse und die Erkenntnisse der Hirnforschung

Der Fall

Ein Dienstleistungsunternehmen plant einen radikalen Umbruch: Die Berater sollen „limbisch" vorgehen und bei der Beratung und im Verkaufsgespräch die jeweilige Kundenpersönlichkeit und das jeweilige dominierende Emotionssystem berücksichtigen. Das Ziel des Veränderungsprozesses lautet: „Spitzenverkäufe mit Emotionen" oder „Spitzenverkäufe durch Emotionalisierung des Kundenkontakts und durch Limbic Sales". Was ist dabei zu beachten?

Neuere Erkenntnisse der Hirnforschung besagen, dass der Kunde seine Entscheidungen zu einem Großteil nicht rational, sondern emotional trifft. Der Neurologe Antonio Damasio bekräftigt, dass „jede Entscheidung einen emotionalen Anstoß braucht. Aus purem Verstand heraus könne der Mensch nicht handeln." Und Dr. Hans-Georg Häusel, der sich mit den Auswirkungen der Denkleistungen des Gehirns auf Marketing und Verkauf beschäftigt, fasst den Kern der Hirnforschung so zusammen: „Alles, was keine Emotionen auslöst, ist für unser Gehirn wertlos." Entscheidungen werden im limbischen System getroffen. Dort ist das jeweilige Emotionssystem beheimatet, das eine Person bevorzugt.

8.1.1 Motivation ohne Resultate

Der Fall

Das Dienstleistungsunternehmen plant also eine große „limbische" Akquisitionsoffensive. Die Geschäftsleitung möchte den Beratern in einer Veranstaltung erläutern, was konkret es mit „Limbic Sales" auf sich hat. Das Management und der Vertriebsleiter als unmittelbarer Chef der Berater haben sich vorgenommen, die Mitarbeiter in einer flammenden Rede auf das Veränderungsprojekt einzuschwören und sie für die Erreichung der neuen Vertriebsziele zu motivieren. „Alles wird anders, aber es ist eine Riesenchance für uns", so der Tenor der Motivationsansprache.

Doch dann die Enttäuschung: Die meisten Berater reagieren verschreckt, ja ängstlich: „Immer diese Veränderungen. Können wir nicht mal etwas Stabilität in unsere Arbeit bekommen?" Und: „Ob das gutgeht? Bestimmt kündigen einige der Bestandskunden." Oder auch: „Schön und gut – aber was springt für mich persönlich dabei heraus?"

Was nur ist hier schief gelaufen?

8.1.2 Die menschliche Unlust an der Veränderung

So mancher will es gar nicht mehr hören: Der Veränderungsdruck in unserem Land ist enorm und erhöht sich ständig. Die technische Innovationsgeschwindigkeit, der gesellschaftliche und demographische Wandel, die wirtschaftlich-politischen Rahmenbedingungen, die sich beschleunigende Halbwertzeit des Wissens – alles ändert sich rasend schnell.

Das Hauptproblem: Die organisatorischen Strukturen in den Unternehmen weisen ein enormes Beharrungsvermögen auf und tendieren zur Erhaltung des Status quo: Was sich bewährt hat, muss man ja nicht ändern. Und mit diesem „man" ist der zweite Aspekt des Problems genannt: die Menschen – also die Führungskräfte und Mitarbeiter –, die das Veränderungstempo nicht mitgehen wollen oder können. Wenig innovativ und kreativ sind die Begründungen, warum eine Veränderung scheitern müsse und man deshalb lieber die Finger davon lassen solle: „Das haben wir schon immer so gemacht", „Das klappt doch nie" und „Veränderung ja – aber bitte nicht bei mir und in meinem Bereich."

Was heißt das für den Veränderungsprozess in unserem Beispielunternehmen? Die Geschäftsleitung muss die Menschen „mitnehmen". Sie sollte bei den Beratern die Lust auf „Limbic Sales" wecken, so dass die Berater die Notwendigkeit der Veränderung nachvollziehen können und sich engagiert und motiviert dafür einsetzen, den Change aktiv zu gestalten.

Mit anderen Worten: Wenn die Berater „Ja" sagen sollen zum Limbic Sales, müssen sie typgerecht dazu motiviert werden.

8.1.3 Der Fahrplan zum gelungenen Change-Prozess: Typgerechte Vorgehensweise

Somit ergibt sich bei der Frage, wie der Change zum emotionalen Verkauf in dem Dienstleistungsunternehmen durchgeführt werden kann, der folgende „Fahrplan":

Veränderungsschritt 1:	Die Geschäftsleitung und insbesondere der Vertriebsleiter führen die Berater „limbisch" und verdeutlichen ihnen die Notwendigkeit des Change, indem sie das jeweilige Emotionssystem des einzelnen Beraters berücksichtigen.
Veränderungsschritt 2:	Die Berater lernen, sich selbst einzuschätzen, um im Beratungs- und Verkaufsprozess die Auswirkungen ihrer Persönlichkeit auf den Kunden abschätzen zu können.
Veränderungsschritt 3:	Die Berater werden in die Lage versetzt, ihre Kunden limbisch einzuschätzen, um so den Kundenkontakt emotionalisieren zu können.

8.2   Die limbischen Grundlagen

Um diese drei Schritte durchführen zu können, ist es notwendig, die limbischen Grundlagen zu kennen. Zur Erinnerung: Die Hirnforschung belegt, dass alle Informationen und Wahrnehmungen zunächst einmal im limbischen System bewertet werden. Dies geschieht ohne unsere bewusste Wahrnehmung. Das limbische System ist quasi der unbewusste Türsteher zu unserem Bewusstsein, also dem Großhirn.

Die Bewertung ist ein hochkomplexer Vorgang, der von unseren Emotionssystemen gesteuert wird. Alle Informationen werden, etwas vereinfacht gesagt, mit einer positiven oder negativen Markierung versehen, zum Beispiel „gut – schlecht", „wichtig – unwichtig", „richtig – falsch", „Lust – Unlust", „Freund – Feind" oder „spannend – langweilig".

8.2.1   Die limbischen Urprogramme

Sofern das limbische System zu keiner eindeutigen Zuordnung kommt, wird eine Information nicht weiterverarbeitet und landet quasi im Papierkorb. Sie wird gelöscht, um unser Gehirn nicht mit überflüssigem Müll zu überladen. So gelangen nur die für uns als wichtig empfundenen Informationen ins Gehirn – Informationen, die emotional von Bedeutung sind. Unbewusst steuern uns emotionale Programme, welche sich im Laufe der Evolution als natürlich und überlebensnotwendig herauskristallisiert haben.

Eine Botschaft muss also bedeutend sein, um eine positive Markierung zu erhalten und vom limbischen System als emotional wichtig eingestuft zu werden. Diese Bewertungsprogramme werden **neurobiologische Emotions- und Motivsysteme** genannt. Dabei handelt es sich um Programme, welche im unteren Teil des Gehirns ablaufen. Sie sind größtenteils genetisch vorbestimmt und maßgeblich an unseren Entscheidungsprozessen beteiligt. Es gibt drei Urprogramme:

1. Das *Balance-System* – dessen Leitsatz lautet: „Strebe nach Stabilität und vermeide Veränderungen."
2. Das *Dominanz-System* – Leitsatz: „Setze dich durch und sei besser als die anderen."
3. Das *Stimulanz-System* – Leitsatz: „Sei anders und brich aus dem Gewohnten aus."

8.2.2 Die vier großen Emotionssysteme

Die Bandbreite des menschlichen Verhaltens lässt sich als Mischungen aus jenen drei Urprogrammen beschreiben. Wichtig ist, dass beim Balance-System ein „Unterstützer-Modus" und ein „Bewahrer-Modus" unterschieden werden, so dass es vier Emotionssysteme gibt:

Stimulanz-System	Diesen Menschen geht es um Freude, Spaß, Abwechslung und Abgrenzung, sie lieben das Neue, Unbekannte, Innovative, sie wollen anders ein als die anderen, sich vom Durchschnitt abheben.
Dominanz-System	Ihnen sind Ergebnisse und Macht wichtig. Sie wollen als aktive und handlungsfähige Menschen anerkannt werden und besser sein als andere, einen Wettbewerbsvorsprung erringen, an der Spitze stehen, andere hinter sich lassen.
Balance-Unterstützer-System	Diesen Menschen geht es um Beziehungen, Geborgenheit und menschliche Wärme. Sie wollen als vertrauensvoll und wertvoll angesehen werden und freuen sich, wenn sie anderen Menschen helfen können.

Balance-Bewahrer-System	Wichtig sind diesen Menschen die Daten und die belegbaren Fakten. Sie wollen als vernünftig und objektiv urteilende Menschen angesehen werden und scheuen jede Veränderung. Sie möchten den Status quo erhalten und agieren sicherheitsorientiert.

8.3 Veränderungsschritt 1: Den Change persönlichkeitsorientiert begründen

Kommen wir nach diesem limbischen Grundlagen-Intermezzo zurück zu unserem Dienstleistungsunternehmen. Die Geschäftsleitung weiß: Wenn sie das jeweilige Emotionssystem der Berater einschätzen kann, ist es möglich, bei der Mitarbeiterführung und der Mitarbeitermotivation individuell auf deren Persönlichkeitsprofile einzugehen. Und somit ließe sich auch der Change-Prozess persönlichkeitsorientiert gestalten.

Wie aber kann die Geschäftsleitung feststellen, welches Emotionssystem bei den einzelnen Beratern dominiert? Dazu hat Dr. Hans-Georg Häusel einen Test entwickelt (eine Kurzversion dazu findet sich unter http://www.intem.de/schnelltest), mit dem sich genau das prüfen lässt.

Die Verantwortlichen in unserem Beispielunternehmen lassen alle Mitarbeiter diesen Test durchlaufen und wissen danach, welches Emotionssystem bei welchem Berater vorherrscht. Dies hat bedeutende Konsequenzen für den Change-Prozess: Der Vertriebsleiter berücksichtigt bei seiner Überzeugungsarbeit die spezifische Motivationsstruktur jedes Mitarbeiters und setzt Motivationsanreize, die auf die Persönlichkeit des einzelnen Beraters abgestimmt sind. Dazu einige Beispiele:

- Dem **Berater mit bevorzugtem Dominanz-System** zeigt er auf, dass ihm der Change zum emotionalen Verkauf und die Erreichung der damit verbundenen Vertriebsziele die Chance bieten, seinen Verantwortungsbereich zu vergrößern und einen deutlichen Karriereschritt nach vorne zu tun.

- Beim **balanceorientierten Bewahrer** dient der Hinweis als Motivationsanreiz, dass durch die neue Verkaufsmethodik und Kundenansprache die wirtschaftliche Stabilität des Unternehmens gewährleistet wird und letztendlich die Arbeitsplätze sicherer werden. Der Vertriebsleiter motiviert diesen Berater, indem er die Erfolgschancen des Change-Prozesses durch Zahlen, Daten und Fakten belegt.

- Beim **Berater mit bevorzugtem Balance-Unterstützer-System** betont die Führungskraft, dass es ihm mit Hilfe von Limbic Sales möglich ist, eine vertrauensvolle Beziehung zum Kunden aufzubauen. Der Berater identifiziert den emotionalen Verkauf als Chance, einen noch besseren Zugang zum Kunden zu erhalten.

- Den **Stimulanz-System-Berater** schließlich begeistert der Vertriebsleiter für den Change-Prozess, indem er den innovativen Aspekt des Veränderungsprozesses anspricht: „Wenn wir Limbic Sales einführen und den Kundenkontakt wo immer möglich emotionalisieren, sind wir wahre Vorreiter. Das machen bisher nur wenige unserer Konkurrenzfirmen." Das gibt dem Stimulanz-Typ einen kräftigen Motivationsschub.

> **Fazit zum Veränderungsschritt 1:**
> Die Erkenntnisse der Hirnforschung erlauben es dem Management und den Führungskräften, Mitarbeiter individuell und unter Berücksichtigung des jeweiligen Emotions- und Motivationsschwerpunktes zu führen und für Veränderungsprozesse zu begeistern und zu motivieren.

8.4 Veränderungsschritt 2: Die Selbsteinschätzung der Berater gewährleisten

Sinnvoll ist es zudem, die Ergebnisse der Persönlichkeitsanalyse mit den Beratern zu besprechen. Der Grund liegt auf der Hand – nehmen wir ein klassisches Beispiel aus dem Finanzbereich: Der Controller-Kunde, der Zahlen, Daten und Fakten benötigt, um zu einer Kaufentscheidung zu gelangen, bei dem also das Bewahrer-Balance-Emotionssystem vorherrscht, wird vom enthusiastisch-dominanten Berater mit dem Bild gequält, wie er sich mit Hilfe des Produktes einen Lebenstraum erfüllen und seine Visionen verwirklichen kann. „Stellen Sie sich doch nur einmal vor, wie Sie mit Hilfe dieses Finanzproduktes in ein paar Jahren endlich auf große Kreuzfahrt gehen können!" Das Problem: Den Balance-Bewahrer-Kunden interessiert diese Vorstellung überhaupt nicht. Ihn würde eher eine knallharte Kalkulation zur

Kosten-Nutzen-Analyse überzeugen, die ihm aufzeigt, dass sein Geld effizient verwaltet wird.

Der umgekehrte Fall: Der Berater schwelgt in technischen Details zu dem Finanzprodukt , betont den Sicherheitsaspekt – und argumentiert punktgenau am emotionalen Kunden-Gehirn vorbei, dessen Besitzer nun einmal zu den risikofreudigen Kunden gehört, die davon träumen, unter Einsatzes eines gewissen Risikos eine möglichst hohe Rendite zu erzielen.

> **Fazit zu Veränderungsschritt 2:**
> Die Kenntnis der limbischen Instruktionen und der Emotionssysteme verhilft den Beratern zur Selbsterkenntnis. Wer sich selbst einschätzen kann, ist in der Lage, als z. B. wertkonservativer Berater aus seiner eigenen konservativen Vorstellungswelt herauszutreten und sich mit dem risikofreudigen Kunden auf dessen Wellenlänge einzuschwingen.

8.5 Veränderungsschritt 3: Kundenprofile entwerfen und Kontakte emotionalisieren

Der bedeutsamste Schritt in Richtung des emotionalen Verkaufens besteht darin, auch die Kunden limbisch zu bewerten und festzustellen, welches Emotionssystem bei ihnen vorherrscht. Wir erinnern uns: Das Finanzdienstleistungsunternehmen plant ja jene „limbische" Akquisitionsoffensive. Darum müssen die Berater nun auch in der Lage sein, ihre Kunden einzuschätzen. Das entsprechende Know-how erlernen sie in einem Limbic-Workshop.

8.5.1 Lustgefühle wecken und Frustgefühle vermeiden

Kommen wir nochmals zurück auf die limbischen Grundlagen: Jedes Emotionssystem verfügt über ein (positives) Belohnungssystem und ein (negatives) Vermeidungssystem. So belohnt uns das Dominanz-System mit Stolz und Machtgefühl, das Stimulanz-System mit Freude und dem Gefühl von Abwechslung und das Balance-System mit den Gefühlen von Sicherheit und Geborgenheit.

Auf der anderen Seite versucht das Dominanz-System Ärger und Machtlosigkeit zu vermeiden, das Stimulanz-System wehrt sich gegen

Langeweile und das Balance-System will keine Angst und Unsicherheit aufkommen lassen.

Das heißt für das Dienstleistungsunternehmen:

- Für einen Berater ist es wichtig, auf Kundenseite positive Emotionen zu maximieren sowie Lust und Belohnung zu steigern. Zugleich sollte er negative Emotionen minimieren, um Unlust zu vermeiden.
- Da für das Gehirn negative Emotionen oft bedeutender sind als die positiven, muss das Ziel sein, möglichst wenige negative Emotionen auszulösen oder diese mit geeigneten positiven Emotionen überzukompensieren. Denn auch die Vermeidung oder Erleichterung von Unlust wird vom Gehirn meistens als Belohnung empfunden.

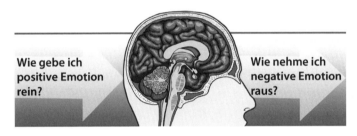

Abb. 1: Positive Emotionen hineingeben und negative Emotionen herausnehmen
(Copyright: INtem, Mannheim)

8.5.2 Punktgenau das Emotionssystem treffen

Der Berater weckt positive Emotionen, wenn er das gesamte Verkaufsgespräch auf das Emotionssystem des jeweiligen Kunden abstimmt, zum Beispiel:

- Er schwingt sich mit dem Kunden auf einer Wellenlänge ein, indem er die Werte thematisiert, die für diesen von überragender Bedeutung sind. Beim Dominanz-Kunden sind dies etwa Freiheit, Stolz, Expansion, Mut und Siegeswillen. Beim Stimulanz-Kunden dreht sich die Werte-Welt um Individualität, Neugier, Innovation und Spaß. Dem Balance-Unterstützer-Kunden sind die Werte Vertrauen, Treue und Sicherheit wichtig, dem Balance-Bewahrer-Kunden Disziplin, Präzision, Sparsamkeit und Gerechtigkeit.

- Er wählt einen kundenspezifischen und emotionalisierenden Interesseneinstieg: Er lüftet zu Beginn des Gesprächs ein Geheimnis, überrascht mit einer zahlengesättigten Nutzendarstellung und bietet dem Kunden etwas zum Anfassen oder einen anderen sinnenspezifischen Einstieg.

- Ganz wichtig: Er argumentiert strikt kundenbezogen, indem er beim Dominanz-Kunden Verhandlungsstärke zeigt und ihm darlegt, wie dieser mit seiner Hilfe einen klar definierten Sollzustand erreicht. Beim Stimulanz-Kunden hebt er auf dessen Vision und die langfristigen Ziele ab und weckt die Fantasie mit lebendig-spannenden Bildern und Geschichten. Den Balance-Bewahrer-Typ überzeugt er mit einer strukturiert vorgetragenen Präsentation sowie Garantien, während er beim Balance-Unterstützer-Typ dessen Befürchtungen und Vorbehalte ausräumt.

Für die Einwandbehandlungsphase und die Abschlussphase gilt: Der Berater gibt beim Dominanz-Kunden eine kurze Zusammenfassung und wiederholt die Kernbotschaften. Und auch bei den anderen Kundentypen berücksichtigt er das jeweilige Emotionssystem.

8.6   Kundentypgerechte Strategien entwickeln

Nachdem die Berater ein wenig Übung darin gewonnen haben, das Persönlichkeitsprofil des Kunden einzuordnen, kann sich der Vertriebsleiter gemeinsam mit ihnen für jeden Kundentypus eine spezielle Strategie überlegen:

- Beim *Stimulanz-Kunden*: Der Berater präsentiert locker und entspannt mit den neuesten Medien und baut Animationen, Bilder und Videos ein. Er erzählt dem Kunden Erfolgsgeschichten, gibt lebendige und ausgefallene Beispiele und vermeidet langweilige Erklärungen zu seinem Angebot.

• Beim *Dominanz-Kunden*: Der Berater präsentiert wenige, aber klar strukturierte Argumente. Eine grafische Darstellung ist dabei hilfreich. Treffende Analysen und verschiedene Lösungsalternativen helfen dem Kunden bei seiner Entscheidungsfindung. Der Berater kann ruhig Fachbegriffe verwenden und sollte so schnell wie möglich auf den Punkt kommen. Denn ein zu langer Beziehungsaufbau ist bei diesem Kunden meistens nicht erforderlich.

• Beim *Balance-Bewahrer-Kunden*: Der Berater zeigt dem Kunden Tabellen, Zertifikate, ISO-Normen, Testergebnisse, Diplome und wissenschaftliche Untersuchungen. Wichtig ist, alle Aussagen zu belegen. Er gibt ihm Garantien, liefert Hintergrundinformationen, nimmt sich Zeit für die Beratung und geht ins Detail.

• Bleibt noch der *Balance-Unterstützer-Kunde*: Hier arbeitet der Berater mit „Full-Services", „Rundum-Sorglos-Paketen" und „Alles aus einer Hand"-Angeboten. Er stärkt die persönliche Beziehung, zeigt Empathie und achtet die ethischen und ökonomischen Werte des Kunden. Wenn möglich, bringt er Beispiele aus dem eigenen Erfahrungsbereich.

8.6.1   In die Sprachwelt des Kunden eintauchen

Ein Berater lebt von der Virtuosität und Meisterschaft, mit der er einen Kunden auch sprachlich dort abholt, wo er steht. Bei Limbic Sales heißt das zum Beispiel:

• Beim Dominanz-System-Kunden spricht der Berater „von unseren *leistungsstärksten* Möglichkeiten" und benutzt Adjektive wie „erfolgreich, optimal, konkurrenzfähig, mächtig, kraftvoll, führend, überlegen, erstklassig, wirtschaftlich".

• Beim Stimulanz-System-Typen erwähnt er „unsere *fantastischen* Möglichkeiten". Er streut Adjektive wie „einmalig, inspirierend, unermesslich, zukunftsweisend, innovativ, dynamisch, modern, außergewöhnlich" ein.

• Kommen wir zum Balance-Bewahrer-Typ: Der Berater bringt „unsere *absolut bewährten* Möglichkeiten" ins Spiel und gebraucht Adjektive wie „logisch, kompetent, zuverlässig, sicher, getestet, dauerhaft, ordentlich, tüchtig, solide, erprobt".

- Beim Balance-Unterstützer-Kunden schließlich erwähnt der Berater „unsere *sehr persönlichen* Möglichkeiten" und benutzt Adjektive wie „gemeinsam, einfühlsam, freundlich, problemlos, einfach, bequem, menschlich, behutsam, partnerschaftlich, herzlich".

8.6.2   Das Persönlichkeitsprofil des Kunden erkennen

Die Einschätzung der Persönlichkeitsprofile der Mitarbeiter fällt relativ leicht. Deren bevorzugtes Emotionssystem lässt sich „vor Ort" beurteilen – durch den erwähnten Schnelltest, durch Gespräche zwischen Führungskraft und Berater. Denn dies ist ja ständig möglich – man sieht sich tagtäglich am Arbeitsplatz. Wie jedoch gelingt es, dies in Bezug auf die Kunden zu leisten? Wie kann der Berater zuverlässig erkennen, mit welchem Kundentyp er es zu tun hat?

Natürlich: Je länger die Kundenbeziehung andauert, je besser der Berater einen Kunden kennt, desto präziser fällt die Einschätzung aus. Wie aber schaut es mit unbekannten Kunden aus, oder demjenigen Kunden, mit dem der Berater erst zum zweiten oder dritten Mal ein Gespräch führt?

Um Denk- und Verhaltenspräferenzen sowie Persönlichkeitsprofile einschätzen zu können, bedarf es der Übung und des Trainings. Wer seine Wahrnehmungsfähigkeit schult, kann an Indikatoren wie der Körpersprache, also an Aspekten wie Haltung, Dynamik und Bewegung, eine erste Einschätzung wagen, um diese im Gespräch zu vertiefen. Auch die Sprechweise, die Stimme – also Lautstärke, Modulation und Tempo – und die Wortwahl, die verwendeten Formulierungen und Inhalte sowie die Werte, die einem Menschen wichtig sind, sind relevant, wenn es darum geht, ihn einem Emotionssystem zuzuordnen.

Wie ist der Kunde gekleidet? Wie tritt er auf – eher bestimmend oder eher zurückhaltend? Geht er forsch, aktiv und gesprächig vor, wenn er z. B. eine Frage stellt? Wie drückt er sich aus, welche Sprachbilder benutzt er, ist er ernst oder kommunikativ-heiter? All diese Beobachtungen helfen dem Berater, eine immer konkretere Einschätzung vorzunehmen.

Und dann gibt es natürlich noch die Fragetechnik. Nehmen wir wieder ein Beispiel aus dem Finanzbereich. Mit Hilfe entsprechender Fragen stellt der Berater fest, ob der Kunde:

- eine Finanzanlage dazu nutzen möchte, sich das Leben zu verschönern und es zu genießen
- Geld oder Vermögenswerte nutzen will, um fürs Alter vorzusorgen und Risiken zu minimieren
- ein Bewahrer ist und sein Ziel darin besteht, dass sein Geld gut verwaltet wird
- das Gefühl benötigt, seine Anlage diene vor allem dem stetigen und konsequenten Kapitalaufbau, oder
- das Abenteuer liebt, schnell vermögend(er) werden will und dabei auch etwas riskieren möchte

8.6.3 Datenbank mit emotionalen Kundeninfos füttern

Wichtig ist, mit einer Datenbank zu arbeiten. Dort hinterlegt der Berater alle relevanten „emotionalen" Informationen: wie sich der Kunde in bestimmten Situationen verhält, etwa in Konfliktsituationen, bei einer „harten" Verhandlung, bei der Einwandbehandlung oder in der heißen Abschlussphase.

Wichtig ist dies vor allem beim „vermögenden" Kunden: Dieser ist zumeist sehr selbstbewusst und selbstsicher. Der Berater muss ihm daher Spielraum geben, über sich selbst zu sprechen. Drei Themen eignen sich dazu:

- das familiäre Umfeld,
- der geschäftliche Erfolg und
- das leidenschaftlich betriebene Hobby.

Und darum gehören die entsprechenden Angaben in die Datenbank – je mehr, desto besser. Ein Blick in die Datei zeigt dem Berater vor dem Beratungsgespräch, wie es um das Hobby des vermögenden Kunden steht. Und dann kann er mit der punktgenauen und kundenindividuellen Emotionalisierung starten und bereits in der Small Talk-Phase beim Kunden positive Gefühle auslösen – und Vertrauen aufbauen.

Zusätzlicher Vorteil: Auch der Kollege, der die Urlaubsvertretung übernimmt, erfährt auf einen Blick alle wichtigen Informationen, um einen kundentypgerechtes Gespräch zu führen.

> **Fazit zu Veränderungsschritt 3:**
> Jetzt sind die Berater in der Lage, ihre Kunden bei den „emotionalen Hörnern" zu packen und ein emotionales und emotionalisierendes Gespräch mit den verschiedenen Kundentypen zu führen.

8.7   Limbische Erkenntnisse für die Mitarbeiterführung nutzen

Die Kenntnis der Persönlichkeitsprofile hat neben dem Change-Bezug weitere positive Effekte – etwa bei der Personalsuche und der Teambildung. So kann der Vertriebsleiter bei der Zusammenstellung seines Verkaufsteams darauf achten, möglichst verschiedene Mitarbeitertypen ins Team zu berufen. Es ist wenig sinnvoll, wenn die Vertriebsabteilung nur aus Dominanz- oder nur aus Bewahrertypen besteht – die Mischung macht es. Wenn im Vertriebsteam alle limbischen Persönlichkeiten vertreten sind, ist die Wahrscheinlichkeit hoch, dass alle Kundentypen individuell angesprochen werden können.

Der Vertriebsleiter sollte einen Sales-Team-Check vornehmen und das Team entsprechend ergänzen:

- Wenn das Team nur aus abschlussorientierten Mitarbeitern besteht, werden diejenigen Kunden, die für ihre Kaufentscheidung den ruhig-langsamen Beziehungsaufbau und eine Vertrauensgrundlage benötigen, abgeschreckt. Ein strategisch denkender Vertriebsleiter wird sein Team mit einem „Beziehungs-Verkäufer" mit dominierendem Stimulanz-System verstärken.

- Ein „Softie-Team", das gut berät, aber jegliche Abschlussorientierung vermissen lässt, trägt ebenfalls nicht zum Unternehmensziel bei, Gewinn und Umsatz zu generieren. Der Vertriebsleiter muss in seinem Team die Kompetenz „Abschlussorientierung" fördern, indem ein entsprechender Mitarbeiter mit starkem Dominanzstreben eingestellt wird.

Ein weiterer Vorteil liegt darin, nun Aufgaben persönlichkeitsorientiert zuweisen zu können. Kontraproduktiv ist es etwa, den kreativen Innovator mit bevorzugtem Stimulanz-System mit organisatorischen Aufgaben zu überhäufen und zu blockieren.

Wem bekannt ist, dass es dem Kollegen aufgrund seiner Persönlichkeitsstruktur schwer fällt, Veränderungen zu akzeptieren und Risiken einzugehen, wird dies bei der Beurteilung des Teamkollegen berücksichtigen. Und der kostenbewusste Bewahrertyp bringt eher Verständnis auf für den Dominanztyp, der seine Visionen verwirklichen will und dabei die Kosten außer Acht lässt.

Das Wissen um die bevorzugten Emotionssysteme unterstützt den Vertriebsleiter mithin auch, das Betriebsklima in seinem Verantwortungsbereich zu verbessern. Kennen die Teammitglieder die Persönlichkeitsprofile der Kollegen, wächst das Verständnis füreinander. Denn jeder weiß nun, dass das Denken, die Wahrnehmung und die Kommunikation der Teamkollegen vielleicht auf einer ganz anderen Ebene ablaufen, als dies bei einem selbst der Fall ist.

8.8   Ein Fazit

Persönlichkeitsbezogene Überzeugungsarbeit führt dazu, dass notwendige Change-Prozesse von den Mitarbeitern und Führungskräften eher akzeptiert und mit Engagement realisiert werden.

8.9   Literaturverzeichnis

Seßler, H.: Limbic® Sales. Spitzenverkäufe durch Emotionen. Freiburg 2011.

9 Change in kundenorientierten Unternehmen: Erfolgsrezepte

Wenn Sie die Erfahrung von über 20 Jahren Change-Management-Beratung für Ihr Unternehmen nutzen möchten, zeigt Ihnen dieser Beitrag, worauf Sie bei der Entwicklung einer Strategie für Veränderungen achten sollten. Sie erfahren welche Faktoren für den Change bekannt sein müssen, wie Sie diese herausfinden und welche nützlichen Umsetzungstools es gibt.

Der Autor

Frank Amhoff gründete 1997 die Unternehmensberatung AMHOFF GmbH. Zunächst war der Diplom-Betriebswirt und Industriekaufmann fünf Jahre in der Geschäftsleitung eines Mittelstandsunternehmens tätig. Danach war er Mitbegründer und Seniorberater der Aktiengesellschaft WCG Consulting Group AG. Seine Beratungsfelder drehten sich dort 12 Jahre rund um die Unternehmensentwicklung und die Ressource Mensch in allen Bereichen. Heute ist er ein gefragter Experte und Allrounder in allen Fragen der Unternehmens- und Personalentwicklung, Umsatzsteigerung, Kundengewinnung, Organisationsoptimierung und des Kennzahlenmanagements.

Kontakt:
Amhoff GmbH, Widmaierstrasse 110, 70567 Stuttgart-Möhringen,
Tel: +49 (0)7 11 - 46 90 53 60;
E-Mail: info@amhoff.de;
Homepage: www.amhoff.de

9.1 Änderungsbedarf im Unternehmen

Änderungsprozesse für Unternehmen und Führungskräfte können auf vielen Ebenen stattfinden. Als Beispiele seien unter anderem genannt:

1. Ihr Markt oder die Branchenansprüche verändern sich laufend und Sie müssen Produkte und Dienstleistungen anpassen.
2. Die Kundenbindung und Kundengewinnung sollen optimiert werden.
3. Die Mitarbeitergewinnung, die Aus- und Weiterbildung und die Mitarbeiterbindung müssen verbessert werden, da in vielen Bereichen ein Arbeitskräftemangel vorherrscht. Bestimmt haben Sie auch schon die Erfahrung gemacht, dass auf Ihr Stellenangebot nur schwer die geeignete Fachkraft zu finden war.
4. Für eine erfolgreiche Unternehmensführung reicht es nicht mehr, nur die betriebswirtschaftlichen Auswertungen und Summen- und Saldenlisten zu studieren. Vielmehr benötigen Sie genaue Kennzahlen für alle wesentlichen Wertschöpfungsbereiche, den Verkauf und das Personalwesen.
5. Um strategische Prozesse in allen Bereichen erfolgreich zu bestreiten, benötigen Unternehmen nicht nur eine Nachkalkulation pro Auftrag/Projekt, sondern eine aussagefähige Nachkalkulationsanalyse über alle Aufträge und Projekte in konsolidierter Form.

9.2 Die Grundlagen für einen Change-Prozess

Es freut mich, dass ich gegen alle Unbequemlichkeit völlig gleichgültig bin, sobald es sein muss und das Unternehmen einen Zweck hat. (Johann Wolfgang von Goethe)

Erfolgreiche Change-Prozesse und Unternehmensentwicklungen basieren immer auf ausgefeilten Strategien, die entsprechend geplante Aktivitäten zur Zielerreichung beinhalten. Strategien sind nicht für die Ewigkeit gemacht, sondern müssen regelmäßig oder bei gravierenden Änderungen im Markt überprüft werden.

Für Ihren erfolgreichen Change-Prozess sollten Sie folgende Punkte klären:

- Ist-Analyse und Zeitmanagement

Wissen Sie genau, wo Sie oder Ihr Unternehmen stehen? Kennen Sie Ihre Kunden genau? Kennen Sie die Gründe für Ihren Erfolg? In einer Erfolgsphase neigt man dazu, die Erfolge zu feiern, weniger dazu, eine genaue Analyse durchzuführen. In der Verlustphase nimmt man sich keine Zeit, um Fehler zu analysieren. Fehler sind unangenehm, zu lange her oder man kümmert sich lieber um neue Aufträge, ohne zu wissen, ob diese lukrativ sind.

- Vision und Ziele

Erfolgreiche Unternehmer und Personen „träumen" ihre Vision und kommunizieren ihre Ziele.

- Werte und Motive

Ein gelebtes transparentes Wertemanagement und der richtige motivierende Umgang mit Mitarbeitern, Teams, Kunden und Lieferanten sind echte Erfolgsgaranten für Unternehmen. In Unternehmen erlebt man leider häufig, dass diesen weichen Faktoren wenig Aufmerksamkeit gewidmet wird.

- Strategie

Als Strategie bezeichnet man die Auswahl der richtigen Aktivitäten auf dem Weg zur Vision. Die Aktivitäten sind individuell festzulegen und auf die bestehenden und zukünftigen Fähigkeiten und Kompetenzen abzustimmen.

- Kunden, Produkte oder Kernkompetenzen

Welche Kunden und Geschäftsfelder die richtigen sind, welche Absatzkanäle funktionieren und welche Produkte und Kernkompetenzen heute und in der Zukunft Sinn machen, das beantwortet eine einfache, aber aussagefähige Nachkalkulationsanalyse. Fehlentscheidungen werden dadurch vermieden.

- Personal und Potenziale

Schlüsselfaktoren für mehr Erfolg sind nicht unbedingt das Produkt, die Fachkenntnis oder die Branche, sicher aber die Begeisterung (schwäbisch: Zufriedenheit) der Geschäftsführung, des engsten Führungskreises. Dies motiviert das restliche Team. Eigene Potenziale von Heute und von Morgen klar zu erkennen und zu nutzen, bleibt nur den Siegern vorbehalten.

- Nutzen aus Kundensicht

  Viele Firmen sind produktverliebt und verharren in ihrer eigenen Sichtweise. Man kommuniziert eine eigene Produktsprache und der Kunde versteht oft den Nutzen des Produkts nicht. Was der Kunde sich wünscht, benötigt oder erreichen will, beleuchten nur erfolgreiche Unternehmen. Durch Kundenbefragungen gewonnene Erkenntnisse wie z. B. kundenspezifische Formulierungen von Vorteilen und Nutzen, werden häufig nur von Topfirmen verwendet.

- Steuerung und Konsequenz

  Es ist wichtig, dass alle Beteiligten des Change-Prozesses über die wesentlichen Punkte regelmäßig im richtigen Umfeld persönlich informiert werden, und dass zwischen ihnen ein Informationsaustausch stattfindet. Die Gespräche können Sie gleichzeitig nutzen, um gezielt zu loben, Begeisterung oder Zufriedenheit auszulösen. Wenn Besprechungen mit einer Aktivitätenliste (wird in Kapitel 9.3 näher ausgeführt) protokolliert werden, erkennen Sie sofort Schwachstellen und Störfeuer und können diese gezielt behandeln. Eine Informationspolitik über Lohnzettel, Aushang oder Flurgeflüster ist dagegen der Anfang vom Ende.

Einige dieser Punkte sollen in diesem Beitrag näher beleuchtet werden.

9.3 Vision und Ziele

Was Du Dir nicht träumen kannst, kannst Du auch nicht erreichen! (Walt Disney)

Menschen, die träumen können, tun sich leicht beim Erschaffen von Visionen. Visionen können ideale Zustände in der Zukunft sein, so z. B. Prozesse, Bereiche, Produkte, Job, Unternehmen, Lebensstil, Einkommen, ...

Visionen unterstützen Unternehmen wie auch Privatpersonen und sie können Change-Prozesse auslösen!

Über 20 Jahre Erfahrung haben folgende Aussagen aus der Lehre und Beratung bestätigt: Erfolgreiche Menschen haben alle ihren Idealzustand (ihre Vision) **schriftlich festgehalten**. Alle wissen über ihre **Stärken und Schwächen** genau Bescheid und sie haben sich **Strategien** entsprechend ihren **Fähigkeiten** erarbeitet. Sie hatten sich passende

Ziele schriftlich notiert. Daraufhin wurde die verfügbare Zeit verplant. Verteilt auf Tage, Wochen, Monate und Jahre. Man spricht von einem optimalen Zeitmanagement, wenn zirka 60 % der Zeit täglich fest verplant sind mit entsprechenden **Aktivitäten** zur Zielerreichung. Diese wurden pünktlich und konsequent abgearbeitet oder entsprechend neu verplant.

Abb. 1: Schritte zur Vision basierend auf „Die logischen Ebenen" (nach Robert Dilts)

9.3.1   Wie Sie sich eine Vision erarbeiten

Sie benötigen einen inspirierenden Platz, Stift und Papier oder Diktiergerät und Zeit. Ziel ist es, dass Sie ein klares emotionales Bild über Ihr Leben in der Zukunft bekommen. Dieses Bild sollte sich in Ihr Bewusstsein einbrennen, damit Sie es nicht wieder vergessen. Es macht Ihnen Freude (Gänsehautgefühl!) daran zu denken. Die Erarbeitung einer Vision kann mitunter auch ein längerer Prozess über mehrere Sitzungen sein. Aber es lohnt sich.

Eine der nachstehenden Fragen könnte Ihnen den Einstieg ins Träumen für Ihre berufliche oder private Zukunft erleichtern. Ziel ist es dabei nicht, alle Fragen einfach nur emotionslos zu beantworten!

- Wie sieht die Firma/Struktur/Umfeld in meinem Wunschjahr konkret aus?
- Was werde ich dann in diesem Unternehmen machen?
- Wie sieht mein Tages-/Wochenablauf in meiner Vision aus?
- Woran erkennt der Kunde/Partner, dass ich die Vision lebe?
- Woran erkennt der Kunde, dass meine Mitarbeiter die Vision leben?
- Woran erkenne ich, dass ich meine Vision lebe?
- Was bewirkt meine Vision für mich?

Wenn Sie eine Vision nicht für sich, sondern für Ihr Unternehmen oder für andere Beteiligte (Team, Partner etc.) ausgearbeitet haben, sollten Sie bei der Formulierung darauf achten, dass beteiligte Personen sich damit 100%ig identifizieren können.

Nun können Sie mit dem nächsten Schritt starten.

9.3.2   Wie Sie Ihre Zwischenziele formulieren können

Die Vision, also das obere Ende der Leiter, steht und Sie benötigen nun strategische Zwischenziele, also Sprossen mit dem richtigen Abstand, damit Sie sich Ihrer Vision zielstrebig nähern können. Ein Ziel ist nur ein Zustand. Sie oder Ihr Team wissen noch nicht, wie Sie dort hinkommen!

1. Diese Zwischenziele können **qualitative Ziele** (Menschen, Zeit, Leben) sein. Sie beantworten das Warum.
2. Es können **berufliche oder materielle Ziele** sein. Diese Ziele geben Aufschluss darüber, was passieren muss, um 1. zu erreichen,
3. Es können **Entwicklungsziele** persönlicher oder geschäftlicher Natur sein. Diese Ziele bringen Sie auf den Weg, um 2. zu erreichen.

Damit eine maximale Zielerreichung für Einzelpersonen oder Teams gewährleistet ist, muss bei der schriftlichen Zielformulierung genau auf Folgendes geachtet werden:

1. Sie beziehen das Ziel auf sich selber; die Formulierung ist also **PERSÖNLICH** („Ich …") gehalten.
2. Sie ist **POSITIV** formuliert.

3. Sie ist in der **GEGENWART** geschrieben, also so, als ob Sie das Ziel schon erreicht haben.

> **Schriftliche Zielformulierung**
>
> **Ich** bin **jeden Tag fit und gut gelaunt**, weil ich nur **86 kg wiege** und das **fühlt sich richtig gut an**!

Warum das Ganze genau so? Ihr Unterbewusstsein erkennt keine Negation. Sie wird einfach ausgeblendet. Im Change-Prozess ist eine positive Denkweise sehr wichtig, da es unter Umständen schon negative Erfahrungen gibt.

> **Positiv formulieren**
>
> „Bitte nicht mehr so wie früher machen!" heißt übersetzt: „Bitte gerade so weitermachen wie bisher!".

9.3.3 So planen Sie Ihre Aktivitäten

Damit Sie Ihre Ziele auch erreichen, benötigen Sie entsprechende Aktivitäten für sich und auch andere. Da nicht alle Aktivitäten gleichzeitig stattfinden können, müssen Prioritäten gesetzt werden.

Das Eisenhower-Prinzip hilft Ihnen: Jede einzelnen Aktivität nach zwei getrennten Sichtweisen prüfen.

* Wie „Wichtig" ist diese Aktivität für die Zielerreichung? Also, wie groß ist der Schritt Richtung Ziel?
* Wie „Dringend" ist diese Aktivität für die Zielerreichung. Also, wie hoch ist der Zeitdruck, diese Aktivität sofort zu machen?

Ich empfehle Ihnen eine Tabelle. Die Aktivitäten lassen sich dort sortieren, nach Themen filtern und gleichzeitig haben Sie ein fortlaufendes Protokoll für mögliche Besprechungen und zur Fortschrittsmessung.

Aktivitäten - Liste

Datum:

vom	Beschreibung	Verant-wortlich	erledigt bis	Fort-schritt

Abb. 2: Aktivitäten-Liste

9.4 Werte und Motive

„Wenn Du ein Schiff bauen willst, dann trommle nicht Männer zusammen um Holz zu beschaffen, Aufgaben zu vergeben und die Arbeit einzuteilen, sondern lehre die Männer die Sehnsucht nach dem weiten, endlosen Meer." (Antoine de Saint-Exupéry)

Ein passendes Wertemanagement ist für den Change-Prozess unabdingbar. Ihre Werte und Motive beeinflussen mögliche Verhaltensweisen und Ziele. Sie haben Einfluss auf Einstellungen, Verhalten, Ergebnisse und wirken sich damit auf den Erfolg des Change-Prozesses voll aus.

Das richtige Wertemanagement ist Voraussetzung für Verantwortung und Übernahme durch die beteiligten Personen. Wenn unterschiedliche Werte im Unternehmen oder im Team vorliegen, wird keine Einigung stattfinden und es entstehen Wertekonflikte die jegliche Prozesse lahm legen, demotivieren und Beziehungen zerstören. Haben Sie als Einzelperson einen Prozess vor, der nicht zu Ihren Werten passt, werden Sie auch nicht vorwärts kommen.

Scheitern vorprogrammiert

Um eine völlig neue Struktur zu kreieren, muss sehr viel neues Wissen angeeignet werden. Selber ist man aber nicht so wissbegierig und geht ungern auf Schulungen oder liest Bücher.

In Unternehmen spielt die Kultur eine wesentliche Rolle. Sie können aber auch Ihre persönliche Kultur definieren. Beides gelingt mit folgender Kulturanalyse, deren Basis zwei Ausprägungen sind:

- **Feedbackgeschwindigkeit:** Wie schnell geben Sie anderen Menschen eine Rückmeldung über Ergebnisse und Maßnahmen?
- **Risikobereitschaft:** Wie sicher sind Sie, dass ein Ergebnis erreicht wird bzw. eine Situation passiert?

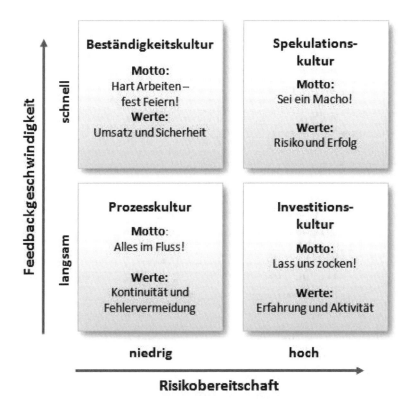

Abb. 3: Unternehmenskulturanalyse

Weitere Details zu Werten finden Sie im Kapitel 9.9.

Ihre positiven Werte und Motive bestimmen auch die Unternehmenskultur und den Informationsfluss im Prozess. Sie wollen Kunden begeistern? Sie sorgen sich um Ihre Mitarbeiter? Sie wollen rentabel arbeiten? Ihnen ist Qualität und Gesundheit wichtig? Sorgen Sie im Ergebnis für ein positives Image. Dieses Image macht Ihr Unternehmen attraktiv, bindet Ihr Personal und hilft Ihnen bei der Kunden- und Personalsuche.

9.5   Die Ist-Analyse

„In allen Dingen hängt der Erfolg von den Vorbereitungen ab." (Konfuzius)

Damit ein Change-Prozess erfolgreich geplant werden kann, sollten Sie wissen, woher Sie kommen, also Ihre Ausgangssituation kennen. Dazu ist eine Ist-Analyse nötig. Nachfolgend finden Sie Beispiele für aussagefähige Ist-Analysen, mit denen Sie Ihren Änderungsbedarf einschätzen und Ihre Konkurrenz unter die Lupe nehmen können:

9.5.1   Änderungspotenziale erkennen

Damit Sie ein möglichst objektives Bild von Ihrem Unternehmen bekommen, sollten Sie sich eine aussagekräftige Übersicht, am besten in Tabellenform, erstellen. In den **Zeilen** der Tabelle halten Sie Ihre Produkte, Branchen oder Dienstleistungen fest. In den **Spalten** tragen Sie folgende Bezeichnungen ein:

Mögliche Spaltenüberschriften für Bewertung nach Produkt, Branche oder Dienstleistung	
• Umsatz	• Tendenz
• Branchenvielfalt	• Personalkompetenz
• Personaltendenz	• Personalausbau
• Verkaufsaufwand	• Risiko
• Deckungsbeitrag	• Interner Aufwand
• Kundenpflege	• Wettbewerbsdruck
• Eigene Motivation	• Qualitätsanspruch
• Wettbewerbsentwicklung	• Flexibilität

In den Zeilen bewerten Sie mit 1, -1 oder 0. „1" steht für gut, „-1" für schlecht, die „0" steht für durchschnittlich/neutral.

Beispiel
Verkaufsaufwand gering: „1" weil das für das Unternehmen gut ist.

In einer Spalte „Summe" addieren Sie die Zahlen innerhalb der Zeile zusammen. Sie erkennen dann aufgrund des Rankings, für welches Produkte, welche Branche und welche Dienstleistung es sich lohnt, einen Change-Prozess zur Optimierung anzustreben.

	Umsatz	Deckungs-beitrag	Verkaufs-aufwand	Wettbewerbs-druck	Tendenz	Summe
Produkt A						
Produkt B						
Produkt C						

Die Tabellenvorlage können Sie auch von allen Mitgliedern Ihres Führungsteams, vom Vertrieb und vom Kundenservice ausfüllen lassen. Sie können jetzt jeweils die Zeilen (sortiert nach Produkten, Branche oder Dienstleistung) pro Befragter untereinander in eine Gesamttabelle mit gleicher Struktur kopieren und ganzheitlich aus Mitarbeitersicht auswerten.

9.5.2 Markt und Marktteilnehmer analysieren

Um andere Anbieter zu analysieren, holen Sie sich so viel Informationen wie möglich im Vorfeld ein, und zwar über Internetsuchmaschinen wie z. B. Google, das Handelsregister, Angebotsvergleiche, Messen, Veranstaltungen. Nur wer alle Marktteilnehmer und deren Entwicklung bestmöglich kennt, kann Fehler im Change-Prozess und der Unternehmenssteuerung vermeiden.

Legen Sie eine Tabelle mit folgender Struktur an. In der **Zeile** halten Sie den Namen des Wettbewerbers fest. In den **Spalten** tragen Sie folgende Begriffe ein:

Mögliche Spaltenüberschriften für Bewertung nach Mitbewerbern sind:	
• Umsatz	• Produkt/ Bereich 1
• Produkt/ Bereich 2	• Produkt/ Bereich 3
• Vertrieb	• Mitarbeiteranzahl
• Werbung	• Qualität F+E
• Erfahrung	• Preis/Leistung
• Lieferung	• Qualität Produkt
• Maschinen	• Service
• Wachstum	• Qualität Personal

Auch hier bewerten Sie mit 1, -1 oder 0.

> **Beispiel**
> Viel/gute Werbung = -1, weil das für uns nicht gut ist.

Sie analysieren sich selber nach den gleichen Bewertungsverfahren. Nun können Sie vergleichen und erkennen die Unterschiede zu den anderen Marktteilnehmern. Sie erkennen Ihre möglichen Change-Prozesse direkt, mit denen Sie sich positiv abheben können oder bei denen Handlungsbedarf besteht (Summenzeile gering).

9.6   Nachkalkulation als Grundlage für Change-Prozesse

Gute Firmen überprüfen über Nachkalkulationen von einzelnen Aufträgen, Projekten und Produkten ihre bisherige Rendite. Erfolgreiche Firmen tragen alle wesentlichen Einzelnachkalkulationen in einer Gesamtliste zusammen (wird nachfolgend erklärt). Diese Gesamtanalyse hilft Ihnen dabei, Ihre wesentlichen Bereiche, wie Vertrieb, Unternehmens- und Bereichsentwicklung, Einkauf, Produktion und Dienstleistung, Service und Personal zu steuern und mögliche Defizite zu erkennen.

Für die Beseitigung dieser Defizite können Sie Change-Prozesse oder Strategien definieren und Sie erhalten gleichzeitig Kennzahlen und Faktoren, um den Fortschritt im Prozess zu messen und zu prüfen.

Damit Change-Prozesse in der Tabelle leicht erkannt werden, sollte Ihre Gesamtnachkalkulationsanalyse wie folgt aussehen:

In jeder Zeile wird nur ein Auftrag, ein Produkt oder eine Dienstleistung erfasst.

Damit Sie Ihre Gesamttabelle sinnvoll füllen und analysieren können, benötigen Sie je nach Unternehmen verschiedene Spalten. Anbei folgende Vorschläge als Hilfe für die allgemeine Analyse :

Mögliche Spaltenüberschriften für die allgemeine Analyse	
• Genaue Bezeichnung des Auftrags	• Kunde
• Monat	• Branche
• Region	• Art des Auftrags
• Absatzmittler/Empfehler	• Kundenverantwortlicher
• Projektverantwortlicher/Vorarbeiter	• Kalkulator
• Einkäufer	• Maschine/Bereich

Folgende Spalten müssen mit speziellen Auftragsdaten gefüllt werden, um sie dann zu analysieren:

Mögliche Spaltenüberschriften für spezielle Auftragsdaten	
• Materialkosten	• Maschinenkosten
• Fremdleistungskosten	• Anzahl Stunden Bereich X
• Personalkosten Bereich X	• Umsatz

Folgende mögliche Spalten können mit Ihren internen betriebswirtschaftlichen Formeln versehen werden und dienen dann ebenfalls der Analyse:

• Herstellungskosten	• Anteil Material in %
• Anteil Fremdleistung in %	• Anteil Personalkosten in %
• Deckungsbeitrag in %	• Deckungsbeitrag in EUR
• Deckungsbeitrags je Stunde	• Umsatz je Stunde

Die nachfolgende Abbildung ist lediglich ein Auszug aus einer Gesamtliste. Mögliche Spalten wurden im Vorfeld definiert. Die Tabelle muss an die Besonderheiten jedes Unternehmens angepasst werden.

Nachkalkulation 2011

Kunde	Art	Region	Monat	Verant-wortlich	Kalkul ator	Material-/ FL-kosten	Masch.-kosten	Projekt Std.	Personal-kosten	Herstell-kosten	Verkaufs-preis netto	Mater. in %	Masch. in %	Perso. in %	DB in Euro	DB in %	WS/Std.
Summenzeile						0 €	0 €	0	0 €	0 €	0 €	%	%	%	0 €	%	
									0 €	0 €					0 €		
									0 €	0 €					0 €		
									0 €	0 €					0 €		
									0 €	0 €					0 €		
									0 €	0 €					0 €		
									0 €	0 €					0 €		
									0 €	0 €					0 €		

Abb. 4: Nachkalkulationsanalyse

Mit dieser Gesamttabelle sind Sie in der Lage, alle Wertschöpfungsprozesse zu durchleuchten. Sie können eine Summenzeile einbauen. In dieser Zeile werden dann ∅-Werte pro Spalte ermittelt. Sie können jetzt Kennzahlen einzelner Zeilen ins Verhältnis zur Summenzeile setzen. Sie erkennen so sofort überdurchschnittliche Aufträge, aber auch Aufträge, die schlecht gelaufen sind.

Sie erkennen Ihre Erfolgsfaktoren (besser als ∅) und können Strategien und Change-Prozesse für den Vertrieb, die Produktion, den Einkauf, die Organisation und Werbung bestimmen.

Speziell für Ihr Marketing ist es wichtig herauszufinden, welche Absatzkanäle (Plattformen, Empfehler, Agenturen etc.) für die Auftragsgewinnung hauptsächlich verantwortlich sind und wie werthaltig (hoher Deckungsbeitrag) die Kanäle sind.

Sie schaffen mit der Nachkalkulationsanalyse gleich die Grundlage für zukünftige Vorkalkulationen und die gesamte Unternehmensentwicklung. Ist Ihre Auftragsbuchhaltung gut strukturiert, beträgt der Aufwand für die Erfassung der Daten pro abgeschlossenem Auftrag lediglich Minuten.

9.7   Kunden als Schlüssel zum Change

„Lerne zuhören, und Du wirst auch von denjenigen Nutzen ziehen, die dummes Zeug reden." (Platon)

Kundenansprüche ändern sich mit der Zeit. Unternehmen erleben oftmals nur die **Wirkungen** dessen, z. B. in Form von Umsatzrückgang. Es ist jedoch von elementarer Bedeutung, die **Ursachen** dahinter aufzuspüren, um einen Change-Prozess sauber zu gestalten.

Kundenumfragen sind die effektivste Methode herauszufinden, was die Ursachen für negative Entwicklungen sind, wo Sie zurzeit stehen und wo der Markt sich hin entwickelt. Diese Methode wird von den meisten Unternehmen nicht oder in zu geringem Umfang genutzt.

Erfolgreiche Unternehmen befragen gezielt und

- leiten aus den Ergebnissen dieser Gespräche und Befragungen ihre Forschungs- und Entwicklungsarbeit ab
- passen ihre Kundenbindungs- und -gewinnungsprozesse an
- passen ihren Kundenservice oder die Produktion an

- passen ihren Internetauftritt und die Verkaufsunterlagen und Angebotsschreiben an

Bei den Umfragen erzählen Kunden in ihren Worten, was sie als **Stärke oder Vorteil** der Produkte und Dienstleistungen erkennen. Sie beschreiben den klaren Nutzen, den sie durch Ihr Unternehmen erhalten. Diese kundenorientierten Formulierungen sind die richtige Sprache für Ihre Werbung (Flyer, Homepage, Anzeigen etc.). Sie helfen, das interne „Fach-Chinesisch" abzustellen.

Kundenumfragen sollten **persönlich** über den **Außendienst** oder telefonisch über **Callcenter** ablaufen. Weniger zu empfehlen ist eine schriftliche Befragung, da hier die Zwischentöne nicht hörbar sind.

Außerdem können Sie bei Kundenumfragen gleichzeitig die Chance für weitere Akquise oder das Empfehlungsmarketing nutzen.

9.8 Personal und Potenziale

„Die Basis für Erfolg und Motivation ist: Der richtige Mensch, mit dem richtigen Wissen, zur richtigen Zeit, am richtigen Ort." (Frank Amhoff)

Sie erhalten einige Eckdaten zur tatsächlichen Leistungsfähigkeit über Ihr Personal aus den im Vorfeld erstellten Nachkalkulationsanalysen.

9.8.1 Mitarbeiterbefragung

Wenn Sie Ihr Unternehmen optimieren möchten und nach Ansatzpunkten für Change-Prozesse suchen, ist es immer von großer Bedeutung zu erfahren, wo die Belegschaft gerade steht, was für sie wichtig ist und wie sie empfindet. Nichts liegt da näher, als die Mitarbeiter darüber in Einzelgesprächen zu befragen.

Bei einer Mitarbeiterbefragung sollten Sie Folgendes beachten:

- Bei Bedarf sollte Anonymität zugesichert werden.
- Alle Abfragen sind nach einer Skala (Schulnoten oder Plus-0-Minus) klar zu beantworten.
- Es gibt Platz für weitere Anregungen, die ausdrücklich als erwünscht gelten sollten.
- Folgende Bereiche können bewertet werden:

- Geschäftsführung (Vision, Mission, Verhalten, Ziele, Führung, Informationsfluss)
- Führungskraft (Verhalten, Führung, Informationsfluss)
- Team (Zusammenarbeit, Ergebnisse)
- Abläufe in der Verwaltung oder Produktion
- Qualität
- Aus- und Fortbildung
- Kunden
- Arbeitsplatz
- Sozialräume
- Unternehmen allgemein

- Erfassung der Fragebögen über Tabellen, somit können Sie pro Frage die Ø-Werte ermitteln. Change-Prozesse stehen an, wo im Durchschnitt schlechte Werte ermittelt werden oder wo viele einzelne Werte schlecht sind.
- Möglicher Vergleich zu Werten aus Vorjahresbefragungen (Mögliche Bestätigung von erfolgreichen Change-Prozessen).
- Durchsicht der persönlichen Anregungen und vorläufige Identifizierung von Change-Prozessen nach Dringlichkeit/Wichtigkeit.
- Zeitnahe Auswertung der Befragung und Mitteilung der Ergebnisse; wenn das nicht geschieht, entsteht Demotivation im Team.
- Führen Sie eine Betriebsversammlung für die Ergebnismitteilung und mögliche Handlungsalternativen durch; wichtig ist hierbei, dass mögliche Change-Prozesse und Budgets avisiert werden; somit spürt Ihr Team, dass Bewegung stattfindet.
- Führen Sie noch positive Einzelgespräche bei personalisierten Fragebögen mit vielen Kommentaren und Anregungen; das motiviert zusätzlich.

Sie erfahren bei der Befragung ganz nebenbei auch, wer Ihre Leistungsträger sind, da diese oft ihren Fragebogen personalisieren und viele Anregungen und Kommentare schreiben.

9.8.2   Leistungsträger und Personalentwicklung

Der italienische Volkswirt Vilfredo Pareto (1848–1923) hat eine Regel erkannt, die auch im Personalbereich greift: Die 80-20-Regel. Sich diese Regel zu verdeutlichen, hilft Ihnen für eine gezielte Personalentwicklung.

- 20 % der Mitarbeiter tragen zu 80 % des Gewinns bei
- 20 % produzieren 80 % der Schadensfälle
- Nur 20 % der Besprechungsteilnehmer tragen in einem Meeting tatsächlich zur Lösung bei
- 20 % der Belegschaft rauben 80 % Ihrer Zeit!

Eine Belegschaft besteht nicht zu 100 Prozent aus Stars, in der Regel haben Sie nur 20 Prozent Stars. Wenn Sie nur weitere 10 % Ihrer Mitarbeiter zu Stars machen (= 50% mehr Stars), werden Sie alle Rekorde brechen. Wenn Sie noch mehr Mitarbeiter gleichzeitig zu Stars machen, könnte es sein, das Sie zeitlich überfordert sind und/oder das Unternehmenswachstum außerplanmäßig abläuft.

Wer Ihre Stars sind und wer die höchsten Potenziale dafür hat, finden Sie unter anderem mit Hilfe einer Analyse (siehe Grafik):

Sie betrachten jeden einzelnen Mitarbeiter unter zwei Gesichtspunkten:

- Wie stufen Sie seine derzeitige Leistung ein (horizontale Achse)?
- Wie stufen Sie sein zukünftiges Entwicklungspotenzial ein (vertikale Achse)?

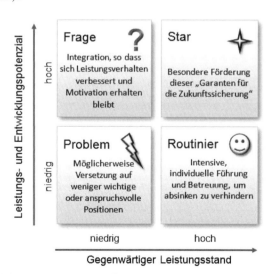

Abb. 5: Potenzial-Portfolio für Mitarbeiter (basierend auf K. Olfert, Lexikon Personalwirtschaft 2008)

9.8.3 Verhaltensstärken, Werte, Kompetenzen und Jobs erkennen

Verhaltensstärken, Werte und Kompetenzen von Mitarbeitern zu messen und mit Sollprofilen zu vergleichen, ist eine perfekte Grundlage für mögliche Change-Prozesse in der Personal- und Teamentwicklung. Folgende Elemente sind dafür nötig:

1. Es gibt eine Arbeitsplatzanalyse für die wesentlichen Stellen im Unternehmen, die klar darüber Auskunft gibt, welche Potenziale, welche Stärken und welche Werte an diesem Platz von Bedeutung sind und welche Fachkompetenzen für die Aufgaben vorhanden sein müssen.

2. Bei Führungsstellen muss zusätzlich festgestellt werden, welche Sozialkompetenzen für den Job wichtig sind.

3. Den Mitarbeitern liegt eine klare Stellenbeschreibung vor. Alle wesentlichen Punkte wie Haupt- und Nebenaufgaben nach Priorität und Zeitaufkommen, Ziele des Arbeitsplatzes oder Bereichs sind klar definiert; Ergebnis aus der Arbeitsplatzanalyse.

4. Vom Stelleninhaber liegt ein objektives Stärken- und Werteprofil (z. B. mit INSIGHTS MDI®) vor und bei Führungsstellen ist zusätzlich eine Kompetenzmessung (z. B. ASSESS®) erstellt worden.

5. Der mögliche Change-Prozess ist gemeinsam, entweder mit der Person oder mit dem Team festgestellt und beschrieben worden (Wer macht was bis wann und woran kann man die Umsetzung messen?).

9.8.4 Kritische Mitarbeiter identifizieren

Prozesse, die nicht rundlaufen, hängen oft an „kritischen" Mitarbeitern. Basierend auf **Zero-Based-Thinking** von Brian Tracy analysieren Sie diese kritischen Mitarbeiter wie folgt:

Stellen Sie sich die Frage: Wenn Sie die ganzen Erfahrungen und Erkenntnisse, die Sie bisher mit dem Mitarbeiter gemacht haben, am Anfang bei seiner Einstellung gehabt hätten, hätten Sie ihn dann eingestellt? Wenn Sie diese Frage mit Nein beantworten, trennen Sie sich am besten von Ihrem Mitarbeiter. Er raubt Ihnen sonst auch weiterhin Ihre Energie.

Diese Herangehensweise setzen unsere Kunden mit Erfolg unter anderem auch bei der Analyse von Entwicklungen, Abläufen, Produkten, Kunden und Lieferanten ein.

9.9 Strategieentwicklung

„Der eine wartet, dass die Zeit sich wandelt. Der andere packt sie kräftig an – und handelt." (Dante)

Damit eine passende Strategie für einen erfolgreichen Change-Prozess entwickelt werden kann, ist die Erkennung von Änderungspotenzialen im Produkt- und Dienstleistungsbereich der wesentliche Punkt. Die nachfolgende Grafik kann Ihnen bei der Suche nach notwendigen Change-Prozessen helfen.

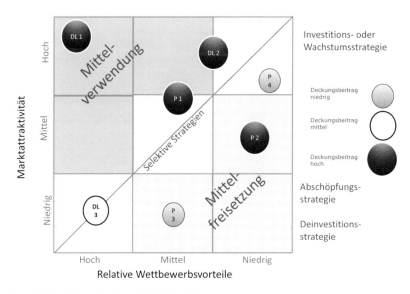

Abb. 6: Strategieplan basierend auf McKinsey-Matrix

Analysieren Sie Ihre Produkte, Dienstleistungen (= x) nach folgenden Kriterien: Wie hoch oder niedrig schätzen Sie und Ihr Team die zukünftige Attraktivität von x ein (vertikale Achse)? Wie hoch oder niedrig schätzen Sie und Ihr Team den zukünftigen Wettbewerbsvorteil von x ein (horizontale Achse)?

Tragen Sie Ihre Produkte und Dienstleistungen ein und Sie erkennen Änderungspotenziale entweder zur Leistungssteigerung (Wachstum) oder zur Kostenreduzierung (Abschöpfung).

Gemeinsam mit Ihrem Team oder alleine überlegen Sie sich dann, wie Sie die bisherige Strategie verändern müssen, damit Sie bestmöglich im Markt performen können oder aus dem Markt ohne Imageverlust herauskommen.

Voraussetzung für eine erfolgreiche Umsetzung ist, dass Sie oder Ihr Unternehmen die Kosten oder den Aufwand für den Change-Prozess vollumfänglich investieren wollen, und Sie von Anfang an bereit sind, die passenden Mitarbeiter an dem Prozess zu beteiligen.

Sie können unter Umständen mehr Zeit für den Change-Prozess definieren. Sie können auch das Budget erhöhen. Was Sie nicht einfach können, ist falsch eingesetzte Personen ohne Schaden ersetzen.

9.10   Informationsfluss und seine Konsequenzen

„Auf die Pauke hauen will jeder. Aber tragen will sie keiner."
(Werner Mitsch)

Der wesentliche Erfolgsfaktor, für den Sie als Initiator eines Change-Prozesses verantwortlich sind, ist das regelmäßige Nachhalten des Prozesses beim Change-Prozess-Team. Sie sollten hierfür:

- genügend Zeit und Budget einplanen
- eine positive Einstellung zeigen
- wissen, ob der Change-Prozess-Fortschritt im Plan ist
- wissen, ob es allen Beteiligten gut dabei geht
- regelmäßig Feedback geben und nehmen
- bei Bedarf mit Freude kurzfristig unterstützen
- im großen Ganzen aber das Team den Change-Prozess machen lassen
- eine klare Zielerreichung mit dem Team feststellen
- Ergebnisse an alle weitergeben und ggf. eine Dokumentation erstellen und

- zu einem späteren Zeitpunkt die erfolgreiche Umsetzung nochmals nachhalten

Abb. 7: Ablauf eines Change-Prozesses

Informationsaustausch ist wichtig. Er sollte effektiv ablaufen. Dafür empfiehlt sich folgende Vorgehensweise:

1. Vorgespräche mit möglichen Change-Prozess-Beteiligten
2. Moderierte Startveranstaltung in der Großgruppe
3. Einzelgespräche und gemeinsame Ist-Analyse von Bereichen etc.
4. Gemeinsamer Workshop nur mit den Beteiligten des Change-Prozesses (Aktivitätenliste entsteht; siehe Kapitel 9.3)
5. Regelmäßige Feedbackrunden mit den Verantwortlichen (einzeln und/oder in Kleingruppen)
6. Abschlussbesprechung in der Change-Prozess-Gruppe
7. Bekanntgabe der erfolgreichen Umsetzung bei allen betroffenen Bereichen

9.11   Literaturverzeichnis

Bruhn, M., Unternehmens- und Marketingkommunikation; 1. Auflage, München 2005.

Buckingham, M.; Coffman, C., Erfolgreiche Führung gegen alle Regeln; 1. Auflage, Frankfurt 2001.

Christiani, A., Magnet Marketing; 1. Auflage, Frankfurt 2002.

Dilts, R. B., Von der Vision zur Aktion, 1. Auflage, Paderborn 1998.

Kairies, P., So analysieren Sie Ihre Konkurrenz; 1. Auflage, Renningen 1997.

Scheelen, F. M., So gewinnen Sie jeden Kunden; 5. Auflage, Frankfurt 2005.

Tracy, B., Die ewigen Gesetze des Erfolgs; 1. Auflage, Landsberg 2000.

Tracy, B., Thinking Big, 3. Auflage, Offenbach 2000.

Welch, J., Business is simple; 2. Auflage, Landsberg 1996.

10 Unternehmensnachfolge: Chancen und Risiken

Wenn Unternehmen an die nächste Generation übergeben werden sollen, spielen neben den juristischen, wirtschaftlichen und steuerlichen Aspekten, auch die Emotionen der Beteiligten eine große Rolle. Loslassen heißt hier z. B. die Devise für den Übergebenden. Auch die nötigen Potenziale des Nachfolgers sind entscheidend, ob der Übergang von Alt zu Neu erfolgreich sein wird. Drei Beispiele zeigen hier, wie eine erfolgreiche Übergabe von Statten gehen kann, die all dies berücksichtigt, und wie eine Übergabe scheitern kann, wenn dem emotionalen Part zu wenig Beachtung geschenkt wird.

Die Autorin

Seit vielen Jahren begleitet Ortrud Tornow bundesweit Unternehmen im Change-Prozess und hat sich insbesondere der Aufgabe verschrieben, erfolgreiche Unternehmensnachfolgen durch eine stringente Betreuung zu gewährleisten. Die Unternehmensberaterin ist gelernte Bankkauffrau und seit 1989 Trainerin im Bereich Personalmanagement/Personalführung. 2009 wurde sie geschäftsführende Gesellschafterin der dta international - development - talents und habilitis. Heute führt sie gemeinsam mit einem festen Stamm an Trainerkollegen und Netzwerkpartnern das deutschlandweit agierende Erfolgstrainings-Institut Ortrud Tornow & Partner in Fulda.

Kontakt:
Ortrud Tornow & Partner –
Unternehmens- und Mitarbeiterentwicklung,
Am Rosengarten 26, 36037 Fulda,
Tel.: +49 (0)661-72500,
E-Mail: info@tornow.de, Homepage: www.tornow.de

10.1 Unternehmensübergaben: Einschneidende Change-Prozesse

Seit einigen Jahren ist bundesweit eine steigende Zahl von Betriebsübergaben zu verzeichnen. Rund 70.000 Familienunternehmen stehen jährlich zur Übergabe. Die Anzahl der Übergaben an Familienmitglieder sinkt und rund ein Viertel dieser Unternehmen wird stillgelegt, weil kein geeigneter Nachfolger gefunden wurde.

Es ist allgemein bekannt, dass eine Unternehmensnachfolge rechtzeitig eingeleitet werden sollte. Doch die Praxis sieht anders aus: Wenngleich steuerliche, finanzielle und rechtliche Aspekte rechtzeitig bedacht werden, werden die vom Change-Prozess betroffenen Menschen oftmals besonders auf emotionaler Ebene nicht rechtzeitig ins Boot geholt. Um jedoch erfolgreiche Übergaben umzusetzen, sind insbesondere auch auf der Beziehungsebene zahlreiche Regeln zu beachten. Vermieden werden sollten mangelndes Informationsmanagement und fehlendes Commitment der im Prozess Beteiligten.

Konflikte können natürlich während dieses Prozesses der Unternehmensübergabe nicht gänzlich ausgeschlossen werden. Wenn man jedoch einige objektive Betrachtungsweisen beherzigt, können sie deutlich eingegrenzt werden. Der gezielte und rechtzeitige Einsatz von Führungs- und Managementinstrumenten, wie beispielsweise eine offene und ehrliche Kommunikation zwischen den Beteiligten, Objektivität in Entscheidungsprozessen, Beachten von persönlichen Wünschen und Visionen, ein gemeinsames Ziel definieren, hilft, die Übergabe reibungsloser zu gestalten.

Das Gegenteil ist jedoch meistens der Fall. Leider wird den emotionalen Kompetenzen der Beteiligten zu wenig Beachtung geschenkt. Hierbei unterstützen Persönlichkeitsmodelle, eigene und fremde Emotionen besser zu verstehen und damit umgehen zu lernen.

Anhand von drei Fallbeispielen soll in diesem Beitrag gezeigt werden, welche Chancen und Risiken gleichermaßen mit einer Übergabe, respektive Übernahme verbunden sind. Betrachtet werden: die Übergabe innerhalb einer Familie und an Fremdgeschäftsführer sowie die rechtzeitige Besetzung von Schlüssel-Positionen im Konzern.

- Fragen wie „Wer soll den Betrieb übernehmen?" sind beispielsweise in vielen mittelständischen Betrieben an der Tagesordnung, in der die Nachfolge nicht durch eigene Kinder gesichert ist.

- Eine Unternehmensübergabe findet auch beispielsweise bei einer Übernahme eines Unternehmens durch einen Konzern oder eine Holding statt. Hier gilt es insbesondere, die Mitarbeiter mit auf den Weg des Change-Prozesses zu nehmen, um einen reibungslosen Übergang zu gewährleisten. Mitarbeiter sind Träger der Unternehmensphilosophie nach innen und außen.

- Die Unternehmensnachfolge kann auch dann Konfliktpotenzial bieten, wenn der Nachwuchs zum Zuge kommen soll.

Ziel in allen drei Beispielen ist eine erfolgreiche Unternehmensnachfolgeregelung und damit der erfolgreiche Fortbestand des Unternehmens. Dabei wird immer eine Unternehmensentwicklung auf Basis gemeinsamer Werte angestrebt.

Emotionen bestimmen die Qualität des Fortbestandes des Unternehmens wesentlich mit. Klarheit in der Strategieausrichtung aller Beteiligten, Klarheit in der Kommunikation aller Beteiligten und vor allem, sich der daraus folgenden Konsequenzen für den eigenen Kompetenzbereich bewusst zu sein, sind Dreh und Angelpunkt für den Erfolg. Deutliche Darstellung von Zielsetzung, Motivation und Kommunikation im Prozess der Unternehmensnachfolge sind ebenso wesentliche Voraussetzungen. Die Relevanz dieser Punkte wird anhand der drei Unternehmenssituationen belegt und aufgezeigt, wie sich der Status quo zu Beginn des Change-Prozesses darstellte und in welcher Weise die Autorin lenkend und moderierend den Weg zu einem positiven Ergebnis begleiten konnte.

Die wichtigsten Voraussetzungen einer erfolgreichen Nachfolge

- Ängste und Gefühle des Übergebers und Übernehmers müssen bereits zu Beginn des Prozesses bedacht werden.
- Klarheit und Konsequenz in der Durchführung sind Dreh- und Angelpunkt.
- Nur geeignete Nachfolger sichern den Unternehmensfortbestand. Sowohl die psychologischen als auch die betriebswirtschaftlichen Probleme müssen zeitgleich betrachtet und in kompromissfähige Lösungen umgesetzt werden.

10.2 Die familiäre Unternehmensnachfolge – Ein Fallbeispiel

10.2.1 Die Ausgangssituation

Das Unternehmen, dessen Produktportfolio die Bekleidungsbranche bedient, besteht seit 1976 und befindet sich gerade am Ende eines Trennungsprozesses. Die bisherigen Firmeninhaber haben nach 25 Jahren die Firmenanteile aufgeteilt. Beide Firmen agieren nun unabhängig voneinander im Markt. Sebastian Schäfer[7], einer der Firmeninhaber, koppelte einen Wirkungskreis aus, entwickelte neue Technologien für seine Zielgruppe. Eine Bereicherung hierfür ist sein Sohn Thomas, der mit dem Ziel in die Unternehmungsgeschicke einbezogen wurde, das Unternehmen in 2013 erfolgreich zu übernehmen und fortzuführen. Der Inhaber hat das Ziel, sich in Zukunft sukzessive aus der Geschäftsleitung zurückzuziehen. Die Herausforderung besteht nun darin, in diesen Prozess des Generationenwandels alle Mitarbeiter mit einzubeziehen, um Missverständnisse vorzubeugen und weiterhin ein vertrauensvolles, effektives Miteinander zu gewährleisten. Zeitgleich und erschwerend hinzu kommt in dieser Situation ein Auftragsrückgang durch das Rezessionsjahr 2009.

10.2.2 Notwendige Maßnahmen

Schäfer Senior, der Spannungen zwischen ihm und seinem Sohn bemerkte, zog mich ins Vertrauen. Ebenso sichtlich unzufrieden war auch sein Sohn mit der Situation. Auch er bat mich um ein vertrauliches Gespräch.

Es trat deutlich zutage, dass es ihm schwer fiel, neben seinem Vater überhaupt wahrgenommen zu werden. Es schien ihm, als könne er sich nicht entfalten. Die langjährige Praxiserfahrung seines Vaters war stets Maßgabe für die Mitarbeiter und ihn, was zu tun sei. Der Sohn hatte somit selten die Chance, eigene Entscheidungen zu treffen und somit auch zu wachsen. Zur Reflexion seiner Person und zum besseren Begreifen seines Handelns, Fühlens und Denkens entschied ich mich, eine Profilanalyse durchzuführen. Auf dieser Basis begleitete und ent-

---

[7] Die Namen aller genannten Personen in diesem Beitrag sind frei erfunden.

wickelte ich gezielte Strategien für die Position des Geschäftsführers in diesem Unternehmen.

Die Analyse ergab: Der Senior ist in seiner Art einer der Visionäre der alten Garde, der mit Unternehmergeist und Mut die Firma gegründet hat. Sein Sohn ist eher impulsiv und es gilt für ihn, Weitblick zu entwickeln, den ein Unternehmer heute benötigt.

Mir fiel immer wieder auf, dass der Sohn mehr Energie in Aktivitäten aufbrachte, *um damit* entweder seinem Vater zu imponieren oder ihn zu provozieren, anstatt strategisch wichtige Akzente zu setzen. Wie also sollte er aus dem starken Sog des Vaters herauskommen? Wie konnte er sich entwickeln? Dazu war es für mich wichtig, auch mit dem Vater zu arbeiten: Sich als Vater zurücknehmen, um somit dem Sohn mehr Freiräume zu schaffen, stand dabei im Fokus. Wir haben hier intensiv mit dem SIZE Success-Modell gearbeitet, um die Fähigkeiten, Stärken und Grenzen beider Beteiligten gleichermaßen besser zu erkennen und zu verstehen.

SIZE Success basiert auf den wissenschaftlichen Erkenntnissen der Transaktionsanalyse Eric Bernes und seiner Nachfolger sowie auf der klassischen Entwicklungspsychologie. Das SIZE Success Anforderungsprofil wird auf Grundlage der wissenschaftlichen Erkenntnisse und Konzepte der Transaktionsanalyse und des SIZE Success Persönlichkeits- und Führungsmodells erstellt. Dieses Anforderungsmodell ist eine Analyse der verschiedenen Stärken, Charaktereigenschaften, Begabungen und Ressourcen, die von einem Bewerber oder Mitarbeiter an dem analysierten Arbeitsplatz gefordert werden.

Im Beispiel waren die unternehmerischen aktiven Fähigkeiten beim Senior eher gepaart mit stabilisierenden und bewahrenden Fähigkeiten, beim Sohn dagegen eher mit kreativen revolutionären Fähigkeiten. Das zeigte, dass zwei starke Persönlichkeiten aufeinander trafen.

Gerade in der Nachfolge bei Familienunternehmen ist es schwer, zwischen privaten und beruflichen Rollen zu differenzieren. Der Fall zeigt in besonderer Weise *die Hürden*, die entstehen, wenn Kinder in die Firma ihrer Eltern eintreten.

In familiengeführten Unternehmen wird eine Komponente zu wenig berücksichtigt: die Emotion. Je näher mir ein Mensch steht, desto weniger lässt sich objektiv und neutral handeln. Der Umgang mit den eigenen Emotionen und den der anderen Beteiligten wird dann ein zentrales Thema. Die Kompetenz, die sachliche, rationelle Situation von der Beziehungsebene klar trennen zu können, ist ein ganz entscheidender Schritt in der Weiterentwicklung aller Beteiligten in familiengeführten Unternehmen. Sie kann sensibilisiert und entwickelt werden. Persönlichkeitsmodelle unterstützen diesen Prozess. Alle Beteiligten werden sich damit der eigenen Wahrnehmungsart und ihrer Gefühle bzw. deren Auswirkungen auf die reale Situation und den gemeinsamen Zielen bewusster.

Meine Rolle als Prozessbegleiterin bestand auch darin, mit den Beteiligten Handlungen zu analysieren, zu reflektieren und gemeinsame Umsetzungsstrategien zu entwickeln. Wenn äußere Abläufe geändert werden müssen, weil sie nicht mehr akzeptabel sind, oder neue Anforderungen gestellt werden, gilt es, die eigenen Denkmuster zu ändern. Dann ändern sich allmählich auch die Verhaltensmuster im Umfeld. Das eigene Denken zu ändern, heißt, zu den *eigenen* geistigen Ressourcen Kontakt zu bekommen, in dem man sein Wissen über die äußeren Tatbestände ständig erneuert (Rationalität) und/oder wenn man einen intensiven Bezug zu sich selbst aufbaut und die eigene Emotionalität nutzt.

Wie sollte in unserem Fall ein entsprechendes Organigramm aussehen?

Wenn Kinder die Geschäftsführung übernehmen sollen, ist es aus meiner Erfahrung sehr wichtig, die Kompetenzen klar zu verteilen, also darauf zu achten, dass der Nachfolger im Organigramm über den anderen Führungspersönlichkeiten steht. In unserem Beispiel wurde der Sohn mit den Teamleitern gleich gestellt, ein altgedienter Mitarbeiter erhielt sogar mehr Handlungskompetenzen als der eigene Sohn. Bei Schäfer senior spielte dabei die Emotionalität eine große Rolle, ganz nach dem Motto: „Kann mein Sohn, den ich von klein auf kenne, das überhaupt?" Ein Gedanke, der im familiären Kontext häufig vorkommen dürfte. Hierbei ist es wichtig, sich von alten Denkmustern zu lösen und den Unterschied von Sach- und Beziehungsebene zu akzeptieren. Wichtig ist es gleichermaßen, objektiv auf Prozesse zu schauen und sie kritisch auf ihre Zukunftstauglichkeit zu überprüfen. Transparenz in der Kommunikation mit den Mitarbeitern und gezielte Mitarbeiterführung, Feedbackgespräche und Kontrolle dürfen nicht außer

Acht gelassen werden, um Missverständnisse und Irritationen auszuschließen.

10.2.3 Heutiger Status quo

Heute, drei Jahre später, steht das Unternehmen wieder solide da. Vater und Sohn haben sich aufeinander zubewegt. Als ich seinerzeit den ersten Workshop mit dem Thema „Wo stehen wir, wo wollen wir hin, wie wollen wir mit unseren Mitarbeitern umgehen?" absolviert habe, konnte ich deutlich erkennen, wie unterschiedlich die beiden an das Thema herangingen. Jetzt sind sich die beiden in folgenden Fragen einig: Wie wollen wir uns strategisch ausrichten, welche Vertriebsaktivitäten sollen wahrgenommen werden, welche Ziele wollen wir verfolgen? Mitarbeiter sollen zu mündigen Mitarbeitern weiterentwickelt werden. Der Vater unterstützt auf Anfrage seinen Sohn. Er ist noch präsent, er hat sich jedoch aus dem täglichen Geschäft zurückgezogen.

Je mehr Emotionen, je mehr Gefühl, desto wichtiger ist die Objektivität in Entscheidungsprozessen. Klarheit, Abstand und deutliche Trennung von Beruf und Privatem in Familienunternehmen sind daher Dreh- und Angelpunkt. Aufgrund falscher Rücksichtnahme auf die Befindlichkeiten aller am Prozess Beteiligten werden in Familienunternehmen die unterschiedlichen Wertvorstellungen, Wünsche, Bedürfnisse und unterschiedlichen Vorstellungen von Lebenskonzepten gar nicht, zu wenig oder zu spät kommuniziert.

Tipps für Übergaben innerhalb der Familie

Folgende Fragen sollten bei der Übernahme bzw. Übergabe von Unternehmen innerhalb der Familie klar beantwortet werden:

- Welche Erwartungen kommen auf den Nachfolger zu?
- Hat er die Fähigkeiten, diese Erwartungen zu erfüllen?
- Will er überhaupt in diese Position?
- Sehe ich meine Kinder objektiv und neutral?
- Und als Dreh- und Angelpunkt: Kann und will ich loslassen, vertraue ich den Fähigkeiten meiner Nachfolger?

10.3 Unternehmensnachfolge durch Geschäftsführer – Ein Fallbeispiel

10.3.1 Die Ausgangssituation

Seit sechs Jahren begleite ich ein Unternehmen aus der Maschinenbaubranche. Der Unternehmenschef, Emil Reinert, hatte sich Ende 2006 zum sukzessiven Rückzug aus dem Unternehmen entschieden. Nachfolger aus der eigenen Familie gibt es nicht, zwei Geschäftsführer sind im Einsatz. Sie begleiten die Firma seit der Gründung und von diesen wünscht sich der agile Unternehmer, das Unternehmen auch in Zukunft als schlagkräftiges, stabiles, ertragreiches und innovatives Unternehmen am Markt zu platzieren. Herr Reinert beauftragte mich, die Vorbereitungen zum Wechsel zu begleiten.

Nach meinen Erfahrungen zum Thema Nachfolgeregelungen gibt es einige Parameter, die sich ungünstig auf eine zufriedenstellende Nachfolgeregelung auswirken:

- Keine gemeinsame Kommunikationsbasis
- Kein gemeinsames Wertesystem
- Kein gemeinsames Problembewusstsein
- Andauernde Verunsicherungen bei allen Beteiligten durch ständigen Strategiewechsel
- Mangel an Vertrauen
- Die Zeitstruktur wird zu wenig bedacht: Es ist zu früh, zu spät oder es geht zu schnell

Das Fallbeispiel zeigt deutlich auf, was passiert, wenn diese Punkte nicht berücksichtigt werden.

In einem Workshop mit den beiden Geschäftsführern ging es zunächst darum, eine Ist-Soll-Analyse durchzuführen. Ein Hauptthema war das Aufbauen von Vertrauen: Vertrauen seitens des Firmeninhabers in die Geschäftsführer und umgekehrt. Vertrauen kann man bekanntlich nicht befehlen, sondern es muss erarbeitet werden. Was sich auch als sehr schwer herausstellen sollte ... Regelmäßige Treffen fanden zwar statt. Entscheidungen gemeinsam treffen war jedoch schon schwerer: Wenn der eine mehr Gas gab, trat der andere umso mehr auf die Bremse.

Das hatte zur Folge, dass der Firmenchef nicht mehr alles im Vorfeld mit den Geschäftsführern diskutierte. Dadurch entwickelten sich negative Emotionen und destruktive Verhaltensweisen gegenüber dem Firmenchef. Was wiederum dazu führte, dass Vertrauen auf keiner der beiden Seiten aufkommen konnte. Ein Teufelskreis.

Die Geschäftsführer hatten den Wunsch, stärker in Entscheidungsprozesse des Seniorchefs eingebunden zu werden. Da kein regelmäßiger Austausch stattfand, konnten die Geschäftsführer manches nicht nachvollziehen und damit nicht verstehen und unterstützen.

10.3.2 Notwendige Maßnahmen

Je eher eine Sensibilisierung für das eigene Fühlen, Denken und Handeln gewährleistet ist, desto schneller werden alle Beteiligten in der Lage sein, Situationen aus einem anderen Blickwinkel wahrzunehmen. Handlungen und Prozesse können durch eine Sensibilisierung bewusst, realistisch und ganzheitlich gesteuert werden.

Damit eine einheitliche Kommunikationsbasis und ein gemeinsames Verständnis innerhalb der Führungscrew entwickelt werden konnte, haben wir aufbauend auf unseren ersten Ist-Soll-Workshop während des gesamten Prozesses der Nachfolgeregelung mit dem SIZE-Success Modell gearbeitet.

Das Teamprofil zeigt die folgenden Persönlichkeiten mit ihren Stärken und Potenzialen nach dem SIZE Success Modell:

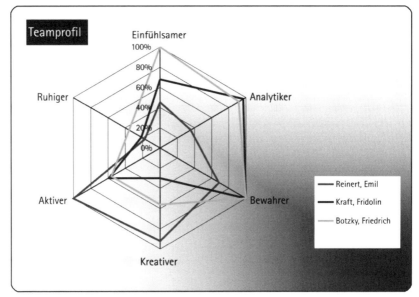

Abb. 1: Teamprofil

Daraus ergab sich folgendes Ergebnis:

Die aktiven unternehmerischen Anteile, die im Schwerpunkt der Unternehmenschef bisher mit Energie besetzt und gezeigt hatte, müssen bei den Geschäftsführern entwickeln werden. Oder es muss gewährleistet werden, dass diese Energien von extern geliefert bzw. eingekauft werden.

Mit einem ersten Maßnahmenplan haben wir diesen dreitägigen Workshop beendet:

- Neues Organigramm und Zuständigkeiten klären
- Abteilungen neu strukturieren
- Die Qualität konkreter formulieren
- Ziele formulieren

Ein neues Commitment zwischen der Geschäftsführung und dem Seniorchef wurde vereinbart:

- Entscheidungen gemeinsam treffen
- Klare Strukturen
- Konstruktive Kritik (4-Augenprinzip im Geschäftsführer-Kreis)

- Regelmäßige Kommunikation und Information
- Konstruktiver mit Konfliktsituationen umgehen

Das Beispiel zeigt eine der Gefahren in Nachfolgeregelungsprozessen dieser Art. Kein Vertrauen in die Geschäftsführung. Wie kommt es aber dazu? Der Ausgangsfall zeigt es:

Das SIZE Success Managementprofil ließ im Fall deutlich erkennen, dass die unternehmerisch aktiven innovativen Fähigkeiten beim Seniorchef Reinert sehr stark ausgeprägt sind. Anders bei seinen Geschäftsführern. Hier überwogen analytische Anteile. Diese sorgen für Ausdauer, kritisches Hinterfragen und benötigen Struktur und Ordnung. Das wirkt sich natürlich auch dem Umgang mit Mitarbeitern aus. Die Bereitschaft, sich verändern zu wollen und zu können, sind wichtige Eigenschaften für eine erfolgversprechende Zukunftsorientierung eines Unternehmens. Im Ausgangsfall ist dies in der Leitungsebene nicht in dem erforderlichen Maße vorhanden. Das lang gelebte Hierarchiemodell und nicht entwickelte oder nicht abgeforderte Führungs- und Managementqualitäten in der Geschäftsführung führten im Fall darüber hinaus zu aufgestauten Emotionen und nicht bewältigten Konflikten. Diese zeigten sich als nicht „reparabel" und führten schließlich zu der schweren Entscheidung, einen externen Nachfolger zu suchen. Das wurde auch vom Firmenchef mit den Geschäftsführern hinreichend kommuniziert und besprochen.

Die Geschäftsführer wurden seinerzeit Geschäftsführer, ohne dass ein konkretes Anforderungsprofil bzw. Jobdesign formuliert und mit ihnen besprochen wurde. Nun wurde mit einer Arbeitsplatzanalyse ein Anforderungsprofil/Stellenprofil mit Hilfe des SIZE Success Modells für die Nachfolgerrolle des Geschäftsführers erarbeitet. Dabei ging es darum, den potenziellen Nachfolger zunächst als Assistenten des Geschäftsführers einzustellen und ihm so die Möglichkeit zu geben, sich in die Aufgaben einzuarbeiten und dann später die Gesamtgeschäftsführung zu übernehmen.

Als Assistent der Geschäftsführung wurde *eine Person* gesucht, der viel Energie in den Bewahrer-Anteilen seiner Persönlichkeit und aktiv unternehmerische Fähigkeiten mitbringt.

Hier das gewünschte Profil:

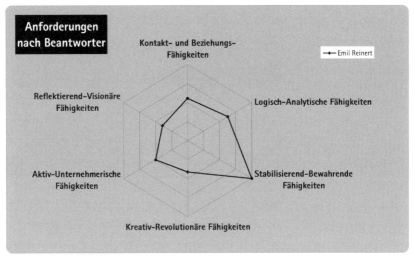

Abb. 2: Anforderungsprofil nach dem SIZE Success Modell

Die Stelle wurde ausgeschrieben. Es gingen mehrere Bewerbungen ein. Nun konnte mit Hilfe des Anforderungsprofils sowie des Persönlichkeitsprofils der Bewerber geprüft und geklärt werden, ob und inwieweit ein Bewerber den Anforderungen entsprach.

Hinweis

Das Anforderungsprofil beschreibt, welche Fähigkeiten die Person für die nun neu definierte Position, zunächst als Assistent, später als Geschäftsführer mitbringen sollte.

Das Persönlichkeitsprofil beschreibt Ausprägungen von Persönlichkeitsaspekten und ihren Einfluss auf das Verhalten und Fühlen, Denken und Handeln in den täglichen Interaktionen.

Beispielhaft soll das Verfahren an einem Bewerber, Theo Scheibl, gezeigt werden. Hier die Gegenüberstellung der angeforderten und tatsächlichen Fähigkeiten von Herrn Scheibl.

Profil von Theo Scheibel:

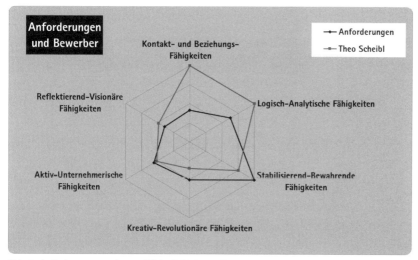

Abb. 3: Anforderungen und tatsächliche Fähigkeiten Theo Scheibl

Herr Scheibl entspricht mit seinen Fähigkeiten im Bereich der aktiv unternehmerischen Ausprägungen gut den Anforderungen. Deutliche Abweichungen gibt es im Bereich der Kontakt- und Beziehungsfähigkeiten sowie bei den logisch analytischen Fähigkeiten. Bei den stabilisierend-bewahrenden Fähigkeiten bleibt Herr Scheibl deutlich unter den Anforderungen an diese Stelle. In seiner Gesamtpersönlichkeit und den Ausprägungen der Fähigkeiten entspricht Herr Scheibl nicht optimal den Anforderungen der Stelle. Die Entscheidung: Insgesamt decken sich die Stärken und Begabungen von Herrn Scheibl nicht mit den Anforderungen.

Anders bei dem Bewerber Carl Spohn.

Profil Carl Spohn:

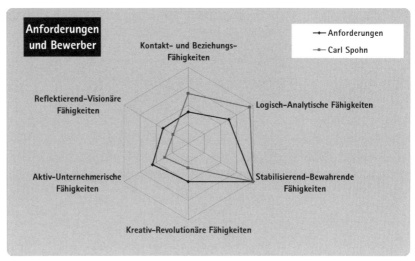

Abb. 4: Anforderungen und tatsächliche Fähigkeiten Carl Spohn

Herr Spohn entspricht mit seinen Fähigkeiten im Bereich der Stabilisierend-Bewahrenden Fähigkeiten exakt den definierten Anforderungen. Im Bereich der Kontakt- und Beziehungsfähigkeiten sowie bei den logisch-analytischen Fähigkeiten übertrifft er sogar die Anforderungen. In seiner Gesamtfähigkeit und der Ausprägung entspricht Herr Spohn gut den Anforderungen dieser Stelle, wenn es ihm gelingt, die aktiven unternehmerischen Fähigkeiten weiter zu entwickeln. Er passt nahezu perfekt auf das ermittelte Anforderungsprofil des Unternehmenschefs. Herr Spohn ist ein Mensch, der eigenständig und selbstständig agiert.

Während der Vorbesprechungen zum Einstellungsgespräch machte ich Herrn Reinert darauf aufmerksam, dass dieser potenzielle Mitarbeiter und Assistent an der „Langen Leine" geführt werden sollte. Die Persönlichkeitsausprägungen von Herrn Spohn zeigen auf, dass es ihm wichtig ist, Handlungsfreiräume zu haben. Herr Reinert muss also lernen, von Anfang an loszulassen und Herrn Spohn auch Entscheidungsfreiräume zu geben. Ansonsten besteht die Gefahr, dass Herr Spohn nicht lange bleiben wird.

Der Unternehmenschef musste nun also das Wichtigste und gleichermaßen Schwierigste umsetzen, das es für einen erfolgreichen Unternehmer gibt: **Loslassen!**

Auch mit Herrn Spohn habe ich das Persönlichkeitsprofil in Bezug auf den neuen Arbeitsplatz besprochen und begleite ihn nun kontinuierlich bei der Umsetzung.

10.3.3 Heutiger Status quo

Die neue Führungskraft Carl Spohn baut auf Bestehendes auf, gibt klare Strukturen vor, informiert, nimmt die Menschen mit ins Boot, fördert Eigenverantwortung und kontrolliert. Das heißt, er besteht auf die Einhaltung von Vereinbarungen. Die Geschäftsführer stehen hinter ihm, er genießt bereits nach kurzer Zeit das Vertrauen der Mitarbeiter. Der Unternehmer selber hat gelernt loszulassen und nimmt Abstand. Zum ersten Mal in seiner Unternehmerzeit genießt er Urlaub ohne Mail- und Telefonkontakt mit dem Büro. Die Zusammenarbeit wird auch weiterhin funktionieren, denn es existierte bereits nach kurzer Zeit eine gemeinsame Kommunikationsbasis, ein gemeinsames Wertesystem. Mittlerweile ist Herr Spohn Geschäftsführer. Er versteht es, die anderen Geschäftsführer für ein gemeinsames Problembewusstsein zu sensibilisieren und schaffte Vertrauen innerhalb der heutigen Führungscrew.

10.3.4 Ein Fazit

„Wasch mich, aber mach mich nicht nass", diese Einstellung erlebe ich in vielen Unternehmen, die inhabergeführt sind und in denen jahrelang ein kollegiales und nettes Miteinander herrschte. Mit den Anforderungen im Markt zu wachsen, bedeutet jedoch auch, einen konstruktiv kritischen Blick auf die Fähigkeiten der Beteiligten und Anforderungsprofile, auf zukünftige Aufgaben – gerade in der Unternehmensführung – zu richten. Hier ist das Platzieren eines Feedbacksystems ein wichtiges Instrument. Das heißt, es ist wichtig, die Erwartungen an die Arbeitsqualität und die damit verbundenen Anforderungen an den jeweiligen Mitarbeiter klar zu formulieren und abzufordern.

Ein regelmäßiger Ist-Soll-Abgleich in der Form eines Feedbackgespräches unterstützt den Entwicklungsprozess. Auf diese Form wird meistens gerne aus Rücksicht auf ein gut freundschaftliches miteinander verzichtet.

Für eine gelungene Nachfolgeregelung ist es wichtig, die tatsächliche Aufgabenbewältigungsreife und die psychologische Reife aller Beteiligten zu berücksichtigen. Je mehr Führungs- und Unternehmensverantwortung übertragen werden soll, desto wichtiger ist es, abgeben zu lernen und Vertrauen in die Nachfolger zu entwickeln. Der geeignete Nachfolger braucht Führungs- und Managementqualitäten, wie etwa strategisches Denken und Handeln. Das Fördern von Veränderungen, Ermöglichen einer Top-Performance geht einher mit professionellem Umgang mit Wissen, Informationen und gezielter Weiterentwicklung im Bereich ganzheitlichen systemischen Denken und Handelns.

10.4 Nachfolgeregelung in Konzernstrukturen – Ein Fallbeispiel

10.4.1 Die Ausgangssituation

Ich begleite seit drei Jahren ein börsennotiertes mittelständisches Unternehmen aus der Softwarebranche, auf seinem Gebiet Marktführer. Zahlreiche Auszeichnungen zeugen von der herausragenden Kundenpflege. Das Unternehmen wurde von einem indischen Konzern aufgekauft und agiert seit einem Jahr unter dessen Dach. Der Vorstand in Deutschland konnte jedoch weitgehend autark bleiben.

Als ich 2009 beauftragt wurde, ging es zunächst darum, die hohe Fluktuation im Unternehmen einzudämmen. Die Mitarbeiter im Bereich Technik für den Support oder Vertriebsmitarbeiter waren zwar hervorragend eingearbeitet und verfügten über eine hohes Know-how, verließen jedoch das Unternehmen sehr bald.

Das Unternehmen hat bundesweit 30 Gesellschaften. Jede Gesellschaft wurde von einem Geschäftsführer geführt. Die Geschäftsführer waren Unternehmer im Unternehmen.

Bei genauer Betrachtung verfolgte jede Gesellschaft ihre eigene Philosophie – die nicht immer konform mit den eigentlichen Unternehmenskonzepten war. Eine dogmatische und nicht transparente Haltung der meisten Geschäftsführer führte dazu, dass Wissen, Know-how und Image sich ausschließlich in der Person des Geschäftsführers bündelten. Mitarbeiter wurden nicht weiter entwickelt. Dadurch entstanden Machtverhältnisse und Abhängigkeiten.

Sie fragen sich, was hat das Ganze mit Nachfolgeregelung zu tun? In den Gesellschaften waren die Geschäftsführer teilweise schon 15 bis 20 Jahre aktiv. Es ging also darum, neue Strukturen einzuführen, die es ermöglichten, auch bei einem Geschäftsführerwechsel Image und Wissen im Unternehmen zu behalten. Ein klassisches Problem von Nachfolgeregelungen in Konzernen.

10.4.2 Notwendige Maßnahmen

Um mehr Transparenz in den Niederlassungen zu erhalten, wurde als erste strategische Maßnahme in den Gesellschaften jeweils ein Kaufmännischer Leiter etabliert, der sich um die Zahlen kümmern sollte. Der Geschäftsführer sollte sich folgerichtig mehr auf den Vertrieb und die Mitarbeiterführung konzentrieren. Konzerndenken erfordert einheitliches Agieren und Reagieren im Markt in allen Regionen. Alleingänge fördern Irritationen im Markt. Wenn einheitliches Vorgehen und die Kommunikation im Unternehmen auch in Richtung Vorstand funktioniert hätte, wäre diese Maßnahme nicht notwendig gewesen.

Eines der Ziele unserer Zusammenarbeit war es, Mitarbeiter weiter zu qualifizieren, um geeignete Nachfolger bzw. Stellvertreter der Geschäftsführung in den Gesellschaften zu platzieren. Ein Kick-off-Meeting mit allen Geschäftsführern hatte das Ziel, Netzwerkarbeit, Transparenz und internes Benchmarking zu forcieren.

Folgende Fragestellungen ergaben sich dabei: Wie können wir die Unternehmensphilosophie zum Leben erwecken? Wie sorgen wir in Zukunft für mehr Transparenz, mehr Kommunikation und einheitliche Information? Wie empowern wir unsere Mitarbeiter? Wie können wir mit den „Machtverhältnissen" in den Gesellschaften besser umgehen bzw. diese aufteilen? Wie garantieren wir Qualität, Marktpräsenz und Langfristigkeit konzernweit?

Der Vorstand entschied sich dafür, dass wir zunächst die Ebene der Geschäftsführer sensibilisieren sollten für die Themen: Mitarbeiterführung, Nachhaltigkeit in der Unternehmensentwicklung und Mitarbeitermotivation. Eine offene und ehrliche Feedbackkultur existierte nicht. Die Geschäftsführer wurden vom Vorstand bis dato nie bzw. selten reglementiert, es sei denn, die Zahlen stimmten nicht.

Um für nachfolgende Prozesse eine gemeinsame Grundlage aus einem anderen Blickwickel zu betrachten, zu analysieren, zu reflektieren und Lösungen zu finden, hat sich der Vorstand für das SIZE Success-Modell entschieden. Ebenfalls wurde entschieden, allen 180 Führungskräften im Haus dieses Instrument zur Verfügung zu stellen. Gefördert werden sollten damit die Eigenreflektion und die Erstellung einer Ist-Soll-Aufnahme eigener Kompetenzen. Die Führungskräfte sollten damit die Möglichkeit erhalten, das eigene Handeln im Hinblick auf Effektivität und Effizienz in Bezug auf die Konzernziele zu analysieren und zu reflektieren, um Führungs- und Managementaufgaben in der täglichen Praxis gezielter wahrnehmen zu können. Die erste Ebene zeigte unterschiedliche Reaktionen. Einige Geschäftsführer waren dankbar, Instrumente zu erhalten, mit denen sie gezielter und wirkungsvoller vorgehen konnten. Andere versuchten, die Prozesse zu blockieren.

Bei vielen Geschäftsführern überwogen die stabilisierenden bewahrenden Fähigkeiten in hohem Maße. Was heißt das? Das Denken dieser Persönlichkeiten ist stark auf Werte, Normen, Überzeugungen, Ansichten und Meinungen ausgerichtet, und sie tauschen diese gerne und mit großem Engagement mit anderen aus. Sie haben eine klare Auffassung von richtig oder falsch. Sie halten gerne an ihren anerkannten Werten fest.

Durch die Übernahme des indischen Konzerns konnte die Deutsche Gesellschaft zwar ziemlich autark agieren, jedoch zwangen die neuen Strategien und Vorgaben zu einem schnellen und stringenten Vorgehen.

Führungskräfte der zweiten Ebene wurden im Anschluss zum Thema Führungs- und Managementqualitäten im Konzern trainiert. In einigen Gesellschaften fruchteten diese Aktivitäten. Das heißt, die zweite Ebene war bereit zu wachsen, Veränderungen anzugehen. Die Führungskräfte der zweiten Ebene wurden jedoch zum Teil von einigen ihrer Vorgesetzten blockiert und durch mangelnde offene und ehrliche Kommunikation gehindert. Noch während die erste Schulungs-Etappe der zweiten Ebene lief, begann der Vorstand mit der ersten Ebene Zielvereinbarungs- und Mitarbeitergespräche zu führen. Der Vorstand setzte sich aus zwei Personen zusammen. Herr Robert Rauh, erst seit drei Jahren in diesem Konzern, selbst mit Konzernerfahrung, wurde als Finanzchef eingesetzt, mit ausgeprägten logisch-analytischen Fähigkeiten sowie mit aktiv-unternehmerischen Fähigkeiten im SIZE Success Modell. Herr Markus Braun ist schon länger im Unternehmen für den Vertrieb verantwortlich, mit ausgeprägten Kontakt- und Beziehungsfähigkeiten und aktiv-unternehmerischen Fähigkeiten. Herr Markus Braun pflegte eine große Vertrautheit und zum Teil intensive Beziehungen zu Geschäftsführern. Beide Vorstände haben in der Führung und so auch in den Mitarbeitergesprächen unterschiedliche Qualitätsansichten vertreten.

Während Herr Rauh konsequent IST-SOLL aufzeigte und auf der Basis vorhandener Defizite Zielvereinbarungen traf, ging Herr Braun. sanfter vor und vermied zum größtenteils eine direkte Konfrontation. Das führte zu „Insellösungen", die von den Gesellschaften nach wie vor akzeptiert wurden.

Die Vorstände sprachen keine einheitliche Sprache. Ein Vergleich ihrer SIZE-Profile zeigte, dass sie sich sehr gut ergänzten, wenn beide sich auf ein klares Ziel konzentrierten und Vereinbarungen, die sie getroffen haben, auch konsequent einheitlich umsetzten. Diese Chance wurde jedoch nicht wahrgenommen.

Bei einer Betriebsprüfung traten schließlich „Unregelmäßigkeiten" in einer Gesellschaft zutage, die sich auf das gesamte Unternehmen und seine Zahlen auswirkten.

Die indische Konzernleitung erwartete Gegenmaßnahmen. Herr Markus Braun wurde vom Aufsichtsrat zur Verantwortung gezogen und musste das Unternehmen verlassen.

Herr Robert Rauh hätte seinen Vertrag verlängern können, verzichtete jedoch darauf. Der Geschäftsführer der Gesellschaft wurde mit sofortiger Wirkung freigestellt. Er nahm zahlreiche Kunden mit sowie einige enge Mitarbeiter und agierte öffentlich massiv gegen das Unternehmen. Ein Nachfolger war nicht vorhanden. Da der ehemalige Geschäftsführer die meisten Kunden an seiner Person gebunden hatte, waren diese Kunden für den Konzern verloren.

10.4.3 Heutiger Status quo

Die aktuelle Parole konzernweit lautet heute: One Company. Der heutige Vorstand setzt sich zusammen aus einem Vertriebsvorstand, der sehr emotional agiert, einem weiteren Vorstandsmitglied, das sehr klar und autokratisch führt, und einem Finanzchef, der vor Ort nicht präsent ist, da er in Indien im Stammkonzern arbeitet.

Die zweite Ebene hat die Führungsinstrumente in ihrem Einflussbereich recht gut umgesetzt und sie sorgen, soweit sie können, für Stabilität bei ihren Mitarbeitern. In einigen Gesellschaften erfahren sie nun auch echte Unterstützung durch ihren Geschäftsführer.

Eine klare einheitliche Vorgabe von Seiten der Konzernführung fehlt nach wie vor. Das führt natürlich zu zahlreichen Unsicherheiten bei den Mitarbeitern bis hin zum Kunden.

10.4.4 Ein Fazit

Gerade in einem Konzern ist es wichtig, ganzheitlich und nachhaltig zu agieren.

Eine Vernachlässigung von Know-how-Transfer auf andere Personen holt Unternehmen spätestens dann ein, wenn Know-how-Träger das Unternehmen verlassen. Drei wesentliche Fähigkeiten gilt es zu etablieren: Zielklarheit, Transparenz, Konzernfähigkeit. Das bedeutet für Unterorganisationen, sich einzuordnen und den vorhandenen Strukturen und Werten anzupassen. Nachhaltige Unternehmensentwicklung braucht Menschen, die bereit sind loszulassen und zu investieren in Menschen, die die Zukunft gestalten. Das gilt für Mittelständler und für Konzerne gleichermaßen.

11 Verantwortung und ihre Bedeutung für Veränderungsprozesse

Verantwortung in der Führung zu übernehmen bedeutet, für das eigene Handeln und darüber hinaus das Handeln Fremder, also der Mitarbeiter, einzustehen. Führungskräfte sind Verantwortliche, aber auch Beteiligte und Betroffene. Zu erkennen, wann man als Führungskraft in seiner Verantwortung gefordert ist, kann Veränderungsprozesse maßgeblich erfolgreich gestalten. Die konkrete und die gelebte Übernahme von Verantwortung der Führungskraft in einem Change-Prozess ist der Schlüssel, der die Türen zu allen Instrumenten des Change Managements öffnet. Wie das gelingen kann, zeigt dieser Beitrag.

Die Autorin

Annette Mateoi ist HR Competence Partner bei der cts. companion to success GmbH in Neuss. Sie entwickelt zusammen mit den Unternehmen mittel- bis langfristige Personal- und Organisationsentwicklungskonzepte, deren ROI messbar, nachhaltig und überdurchschnittlich erfolgreich sind. Sie konzipiert und führt Trainings, Coaching und Beratungs-/Begleitungsprozesse insbesondere für Sales und Service Organisationen. Frau Mateoi verfügt über diverse Zusatzqualifikationen, z. B. im Bereich NLP, Mediation und Coaching.

Kontakt: CTS - Companion To Success GmbH,
Cyriakusplatz 1, 41468 Neuss,
Tel.: +49 (0) 21 31 - 12 00 90, E-Mail: cts@cts-companion.de,
Homepage: www.cts-companion.de

11.1 Verantwortung: Die Verpflichtung Sorge zu tragen

Verantwortung im Philosophischen Diskurs beginnt beim Alten Testament: Der Mensch ist Gott gegenüber zu Gehorsam verpflichtet.

Ihre Verankerung im christlichen Glauben erfolgt über die Annahme „man werde für sein moralisches Verhalten von den höchsten Richtern zur Verantwortung gezogen".

In die neuzeitliche Ethik findet der Begriff etwa in Kants „Kritik der praktischen Vernunft" Einzug. Der kategorische Imperativ „Handle so, dass die Maxime deines Willens jederzeit zugleich als Prinzip einer allgemeinen Gesetzgebung gelten könnte", ist nichts anderes als durch Verstand und Vernunft begründetes verantwortliches Handeln.

Nach dem deutschen Soziologen Max Weber „... müssen wir uns klar machen, dass alles ethisch orientierte Handeln unter zwei von einander grundverschiedenen, unaustragbar gegensätzlichen Maximen stehen kann: es kann „gesinnungsethisch" oder „verantwortungsethisch" orientiert sein". Für ihn ist es also ein Gegensatz, ob der Mensch nach Gesinnung (Religion, Ideologien, Werten ...) handelt oder ob er für die Folgen seines Handelns aus Verantwortungsgründen aufkommt.

Ausgehend von den Begriffen der Verantwortungs- und Gesinnungsethik nach Max Weber, wonach die Verantwortlichkeit der Führungskraft in einem Change-Prozess in ein kritisches Spannungsfeld gelangt, stellt sich die Frage: „Wem gegenüber hat der Manager Verantwortung?" Sind es einzig und allein die Unternehmensziele? Sind es die Mitarbeiter? Und in welchem Maße? Gilt es hier auch, Balance zwischen der Gesinnungs- und Verantwortungsethik zu halten?

Verantwortung setzt bewusstes Handeln in kausale Zusammenhänge.

- Geht es um die Maximierung der monetären Ziele als Grundannahme in einem Unternehmen, und gilt der Leitsatz Prozesse, Strukturen, Regeln und Profit in den Vordergrund zu setzen, so verschiebt sich die Verantwortlichkeit in der Perspektive des Betrachters weg vom Mitarbeiter hin zu den reinen quantitativen Unternehmenszielen.

- Steht dagegen eine konstruktive und kooperative Kultur im Miteinander, welche die Potenziale der Menschen entfalten soll, im Mittelpunkt, so gilt sicher die Verantwortlichkeit zu den Mitarbeitern als wesentlich.

- Wie steht es mit den eigenen Werten der Führungskraft? Ist der soziale Antrieb stärker als der ökonomische? Welches eigene Ziel verfolge ich als Führungskraft?

Reflektierend auf diesen Ebenen entsteht ein komplexes Spannungsfeld, mit dem sich der Manager im Change auseinandersetzen muss.

Neben diesem Spannungsfeld ist die Betrachtung interessant, was genau „Erfolg – erfolgreiche Umsetzung des Change-Prozesses" bedeutet. Was konkret ist der Maßstab? Klare Ziele und Rahmenbedingungen können bewusstes und verantwortliches Handeln im positiven Sinne unterstützen. Sind die Ziele und Rahmenbedingungen eher nebulös, so ist es notwendig, als Führungskraft Klarheit zu schaffen und diese transparent zu nutzen und zu kommunizieren.

Die Forderung nach Kongruenz zwischen Kompetenz und Verantwortung erscheint offensichtlich. Der Manager sollte nur für Folgen aus Entscheidungen in seinem Kompetenzbereich verantwortlich gemacht werden. (Mohnen, 2002 S. 32)

Aber welche Entscheidungen in einem Change-Prozess sind die Entscheidungen der beteiligten Führungskräfte? Was liegt wirklich in deren Kompetenzbereich? Oftmals fühlt auch die Führungskraft sich als „Opfer" des ewig stattfindenden Change.

Es besagt, dass ein Entscheidungsträger nur für solche Größen zur Verantwortung gezogen werden sollte, die er durch seine Entscheidungen beeinflussen kann. (Göx/Wunsch, 2003 S. 292)

Betrachten wir einen Veränderungsprozess in einer Organisation, so sehen wir auf Anhieb, dass Entscheider, Beteiligte, Betroffene und Gestalter nicht klar zu differenzieren sind.

Die Führungskraft ist im verstärkten Maße einer ständig wechselnden Rollenbesetzung ausgesetzt. Teils überlappend, teils parallel und dann wieder sequenziell.

11.2 Die Führungskraft als Beteiligte, Betroffene und Verantwortliche – Ein Beispiel

In einem intensiven Coaching mit einer Führungskraft, die sich mit ihrer Organisation mitten in einem umfassenden Veränderungsprozess befand, wurde mir ein umfassendes Bild einer Gruppe Menschen geschildert. Es waren die Mitarbeiter, welche aus Sicht der Führungskraft „...alle in einem Widerstand sind. Ob aktiv oder passiv, keiner meiner Mitarbeiter ist positiv und konstruktiv". Die Managerin, nennen wir sie Frau W., war schier verzweifelt, wusste nicht mit den Problemen, dem „Gemotze" und der Demotivation, die ihr entgegen schlugen, umzugehen. Wir analysierten gemeinsam die Situation auf der Ebene der wahrgenommen vermeintlichen Fakten und auf der Ebene der Emotionen von Frau W.

Wir fanden heraus, dass Frau W. dem „Widerstand", den sie wahrnahm, mit Druck und Rechtfertigungen begegnete. Sie erhöhte dabei die Taktzahl der gesendeten Informationen. Sie wiederholte Erklärungen und Forderungen in Teamsituationen und verstand nicht, dass man sie nicht verstand. Oftmals schauten die Mitarbeiter sich nur an und verließen, ohne etwas zu entgegnen, am Ende „der Ansage" das Meeting. Im Kontakt zu den Einzelnen begegnete man Frau W. mit Neutralität und Beteuerungen, „es sei doch alles in Ordnung, nur die Situation sei sehr schwierig. Man werde den Forderungen von Frau W. nachkommen, selbstverständlich". Dies geschah jedoch nicht. Frau W. machte im Coaching an einigen Stellen einen fast panischen Eindruck. Diese Panik als Emotion angesprochen: „Wovor genau haben Sie Angst?", öffnete die Schleusen. Frau W. berichtete weinend, unter welchem Druck sie stand, welche Befürchtungen sie habe für das Team und die Arbeitsplätze aller. Sie befürchtete das Team werde aufgelöst, wenn es nicht wie gefordert „performt". Weniger die Sorge um ihre Position, die nicht zur Disposition stand, beunruhigte sie, mehr jedoch die Situation von über 50 % ihrer Mitarbeiter. Sie waren vom Senior-Management in einem Meeting als „Ballast" bezeichnet worden, zusammen formuliert mit der Idee, dass in diesem Change-Prozess doch eine gute Gelegenheit läge, diese „Under-Performer" endlich los zu werden. Dieser Zynismus war für sie unerträglich und ging absolut gegen ihr eigenes Wertesystem, welches ökonomisch, aber auch stark sozial getrieben war.

Frau W. war Beteiligte eines Change-Prozesses, Betroffene und Verantwortliche zugleich. In der Praxis war sie nicht mehr fähig, ihre Rollen klar zu definieren und voneinander zu trennen. Sie überlappten ständig und kollidierten mit ihren Werten.

Ihre Reaktion war unbewusstes Handeln, d.h., sie reagierte spontan und unkontrolliert emotional auf Reaktionen ihrer Mitarbeiter (Beteiligte), wurde zur Betroffenen, fühlte sich als Opfer, statt bewusst zu handeln (Verantwortliche).

Nach klarer Definition und Trennung dieser drei Rollen und Hinweisen, diese im Alltag zu erkennen, gelang es Frau W. wieder klar überlegt und bewusst mit ihren Mitarbeitern umzugehen. Sie fand zurück zu ihrer Rolle als Gestalter und Begleiter ihrer Organisation durch den Veränderungsprozess.

Sie informierte in einem Meeting ihre Mitarbeiter umfassend und sachlich über die Bedeutung der Situation und der Leistungen, die vom Team erwartet wurden, ohne Ängste bei den Mitarbeitern zu schüren. Sie sprach über ihre eigenen Emotionen in Bezug auf den Veränderungsprozess und erklärte in wie weit sie als Gestalter positiven Einfluss auf den Change mit dem Team nehmen möchte. Sie erreichte in diesem Meeting eine hohe Vertrauensbasis und erzeugte, wie sich später in Gesprächen mit ihren Mitarbeitern herausstellte, gefühlte Sicherheit. „Unsere Vorgesetzte setzt sich für uns ein, sie ist auch Betroffene, und wird mit uns versuchen das Beste in dieser Situation zu erreichen."

Parallel dazu, und mit großem Effekt für sie persönlich, suchte Frau W. das Gespräch mit den Senior Managern, die die Bemerkung zum „Loswerden der Under-Performer" gemacht hatten. Sie bezog in diesen Gesprächen klare Position, stellte sich vor das Team und wurde gehört.

Das Beispiel zeigt: In der Hilflosigkeit und Verzweiflung, die in Veränderungsprozessen zu Widerstand, Blockaden und Resignation führen können, liegt auch die Chance, sich der eigenen Rolle, Funktion als Führungskraft und der eigenen Verantwortung, die daraus resultiert, bewusst zu werden.

Mit diesem neuen Bewusstsein kann die Verantwortung neu übernommen und gelebt werden.

11.3 Verantwortung aktiv leben und erleben – Ein Beispiel

Die Abteilung eines Konzerns, die wir in einem Change-Prozess begleiteten, kam aus einer Vergangenheit, in der mehrere aufeinander folgende und parallele Veränderungsprozesse über vier Jahre stattgefunden hatten. Diese Zeit war geprägt von negativen Erfahrungen einzelner Mitarbeiter und dem Gesamtteam, die tiefe Wunden hinterließen: So wurden z. B. Mitarbeiter ohne Kommentar entlassen, einige wurden ohne Erklärung aus Teamleitungsfunktionen degradiert und Aufgaben ohne Absprachen neu verteilt.

Die neue Leitung wurde aus den eigenen Reihen zum Bereichsleiter und Verantwortlichen ernannt. Seine Aufgabe war es, diese Organisation in den nächsten 12 Monaten in einen anderen Hauptabteilungsbereich zu integrieren.

Aus den ersten Einzelgesprächen mit den Mitarbeitern ergab sich für uns das Bild einer desolaten Situation. Es herrschten bei vielen Mitarbeitern festgefahrene Einstellungen dem Bereichsleiter gegenüber, die darin gipfelten, dass dieser, nennen wir ihn Herr G., als Verräter aus den eigenen Reihen betitelt wurde, der nur seine eigene Karriere im Blick habe und sicher jetzt nur dafür Sorge tragen werde, einzelne Kontrahenten zu kündigen, um seine Unterstützer zu bevorzugen, die dann mit Sicherheit erfolgreich in den anderen Bereich wechseln könnten.

Herr G., ein 37-jähriger ambitionierter Manager, war über diese Einschätzung seiner Mitarbeiter sehr betroffen. Er hatte so etwas zwar bereits geahnt, jedoch nicht in dieser Härte vermutet.

Gemeinsam reflektierten wir seinen Beitrag zu dieser Situation. Wir kamen schnell zu dem Schluss, dass es sein Engagement und sein Ehrgeiz waren, die von der Mehrheit der Mitarbeiter in vielen Situationen als Verrat gesehen wurden. Die alte Kultur im Unternehmen besagte: Wir halten als Team zusammen und keiner nähert sich dem Senior Management näher als dem eigenen Team. Diese Kultur war eine starke Strömung, die das Team in den vier Jahren der kontinuierlichen Change-Prozesse zusammen gehalten hatte. Vorgesetzte kamen und gingen, aber niemals war einer aus den eigenen Reihen empor gestiegen und hatte „mit denen da oben gemeinsame Sache gemacht".

Herr G. wollte und musste mit seinem Bereich die nächsten Veränderungsschritte gehen, er hatte aber nicht die Akzeptanz seiner Mitarbeiter. Auf der anderen Seite wurde ihm von seinen Vorgesetzten die volle Verantwortung für das Gelingen oder das Scheitern des Prozesses übertragen. Als „Motivationsschub" wurde ihm für den Fall des Gelingens die Position des Hauptabteilungsleiters in Aussicht gestellt.

Um diesen Posten konkurrierte er nun mit seinem Bereichsleiter-Kollegen Herrn S., 45 Jahre.

Wegen dieser prekären Lage wurde es Zeit, das System für die Intervention zu erweitern. Das Senior Management musste mit ins Boot geholt werden und sich der eigenen Verantwortung und Beeinflussbarkeit für den Prozess aus systemischer Sicht bewusst werden. Die Vorstände verstanden ihren Beitrag und ihren Teil der Verantwortung, die auf ihrer Funktion lastete.

Vorstand Herr K. übernahm die Rolle des Initiators und Unterstützers des Gesamtprozesses. In einem Workshop mit dem gesamten Team wurde die Vergangenheit aufgearbeitet. Schritte, Erfolge und auch Fehler seitens des Vorstands wurden offen und ehrlich benannt und erklärt. Erstmals wurden die damaligen Kündigungen angesprochen, für die es notwendige und nachvollziehbare Gründe gab. Ebenso entschuldigte sich der Vorstand K. für die Art und Weise, wie in der Vergangenheit mit Menschen umgegangen worden war – ein, wenn nicht **der** entscheidende Punkt für die Mitarbeiter. Er erklärte, dass es diesmal eine andere Vorgehensweise geben solle, die das Team mit in den Veränderungsprozess aktiv integriere. Deshalb habe er auch eine Führungskraft gewählt, die aus dem Team komme und mit dem Team gemeinsam die Schritte adäquat erarbeiten könne.

Die emotionale Überraschung auf Seiten der Mitarbeiter war groß und ihre Zweifel an der Aufrichtigkeit der Absicht sichtbar.

Im Verlauf der weiteren zwei Tage des Workshops ging es nun aktiv darum, das Miteinander und die Erwartungen an die Führungskraft zu klären. Herr G. legte seinen Wertemaßstab offen und erklärte, was ihm im Miteinander wichtig sei. Er hörte zu, versuchte zu verstehen und zeigte sich mit einem positiven und konstruktiven Menschenbild. Sein Wertesystem und Führungsstil unterstützten den Prozess enorm positiv. Die Mitarbeiter fassten Stunde um Stunde mehr Vertrauen. Sie merkten: Offene Worte, Kritik und Ideen waren ausdrücklich erwünscht. Herr G. selbst stellte sich konstruktiv der Kritik und erklärte seine Sichtweisen und Überzeugungen, ohne sich zu rechtfertigen. Er stellte sich klar als Gestalter und Unterstützer seiner Mitarbeiter in diesem Prozess dar, ließ aber auch keine Unklarheit darüber aufkommen, dass alles im Sinne der Unternehmensziele verlaufen solle.

Herr G. zeigte sich im Prozess hoch empathisch, reflektiert, selbstkritisch und flexibel. Er lebte im Workshop bei allem Druck, den auch er empfand, seine Rolle authentisch und zeigte sich als kooperative Führungskraft, die partizipieren lässt und auch Entscheidungen klar treffen kann, die nachvollziehbar sind. Er übernahm proaktiv Verantwortung für den Prozess, stellte sich verantwortlich seiner Rolle als Führungskraft und bekam durch die Kontinuität seines Verhaltens und seines Führungsstils nach und nach das volle Vertrauen seines Teams.

Er sorgte für einen konstruktiven Übergang seines Bereiches in den anderen Hauptabteilungsbereich.

11.4 Sorge tragen und Sicherheit geben

„Schließe in deine gegenwärtige Wahl die zukünftige Integrität des Menschen als Mit-Gegenstand deines Wollens ein"- Hans Jonas erweitert dadurch den Ansatz Kants und Max Webers in einen „Imperativ, der auf den neuen Typus menschlichen Handelns passt".

Durch Karl-Otto Apels „Prinzipien der Fürsorge und Zukunftsverantwortung" erweitert sich die Verantwortung aus dem zwischenmenschlichen Nahbereich in weitere Systeme und die Folgen des Handelns darauf. Die Diskursethik ist als Konsequenz und als Ergänzung der Verantwortungsethik mit den Prinzipien der Fürsorge zu verstehen. Das bedeutet einen freien Austausch von Thesen und Argumenten, in dem alle Diskursteilnehmer gleichberechtig sind, Unabhängig von Machtposition, Alter, Erfahrung, Geschlecht, Funktion, ...

Ganz konkret bedeutet das für eine Führungskraft im Change: Höre die Beteiligten an! Verstehe sie!

Zu hören bedeutet einen Rahmen zu schaffen, der es möglich macht, sich ohne Bedenken, Befürchtungen oder Angst frei auszutauschen. Im

Change ist es die Phase 4, in der die Emotionen am aktivsten und die Motivation am niedrigsten sind.

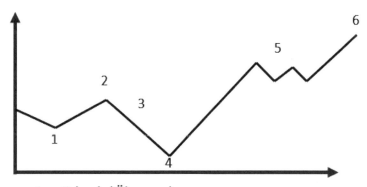

1. Schock / Überraschung
2. Verneinung
3. Rationale Einsicht
4. Emotionale Akzeptanz
5. Ausprobieren
6. Erkenntnis

Abb. 1: Das Phasen-Modell der Veränderung – Change-Kurve – Phase 4: Das Tal der Tränen

Da wo der Widerstand aktiv oder passiv spürbar ist, ist es die Verantwortung der Führungskraft, in den Diskurs zu gehen.

Nach **Habermas** *„ein problematisches Einverständnis, das im kommunikativen Handeln bestanden hat, durch Begründung wieder herzustellen".*

Kommunikation und die Weitergabe von Informationen als Instrument des Change-Prozesses aktiv gelebt, zeigen ein hohes Maß an Übernahme von Verantwortung sowohl dem Unternehmen als auch den Mitarbeitern und sich selbst gegenüber.

- Nehmen Sie die Emotionen Ihrer Mitarbeiter so ernst wie die Ziele Ihres Unternehmens.
- Schaffen Sie eine vertrauensvolle Atmosphäre und geben Sie Sicherheit.

- Rechtfertigen Sie nicht, erklären Sie, informieren Sie. Seien Sie dabei klar und eindeutig.
- Lassen Sie Ihre Mitarbeiter zu Wort kommen.
- Zeigen Sie Verständnis statt Druck auszuüben und Forderungen zu stellen.
- Bedenken Sie: Auf Druck folg meist Widerstand! Gehen Sie mit den Widerständen und transformieren Sie die Energien in Ideen für die Umsetzung Ihres Change-Prozesses.

11.5   Die innere Haltung: Ich bin verantwortlich!

Bei allen Schwierigkeiten, die Führungskräfte auf dem Weg im Change von Seiten der Stakeholder begleiten, ist das eigene Empfinden und die Auseinandersetzung mit den eigenen Rollen maßgeblich für das Gelingen als Gestalter und Unterstützer.

Checken Sie anhand der Change-Kurve Ihren Motivationslevel und Ihre Betroffenheit. Wo stehen Sie im Veränderungsprozess? Wie stehen Sie zu den Veränderungen? Wie viel Verständnis haben Sie für die Emotionen? Oder ist Ihr eigener Stresslevel lange schon zu hoch und es gelingt Ihnen kaum noch neutral als „Katalysator" für die Befindlichkeiten der Beteiligten da zu sein?

Reflektion, sich selbst die Zeit zu nehmen, über diese Punkte nachzudenken und eine Standortbestimmung vorzunehmen, erfordert Zeit. Diese Zeit wird jedoch sehr schnell wieder aufgeholt. Die Erkenntnis, dass das eigene Wertesystem durch die Veränderungen in hohem Maße attackiert werden kann (siehe das Beispiel von Frau W.), kann helfen, eigene Ressourcen wieder zu entdecken und konstruktiv zu aktivieren.

Veränderungen beschränken sich meist nicht auf eine Organisation bzw. auf ein System.

Zu verstehen, dass Veränderungen eine Vergangenheit haben und dass Verletzungen aus der Vergangenheit bearbeitet werden müssen, erweitert die Spanne der Verantwortung, die zu übernehmen ist. Oftmals ist die Führungskraft nicht nur für das eigene Handeln, sondern auch für die Aufarbeitung der Vergangenheit im Change-Prozess verantwortlich (wie bei Vorstand Herrn K.).

Die Gefahr besteht, dass die verantwortlichen Führungskräfte durch die erlebten Dissonanzen zwischen ihren eigenen Werten und den Forderungen des Managements erhöhten Druck wahrnehmen und nicht genau die Ursachen dessen erkennen.

Das eigene Wertesystem und die eigenen Prioritäten klar zu kennen, gibt der Führungskraft Orientierung für das eigene Handeln. Regelmäßige strukturierte Standortbestimmungen, auch in Coachings, bewahren vor aufkommendem Zynismus, der bekämpft werden sollte. Denn: Verantwortung und Zynismus sind keine wirklich konstruktive Kombination im Change.

11.6 Authentizität und Vertrauen

Mitarbeiterbefragungen, die wir vor und auch nach Veränderungsprozessen durchgeführt haben, zeigen deutlich, dass Authentizität im Handeln das Vertrauen fördert.

Ein paar Aussagen von Mitarbeitern hierzu:

Authentizität fördert Vertrauen

„Als ich erkannte, dass Frau W. auch Befürchtungen und Ängste hat, konnte ich mit meinen innerlichen Abwertungen ihr gegenüber aufhören. Als sie uns dann noch klar machte, dass sie sich für jeden von uns einsetzen werde, spürte ich sogar Respekt." *Mitarbeiterin Frau D.*

„Ich hatte nie darüber nachgedacht, dass die Fire-Aktion von vor drei Jahren uns noch so belastet. Als Herr K. sich im Namen des Vorstands für die Art und Weise entschuldigte, fand ich das super und ich nahm ihm das auch ab. Jetzt konnte ich irgendwie wieder für dieses Unternehmen arbeiten und mich einsetzen, ohne ständig daran zu denken, wann es mich trifft." *Mitarbeiter Herr F.*

„Herr G. war immer ein total netter Kollege, aber als er unser Bereichsleiter wurde, dachte ich nur, dieser Spitzel! Noch nie wurde einer von uns Chef. Ich habe ihn fast gehasst! Ich finde, er ist sehr gut mit dieser harten Kritik umgegangen und hat sich nicht rausgeredet. Er und der Vorstand haben uns erklärt, warum einer von uns Chef wurde und warum er. Und das kann ich nachvollziehen. Erst hatte ich trotzdem Zweifel. Jetzt, wo ich sehe, dass er wirklich ein Anliegen mit uns hat und er mit uns zusammen etwas gestalten will, wird's besser. Manchmal hat er die gleiche Wut wie wir, das merkt man. Er verteidigt uns und setzt sich ein, das finde ich gut. Wenn ich ehrlich bin, finde ich nicht, dass er es dem Vorstand recht macht. Vielleicht wird's doch noch was mit uns." *Mitarbeiterin Frau M.*

Fragen wir Führungskräfte, so sagen diese:

„Als ich endlich auch mal gesagt habe: Ich bin nicht einverstanden mit diesen Äußerungen. Ich möchte nicht, dass hier in diesem Rahmen so über meine Mitarbeiter geredet und entschieden wird!, ging es mir schlagartig besser. Ich bin eine Kämpferin und ich setzte mich für meine mir anvertrauten Mitarbeiter ein. Auch wenn es zu meinem Nachteil gewesen wäre. Aber das war es nicht!" *Frau W. nach dem Gespräch mit ihrem Senior Manager.*

„Ich war völlig irritiert, dass alle mich als den Verräter ausgemacht haben, aber gefühlt hatte ich das schon. Die Gespräche mit allen waren ganz schön tough, jedoch verstehe ich, welches Verhalten von mir auch dazu geführt hat. Ich bin froh, dass alle auch verstanden haben, dass meine Intention eine andere ist und dass wir nur gemeinsam unsere Interessen durchbringen werden. Ehrlichkeit ist doch immer der beste, wenn auch härtere Weg." *Herr G. im Rahmen des Change-Prozesses mit seinem Team.*

„Die Art und Weise, wie wir vor vier Jahren mit unseren Mitarbeitern umgegangen sind, war auch eine Katastrophe. Ich war zwar nicht der direkt Verantwortliche, aber jetzt, wo ich mich im Namen des Vorstands bei allen dafür entschuldigt habe, geht es mir wesentlich besser. Das hätten wir viel früher machen sollen, aber wir dachten, das zeigt Schwäche. Doch genau das war es nicht. Ich fühle jetzt viel mehr Verbundenheit von Seiten der Mitarbeiter und ein hohes Commitment für unsere anstehenden Veränderungen." *Vorstand Herr K. nach dem Workshop mit allen Mitarbeitern.*

11.7   Veränderung: Der Schlüssel zu neuen Räumen

- Veränderung ist immer auch loslassen können. Loslassen vom Alten, vom dem was war.
- Neues entsteht durch die Auseinandersetzung mit dem Alten.
- Die Wertschätzung des Vergangenen ermöglicht adäquat Abschied zu nehmen von dem, was auch gut war.
- Dies benötigt individuell Zeit. Jeder in seinem Tempo.
- Empathisches Wahrnehmen der individuellen Befindlichkeiten anderer erhöht das Verständnis und die Nähe zu den Menschen und Mitarbeitern.
- Informieren, kommunizieren und miteinander den Diskurs konstruktiv zu führen, sind Schlüssel für einen erfolgreichen Change-Prozess.
- In einem erfolgreichen Change-Prozess fühlen sich alle Beteiligten integriert und können und wollen Verantwortung übernehmen.

12 Erfolgreiche Change-Prozesse mit Transition Coaching

Eine Frau im Vorstand eines tradierten Unternehmens? Bisher undenkbar – aber machbar, und das sogar gut: Mit Transition Coaching. Der Beitrag zeigt einen so begleiteten Persönlichkeits- und Organisationsentwicklungsprozess. Schritt für Schritt entwickelt sich damit eine Unternehmenskultur zur Lernenden Organisation. Sie lässt zu, dass eine neue Dame im Vorstand ihr Know-how und ihre Stärken so einsetzen kann, dass sie ihre bisherigen Kollegen auf der Basis vorangegangener Zukunftsworkshops erfolgreich abholt.

Die Autorin

Dr. Angelika Hamann ist seit über 30 Jahren als Coach und Unternehmensberater BDU/CMC und Leiterin der dta-Deutsche Trainer- und Führungskräfte-Akademie im Coaching sowie der Aus- und Weiterbildung von Führungskräften, Beratern, Trainern und Coachs erfolgreich tätig. Ihre Schwerpunkte sind Performance Improvement, Persönlichkeits- und Organisationsentwicklung, Change Management, Mediation, Coaching im Topmanagement von Groß- und mittelständischen Unternehmen. Prozessbegleitung bei Nachfolgeregelungen, speziell in mittelständischen Unternehmen und bei Fusionen, ist ein weiteres erfolgreiches Aufgabengebiet. Die Rechtsanwältin mit einem Doktor in Philosophie ist zertifizierter Wingwave Coach® und zertifizierter SIZE Success® Coach und Berater.

Kontakt:
dta-Deutsche Trainer- und Führungskräfte-Akademie GmbH,
Bondenwald 16, 22453 Hamburg,
Tel.: +49 (0)40 - 58 03 09, E-Mail: mail@dta-akademie.de,
Homepage: www.dta-akademie.de

12.1   Nichts ist beständiger als der Wandel

Change Management gehört inzwischen zur Tagesordnung in fast allen Unternehmen. Change Projekte sind nicht mehr nur die „klassisch geplanten" Top down oder sonstige Konzepte. Veränderungen im Unternehmen gehören zum Tagesgeschäft des Managements. Die Herausforderung für die Geschäftsführung besteht darin, das Management für die gestiegenen Anforderungen des Marktes zu sensibilisieren und proaktiv zu sein. Unternehmen müssen anders, innovativer werden.

Gerade in tradierten, konservativen Unternehmen muss das bisherige erfolgreiche Repertoire mit den Elementen Kreativität und Innovation angereichert werden. Change Management bedeutet innovatives Management. Dabei ist die Infrastruktur der Kommunikation das Nervensystem des Unternehmens. Nach Peter Drucker ist Management **Kommunikation**.

12.2   Unser Fall

Man stelle sich vor: Ein Unternehmen im Gesundheitsbereich, das zu den in Deutschland führenden gehört. Es wurde vor mehr als drei Jahrzehnten gegründet. Das Unternehmen ist eine Dienstleistungsorganisation, die deutschlandweit spezialisierte, medizinische Behandlungszentren unterhält.

12.2.1   Weg von der Männerdomäne

Das Unternehmen verfügt über ein Qualitätsmanagementsystem, das kunden-, mitarbeiter- und prozessorientiert aufgebaut ist. Der bisherige Vorstand bestand aus drei Herren:

* dem Vorstandsvorsitzenden, ein anerkannter Fachmann mit hoher fachlicher und menschlicher Kompetenz,
* einem älteren, konservativen, langjährigen Vorstand mit viel Erfahrung und
* einem „Star" auf seinem Fachgebiet, kreativ und innovativ, der aus persönlichen Gründen in den Beirat wechseln wollte und dessen Position damit frei wurde. Es geht dabei um die Bereiche Personal,

EDV-Organisation, Marketing, Vertrieb und die Steuerung der Behandlungszentren.

Ein Vorstandsposten war also neu zu besetzen. Im Beirat fiel die Wahl auf eine Kollegin aus der Minus-1-Ebene, der Geschäftsleitung, die bereits einige Jahre erfolgreich im Unternehmen im Bereich EDV und Organisation tätig ist. Nach der Geburt ihres zweiten Kindes im Juli 2009, nach Ende des Mutterschutzes, ist sie wieder voll aktiv und erfolgreich im Einsatz. Ihr Mann kümmert sich sehr kompetent um die beiden Kinder.

Im Juli 2010 wurde die geplante Nachfolge auf vertrauliche Art und Weise dem Vorstand und der Kandidatin bekannt gegeben. Außerhalb dieses engen Kreises musste über die Kandidatur zunächst strengstes Stillschweigen bewahrt werden. Die Kommunikation in der Betriebsöffentlichkeit bezüglich der Aufnahme der Dame in den Vorstand sollte erst später stattfinden, nämlich zum Datum der Übernahme des Postens, dem 1.2.2011. Als Medium wurde das Informationsblatt, das quartalsweise zunächst an alle ärztlichen Partner geht, gewählt. Dieses Informationsblatt wird – nach Versand an die Ärzte – regelmäßig auch den Leitungen der Verwaltung und der Zentren zugeschickt.

12.2.2 Der Wunsch nach besserer Kommunikation

Bereits im September 2010 hatte ein Strategie- und Zielentwicklungsworkshop als Zukunftsworkshop für den Vorstand gemeinsam mit der ersten Führungsebene Geschäftsleitung stattgefunden. Natürlich war die zukünftige Vorstandsdame aktiv und kompetent dabei. Ihre Kollegen wussten zu dieser Zeit noch nichts über ihre Ernennung zum Vorstand. Schließlich war ja vereinbart, zunächst im Unternehmen nichts offiziell bekannt zu geben. Wir Moderatoren des Workshops waren zwar informiert, mussten aber ebenso Stillschweigen bewahren.

Aus diesem Strategieworkshop folgten dann für die zweite Führungsebene der „Fach- und Führungskräfte" ebenfalls noch so genannte Zukunftsworkshops mit Stärken- und Schwächenanalysen. Deren Ergebnisse wurden anschließend dem damaligen Vorstand gespiegelt. Die Teilnehmer dieser Workshops waren hoch motiviert und engagiert. Als wichtigstes Ergebnis wurde der **Wunsch nach mehr Transparenz, verbesserter Information und gutem Informationsfluss** neben vielen fachlichen Punkten als eines der Hauptanliegen festgehalten. Hinter „vorgehaltener Hand" wurde auch über einen Wechsel im Vorstand gemunkelt. Solche Gespräche wurden jedoch gleich wieder eingestellt, sobald wir Moderatoren in Hörweite kamen.

Als Aufgabe aus den beiden Workshops sollte jede der Workshop-Gruppen ein detailliertes Konzept für eine Vorstandspräsentation mit Hilfe der Moderatoren erarbeiten. Es fand dann eine protokollarische Abstimmung mit den Beteiligten statt, bevor die Berichte an den Vorstand gingen. Der damalige Vorstand beschäftigte sich trotz des starken Weihnachtsgeschäfts mit dem Feedback. Er sprach im Januar 2011 seinen Dank an die Teilnehmer der Workshops aus mit dem Versprechen, die Wünsche soweit möglich und vertretbar in den Führungsalltag zu integrieren.

12.2.3 Die Neue im Vorstand

Am 01. Februar 2011 wurde dann der neue Vorstand, die Dame aus der EDV und Orga, offiziell vorgestellt und eingeführt. Gleichzeitig zog sich der bisherige Positionsinhaber in den Beirat zurück.

Der Vorstand besteht nun also aus zwei Herren, dem relativ zurückgezogenen „Senior" sowie dem aktiven Vorstandsvorsitzenden, und einer noch jungen Frau, einer verheirateten Mutter mit zwei Kindern von zwei und vier Jahren, die jetzt unmittelbare Vorgesetzte von fünf Männern und drei Frauen, davon zwei ehemaligen Kolleginnen im ähnlichen Alter, ist.

Die Aufgaben in der Minus 1-Ebene, der Geschäftsleitung, verteilen sich auf vier Herren und zwei Damen, allesamt eingearbeitete, gestandene Führungskräfte. Sie haben den intensiven mehrjährigen Organisationsentwicklungsprozess aktiv mitgestaltet. Lediglich die Nachfolgerin für den EDV-Bereich wurde von außen dazu geholt.

Im Augenblick ist es im Unternehmen ziemlich unruhig. Die Gesundheitspolitik sorgt für Probleme. Wichtige Behandlungskosten in den Zentren wurden abgesenkt, der Verteilungsschlüssel hoch gesetzt, insgesamt sind Kosteneinsparungen notwendig. Ein Thema, das in den vergangenen Jahren noch keine so große Rolle spielte.

Die Zusammenarbeit im neuen Vorstand ist gut. Die beiden männlichen Vorstände verhalten sich fair gegenüber der Kollegin, war sie doch für den Vorstandsvorsitzenden eine Wunschkandidatin. Der neuen Vorstandsfrau ist es ein wichtiges Anliegen, die Forderungen der zweiten Führungsebene aus den Zukunftsworkshops in ihrer Vorstandstätigkeit weitgehend zu erfüllen und wertzuschätzen. Die Hauptthemen hierbei sind: Transparenz, Information und Kommunikation.

12.2.4 Neuer Vorstand – neues Projekt

Als neuer Vorstand installiert sie das Projekt „Verbesserung der internen Kommunikation im Unternehmen". Zwei ihrer ehemaligen Kolleginnen unterstützen sie mit Konzepten und Vorschlägen. Die neue Kollegin der zweiten Führungsebene beschäftigt sich mit Wissensmanagement.

Hier kommt meine Rolle ins Spiel: Ich begleite die Vorstandsdame dabei mit ‚Transition Coaching'. Der Vorteil: Als langjähriger Berater und Prozessbegleiter im Unternehmen kenne ich die Menschen dort. Es ist durch Kommunikationsseminare, Persönlichkeitsentwicklungsmaßnahmen und einer speziellen Führungskräfteentwicklung in seiner Kultur zu einer Lernenden Organisation geworden. Energie ist vorhanden zur Entwicklung, zur Veränderung. Speziell den Teilnehmern der Zukunftsworkshops aus der zweiten Führungsebene ist es wichtig, mittels Innovation am Ball zu bleiben.

Die neue Frau im Vorstand widmete sich in den ersten 100 Tagen ihrer Berufung der Aufgabe, in Einzel- und Gruppengesprächen die Chancen und Risiken der neuen Führungsfunktion abzugleichen. Sie achtete auf die Beziehungspflege und den Aufbau von Netzwerken und knüpfte tragfähige Beziehungen zu Schlüsselpersonen. Nun geht es darum, effektive Kommunikationskanäle zu erkennen und das neue Team mitzunehmen. Dabei ist wichtig, die Vorstandskollegen, vor allen Dingen auch den Vorstandsvorsitzenden, der sich zurückhält, mit einzubeziehen.

12.2.5 Mit Transition Coaching Tretminen aufspüren

Wichtig für den Coach in einem Transition-Prozess ist: Das Konzept muss die Interessen des Unternehmens **und** des Gecoachten berücksichtigen und so das Risiko mindern, dass dieser auf Tretminen trifft.

Solche können auf der Businessebene gestreut sein: In unserem Fall muss die neue Frau im Vorstand unter Beweis stellen, dass sie die richtige Person auf dieser Position und den Anforderungen gewachsen ist. Sie muss einen strategischen Ansatz entwickeln, wie dieser Bereich zu führen, zu entwickeln ist. Dabei muss sie sich natürlich von vornherein die Fragen stellen: Was sind zu nutzende Ressourcen? Welche Schwierigkeiten können auftreten? Der Blick auf das Ganze ist dabei wichtig.

Einer der wichtigsten Tretminen konnte die neue Vorstandsfrau bereits auf der Organisationsebene ausweichen: Sie kennt aus ihrer bisherigen Tätigkeit und den Workshops auch die ungeschriebenen Gesetze, sie kennt den Vorstandsvorsitzenden und den zweiten Vorstand und bezieht die Vorstandskollegen voll mit ein. Sie ist in der Lage, als aufgestiegene Kollegin bestehende Beziehungen auf der nächsten Ebene zu pflegen und auch auf dieser Ebene Netzwerke aufzubauen. Aufgrund der speziellen Weiterbildung in den Kommunikationsseminaren kann sie relativ schnell so genannte Kommunikationskanäle erkennen und angemessen darauf eingehen.

Tretminen auf der persönlichen Ebene können sein: Die Person muss zur neuen Funktion passen. Von der Persönlichkeitsstruktur her ruht die Frau in sich mit hohen analytischen und ethischen Anteilen und gleichzeitig auch mit viel Einfühlungsvermögen. Sie kennt die inoffiziellen Machtstrukturen. Die Unternehmenskultur ist ihr vertraut, ebenso die geschriebenen und ungeschriebenen Regeln und die Unternehmenswerte aufgrund der bereits im bisherigen Entwicklungsprozess geschaffenen Leitlinien. Der jetzige Zeitpunkt ist für sie günstig, da das ursprünglich sehr konservative, tradierte Unternehmen gerade durch den unkomplizierten, kreativen Vorstand, der in den Beirat wechselte, viele Anstöße erhalten hat.

Auf diesem Kapital kann man aufbauen: In den vorangegangenen mehrjährigen Organisations- und Persönlichkeitsentwicklungsmaßnahmen wurde eine gute Basis für eine Kultur der Veränderung geschaffen. Die Träger dieser Kultur lernten, sich von alten Denk- und Verhaltensweisen zu befreien. Das Klima wurde merklich offener im Unternehmen. Die Menschen entwickelten mehr und mehr Selbst-Bewusst-Sein, damit auch Selbstverantwortung und mitunternehmerisches Denken.

Als neuer Vorstand wird die Dame Konflikten nicht aus dem Weg gehen und ihr Rollenverständnis an die Anforderungen der neuen Aufgabe anpassen. Mögliche Spannungsfelder sind gerade auch durch die Zukunftsworkshops hinreichend identifiziert und aufgeklärt worden, so dass die Dame an den Ursachen für Diskrepanzen von vornherein informiert arbeiten kann. Im Unternehmen wurde die Grundidee erarbeitet: „Jeder ist für jeden Kunde".

12.3 Was ist wichtig für das Coaching-Konzept?

- Schnelles „Anwachsen" der Dame in ihrem neuen Tätigkeitsbereich und in ihrer neue Rolle
- Beide Interessen berücksichtigen, die des neuen Vorstands und die des Unternehmens
- Den Wechsel transparent machen, wobei die unbefangene und unkomplizierte Art der Dame diesen Prozess unterstützen wird
- Gemeinsam mit der Dame für die neue Rolle ein strukturiertes und praktikables Instrumentarium und Lösungsansätze entwickeln. Die Erfüllung des Hauptwunsches der Mitarbeiter „Verbesserung der Transparenz, Kommunikation und Information" ist dabei ein erster Schritt in diese Richtung, womit sie auch nachweislich Erfolge erzielen kann.

Transition Coaching (TC) hat folgende **Zielsetzung**: Im Unterschied zu klassischen Coaching-Ansätzen orientiert sich Transition-Coaching **vorrangig** am **Nutzen** des **Unternehmens**, nicht nur am Wohlergehen der gecoachten Person. Der Nutzen tritt nur dann ein, wenn die Nachfolgerin ihren neuen Aufgabenbereich schnellstmöglich und nachhaltig durchdringt. TC bezieht die Businessperspektive mit ein, es erfolgt eine Verlagerung von der Person auf die Business- und Systemebene, das Denken in Engpasskategorien. Die Rahmenbedingungen müssen bewusst mit einbezogen werden.

Das Augenmerk von TC richtet sich auf:

- Die Person der Jobwechslerin mit ihren Stärken und Schwächen
- Das Unternehmen mit seinen Erfordernissen und
- die Rahmenbedingungen, die die Führungswechslerin vorfindet.

Diese ganzheitliche Betrachtungsweise erweitert die intensitätsorientierte Anlaufkurve und den Aspekt der Nachhaltigkeit.

12.4 Denken in Engpasskategorien und die Berücksichtigung der Businessthemen

Die Gesamtarbeit bei TC ist stärker orientiert am Nutzen des Unternehmens, wobei es die Arbeit des Coachs ist, sich nicht auf das Lieblingsthema, sondern auf den Minimumfaktor zu konzentrieren:

Wesentlich ist,

- den aktuellen Engpass zu identifizieren
- Ursachen für diesen Engpass herauszufinden
- alle Kräfte auf die Lösung dieses Engpasses zu richten, ohne die anderen Engpässe aus dem Auge zu verlieren

Dabei gibt es folgende Engpasskategorien. Engpässe können folgende Themen betreffen:

- Businessthemen
- Führungs- und Organisationsthemen
- Persönliche Themen

Der Coach muss dabei den Blick auf das Ganze haben. Chancen und Risiken der neuen Funktion müssen mit den Stärken und Schwächen des Coachee zusammenspielen.

Ein großer Teil dieser Hauptarbeitsschwerpunkte konnte im Ausgangsfall bereits im Vorfeld erarbeitet werden:

- Einschätzung der Businesssituation und Anpassung des Führungshandelns an diese
- Erstellen einer persönlichen Stärken- und Schwächenanalyse und Abgleich – dieses erfolgte bereits durch die Persönlichkeitsanalysen in den Kommunikationsseminaren, an denen die gesamte erste und zweite Führungsebene teilgenommen hat
- Jetzt ist der Übergang vom Businessmanager zum Enterprise Manager gefragt: das Managen von Komplexität, Innovation, Unternehmensentwicklung

Ein Enterprise Manager muss in der Lage sein, im Spagat zwischen kurzfristigen (Umsatz-)Zielen und langfristigen strategischen Zielen zu denken und zu handeln. Es geht vor allen Dingen darum, auf der Basis des bisher Erarbeiteten und des gegebenen wirtschaftlichen Erfolges für Nachhaltigkeit zu sorgen. Das heißt, die Kräfte darauf zu konzentrieren, die Vitalität und Leistungsfähigkeit des Unternehmens auf hohem Niveau zu stabilisieren und nach Möglichkeit noch auszubauen.

Die aktuelle Kostensituation ist derzeit eine große Herausforderung im Beispielsunternehmen. Kernprozesse müssen optimiert und fortlaufend reorganisiert werden. Für die Einhaltung der Standards, Kennzahlen und das Controlling sowie für die Erfüllung des wichtigsten Wunsches im Unternehmen – eine gute Informations- und Kommunikationskultur zu entwickeln – muss gesorgt und Unterstützung geleistet werden.

Hier stellen der Vorstandsvorsitzende und die neue Dame im Vorstand ein effektives, sich ergänzendes Führungsteam dar. Reflexionsfragen, mit denen sich die neue Frau im Vorstand immer wieder auseinandersetzen muss, sind:

- Wie ist meine Zeitbilanz?
- Welche Prioritäten muss ich setzen?
- Wo bestehen eingefahrene Routinen und Abläufe bei mir und im Unternehmen?
- Mit welchen Instrumenten und Aktivitäten kann ich gewährleisten, dass der Start in eine verbesserte Kommunikation nachhaltig gelingt?
- Was sind meine Interessen und Erwartungen?
- Was will ich in meiner Vorstandsposition erreichen?
- Was ist mein Schlüsselauftrag?
- Welche heimlichen Aufträge gibt es?
- Wo bin ich verführbar?
- An welcher Stelle erfolgen Rollenzuschreibungen, die ich leicht und gern übernehme?
- Wie nutze ich mein Startkapital: Aufbau auf den Erkenntnissen der Strategie- und Zukunftsworkshops?

12.5 Mögliche Fallstricke

Welche Situationen können Fallstricke für die Neue im Vorstandsteam sein?

- Mögliche Probleme im familiären Bereich
- Unbewusste Angst, sich gegebenenfalls auch gegen den Vorstandsvorsitzenden durchsetzen zu müssen
- Umgang mit einer zwar verdeckten, aber immer noch vorhandenen „Macho-Kultur"
- Sie ist aus einem Team aufgestiegen, in dem sich zwei ebenfalls kompetente, aktive Frauen befinden. Hier können bewusster oder auch unbewusster Neid Schwierigkeiten auf der menschlichen Ebene bereiten.

Achtsamkeit und eine gute Wahrnehmung sind hier gefragt. Jens Corssen, ein Experte auf dem Gebiet des Selbstmanagements, fasst diese Notwendigkeiten unter dem Begriff des ‚Selbst-Entwicklers' so zusammen:

„Selbst-Verantwortung, sein eigenes Erleben und Tun zu verantworten, auf diese Weise Eigen-Macht aufzubauen und in freudiger Gestimmtheit der Gestalter und Regisseur des eigenen Lebens zu sein.

Selbst-Bewusstheit, Zeuge und Kostenberechner des eigenen Denkens und Handelns zu sein, die eigenen Ziele zu benennen und die ihnen im Weg stehenden Glaubenssätze durch eine günstigere Denkhaltung zu ersetzen.

Selbst-Vertrauen, Vereinbarungen mit sich selbst zu schließen und sie konsequent einzuhalten sowie Visionen zu erschaffen und sie festzuhalten.

Selbst-Überwindung, das Tor zum ‚Mehr' aufzustoßen und selbstbewusst und mutig die schmerzfreie Komfortzone der alten und unzureichenden Lösungen zu verlassen".[8]

Aufbauend auf den Workshop-Ergebnissen und der aktuellen Analyse der Geschäftssituation wird ein aktueller Businessplan erstellt. Dabei ist ein Perspektivenwechsel nötig. Der Blick ist nicht mehr länger schwerpunktmäßig auf sich selbst und die Beziehungen zu den Mitarbeitern gewandt, sondern auf den neuen Verantwortungsbereich mit

---

[8] Corssen, S. 26.

seiner Struktur, den Prozessen und den Rahmenbedingungen für die Leistungserbringung. Da ist konstruktive Zusammenarbeit im Gesamtvorstand gefragt.

Dabei muss der Fokus durchaus auch auf die ‚weichen Faktoren' gerichtet sein. Er muss sich in einem ausgewogenen Gleichgewicht zur Strategie- und Strukturarbeit bewegen. Wichtig ist eine Orientierung am Eisbergmodell aus dem Buch ‚Transition Coaching – Führungswechsel meistern – Risiken erkennen – Businesserfolg sichern'[9] in Anlehnung an Freud und Ruch/Zimbardo 1974.

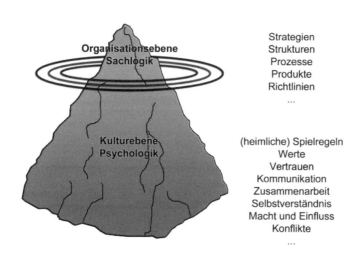

Das Eisbergmodell *(in Anlehnung an Freud und Ruch/Zimbardo 1974)*

Abb. 1: Eisbergmodell

12.6　Wie sieht das in der Praxis aus?

Gemeinsam mit den Spezialisten aus der zweiten Führungsebene und dem Gesamtteam wird in einem selbst gestaltetem Workshop mit ehemaligen Kollegen als Moderatoren zunächst einmal ein Jour fixe-

---

[9]　Metz/Rinck, S. 181.

Kommunikationsmodell erarbeitet, das von den Betroffenen auch selbst im Wechsel gestaltet wird und sich mit aktuellen Themen befasst. Das Motto:

> **Betroffene zu Beteiligten**
> **Beteiligte zu Betroffenen machen**

Dabei wird das Rad nicht neu erfunden, sondern mit den bereits entwickelten Ressourcen eigenverantwortlich und kostengünstig gearbeitet. Es gibt ein gezieltes Feedback auf den Hauptwunsch der Kollegen aus den Workshops: „besserer Informationsfluss"

‚Frau' gibt Chancen zur Selbstentwicklung und Selbstverantwortung, ist gefühlsmäßig bei der Erfüllung der Verpflichtungen aus dem Workshop voll präsent, bleibt selbst souverän im Hintergrund. So entsteht Commitment bei den Beteiligten.

12.7 Warum der Ausgangsfall so besonders ist

Im Fall ergänzen sich die Modelle Gender Mainstreaming und Frauenförderung, speziell in oberen Führungspositionen, perfekt, gilt doch die Vereinbarkeit von Familie und Beruf als eine der zentralen Herausforderungen der Beschäftigungs- und Sozialpolitik in Europa, wobei die Modelle innerhalb der einzelnen Länder durchaus unterschiedlich sind. Das Thema steht überall in engem Zusammenhang mit dem Ziel der Gleichstellung von Mann und Frau in der Gesellschaft, in der Familie und Beruf.

Aber auch unter Männern besteht der Wunsch einer Abkehr von der traditionellen Rollenverteilung. So setzt sich die Väterbewegung für eine Gleichstellung von Mutter- und Vaterrolle ein. Auch volkswirtschaftliche Aspekte spielen eine wichtige Rolle. So ist zum Beispiel für das Wirtschaftswachstum der EU angesichts der zunehmenden Globalisierung eine intensive Nutzung der Arbeitskraft gut ausgebildeter Frauen durch eine bessere Vereinbarkeit von Familie und Beruf entscheidend.

12.8 Ein Fazit

Change bedeutet Wandel – und Wandel ist ein Synonym für Leben. Leben lässt sich nun einmal nicht in Einzelteile zerlegen und schon gar nicht Top down strategisch organisieren. Hier werden nicht ‚Dinge oben ausgeknobelt‘, die dann ‚unten‘ zu befolgen sind. Vielmehr wird die gesamte Organisation mit den Betroffenen als Beteiligten zu einer ‚Lernenden Organisation‘ entwickelt. Sie setzt das fort und lebt das, was in einem von uns begleiteten und moderierten Entwicklungsprozess mutig gestartet wurde, nach dem Motto „No risk, no fun". Change Management darf also durchaus auch Spaß machen – wenn dieser auch nicht immer überwiegt und professionellen Ernst natürlich nicht ersetzt.

12.9 Literaturverzeichnis

Corssen, J.: Der Selbst-Entwickler. Das Corssen-Seminar, 1. Auflage, Wiesbaden 2004.

Doppler, K.; Lauterburg, C.: Change Management. Den Unternehmenswandel gestalten, 10. Auflage, Frankfurt am Main 2002.

Hamann, A.; Sieber, H.; Stritch, S.: Wandel im Unternehmen. Praxisleitfaden Change Management, 1. Auflage, Offenbach 1998.

Loebbert, M.: The Art of Change. Von der Kunst, Veränderungen in Unternehmen und Organisationen zu führen, 2. Auflage, Leonberg 2008.

Metz, F.; Rinck, E.: Transition Coaching. Führungswechsel meistern, Risiken erkennen, Businesserfolg sichern, 1. Auflage, München 2010.

Rank, S.; Scheinpflug R. (Hrsg.): Change Management in der Praxis. Beispiele, Methoden, Instrumente, 1. Auflage, Berlin 2008.

Senge, P.: Die fünfte Disziplin. Kunst und Praxis der lernenden Organisation, 11. Auflage, Stuttgart 2011.

13 Wie Unternehmenskultur Burnout im Change-Prozess vermeidet

Führungskräfte entscheiden täglich darüber, ob sie eine Erfolgs- oder Angstkultur etablieren, ob sie Ermüdungserscheinungen oder aber Aufbruchstimmung und positive Energie fördern. Wie Führung, Kommunikation, Veränderungen und Kultur in Zusammenhang zum Thema Burnout und Burnout-Prophylaxe stehen, welche Rolle Führungskräfte dabei haben und was sie tun können, um das Human Capital gesund zu erhalten und damit auch das Financial Capital, ist in diesem Beitrag dargestellt.

Die Autorin

Petra Michels ist eine der beiden Gründerinnen und Geschäftsführerinnen von cts. companion to success GmbH in Neuss. Das Unternehmen steht für die Entwicklung von Menschen und Unternehmen, um Mehrwert zu erzielen. Als erfahrener Berater, Coach und Prozessbegleiter bei Veränderungen unterstützt sie Führungskräfte dabei, Herausforderungen authentisch und professionell stimmig zu meistern und neues Verhalten erfolgreich aufzubauen. Ihr 2. Staatsexamen in Biologie und Erziehungswissenschaften für die Sekundarstufe II gilt als Master für Secondary Education. Zusätzlich hat sie einen Master in Global Management, erworben an der Phoenix University USA. Zuvor war sie in verschiedenen Führungspositionen international tätig.

Kontakt:
CTS - Companion To Success GmbH,
Cyriakusplatz 1, 41468 Neuss,
Tel.: +49 (0) 21 31/12 00 90, E-Mail: cts@cts-companion.de,
Homepage: www.cts-companion.de

13.1 Ein Blick in die Praxis

> **Ein Gespräch aus dem Alltag**
>
> „Ich wüsste gerne, was jetzt wieder auf uns zukommt und was das für mich bedeutet, mich informiert ja keiner...", klagt Herr G.
>
> „Wenn Sie hier einen guten Job machen, haben Sie vermutlich nichts zu befürchten. Wir müssen Gas geben, um unsere Ziele zu erreichen, der Wettbewerb schläft schließlich nicht. Da kann man ja wohl mal mehr als 100 % erwarten, wenn Sie Ihren Arbeitsplatz erhalten wollen...", antwortet der Vorgesetzte Herr L. ungeduldig und barsch.

In der Theorie gibt es diese Art von kommunikativen Zerreißproben nicht. In der Theorie ereignen sich Change-Prozesse in zeitlich langfristig geplanten Zyklen. Sie dienen der Weiterentwicklung des Unternehmens, und Ruhephasen schließen sich an. Bei der Planung und Umsetzung werden die wesentlichen, davon betroffenen Management-Elemente konkret berücksichtigt, die Kommunikation erfolgt vorbildlich und der reibungslose Verlauf des Change ist sicher gestellt. In der Theorie plant auch niemand das Burnout-Phänomen mit ein.

Die Praxis sieht anders aus. Unternehmen befinden sich kontinuierlich in Veränderungsprozessen. Es gibt keine unternehmensweiten Ruhephasen. Vieles verläuft gleichzeitig und dabei anscheinend oft wenig aufeinander abgestimmt. Dadurch entsteht eine Komplexität gepaart mit einem Erwartungsdruck, der einen hohen Anspannungsgrad auf allen Hierarchie-Ebenen verursacht.

Dies wirkt sich auf die Art und Weise der eigenen Führung, der anderer Personen und auf die Kommunikation aus. Die präzise, prozessorientierte, verständliche Kommunikation genau darüber, was sich warum und in welchen Schritten verändert, kommt in Change-Prozessen oft zu kurz. Die Kommunikations-Führungskultur ist von als Härte empfundener klarer Zielstrebigkeit anstatt von Inspiration und Empathie geprägt. „ Nur die Harten überleben, das hier ist kein Kindergarten...", heißt es dann.

Man verlangt immer mehr von sich und den anderen. So blutet man selbst energetisch gesehen aus. Den anderen, die mitmachen, geht es genauso. Am Ende erlebt man das kollektiv erschöpfte Team, die Abteilung oder das erschöpfte Unternehmen. Unternehmen verlieren dadurch an Qualität, Kreativität und Erfolg. Ermüdungserscheinungen entstehen sowohl durch den ständigen, oft unbefriedigenden Umgang mit Veränderungen als auch durch das Ausgebrannt-Sein auf Grund andauernder Ermüdung.

13.2 Wie Führungskräfte agieren

Würden Sie mit einem Auto fahren, bei dem niemand weiß, wie lange und unter welchen Bedingungen die Materialien halten, wann sie brechen, ermüden, ihr Funktionalität verlieren? Würden Sie in ein solches Flugzeug steigen? Bestimmt erwarten Sie, dass der Hersteller für Ihre Sicherheit im Vorfeld bereits ordnungsgemäß Sorge getragen hat.

Tragen Sie Sorge für die Sicherheit Ihrer Kunden, indem Sie gewährleisten, dass diese einwandfreie Produkte durch einwandfreie Produktion durch einwandfreie Veränderungsprozesse, durch einwandfreie Führungs-Kommunikationskultur und einwandfreie Mitarbeiter erhalten?

Meist endet die Qualitätssicherung beim Produktions- und Logistikprozess. Sie bezieht jedoch die Gesundheit, die mentale Stärke bis hin zur Veränderungsflexibilität der Mitarbeiter nicht mit ein. Unsere Erfahrung im Umgang mit Führungskräften und Veränderungsprozessen zeigt uns immer wieder, dass sich Führungskräfte keine Zeit nehmen, um das Potenzial ihrer Mitarbeiter bei Veränderungen neu zu ordnen, zu erweitern und aktiv einzufordern. Damit wird der Mitarbeiter nicht gestärkt und die Führungskraft lässt eine wesentliche Chance brach liegen, d.h., sie hat die neuen Anforderungen nicht aktiv mit den Möglichkeiten und eventuellen Lernfeldern des Mitarbeiters verknüpft. So entstehen Sollbruchstellen, denn es wurde zwischen Anforderung und Machbarkeit kein Abgleich vollzogen. Hier werden wesentliche Chancen, Veränderungen ohne Burnout und statt dessen mit Energie, Motivation und Erfolg zu gestalten, außer Acht gelassen. Das dies oft passiert, erkennt man in einem Unternehmen an folgenden Punkten:

- Es wird mehr über das Unternehmen und die Gerüchte zu anstehenden Veränderungen als miteinander gesprochen
- Der zeitliche Arbeitseinsatz steigt für die Themen, die zukünftig weniger relevant sein werden

- Die Ergebnisquote bezüglich neuer Fokussierungen ist noch gering und die generelle Arbeits-Qualität sinkt, weil vieles nicht mehr vollendet wird
- Kreativität ist nicht mehr wahrnehmbar
- Die handelnden Personen wirken aggressiv, zurückgezogen und ausgebrannt energielos

13.3 Erste Anzeichen von Burnout-Phänomenen

Der Begriff „Burnout" hat eine öffentlichkeitswirksame Karriere hinter sich: das zunächst geheim gehaltene Tabuthema entwickelte sich zu einem Hauptthema in den Abendnachrichten zur besten Sendezeit oder in diversen Talkshows, autobiographische Darstellungen inklusive.

Dennoch sind Mitarbeiter und Führungskräfte im Umgang mit dem Thema immer noch verunsichert. Die systemische Betrachtung von Change-Prozessen, Unternehmenskultur und Burnout war bisher kaum Gegenstand der öffentlichen Diskussion. Was ist Burnout denn nun wirklich, woran erkennt man ihn? Wie spricht man ihn an, wer spricht ihn an? Wie geht man damit um und was kann man gerade in Phasen von Veränderungen als Führungskraft und Kulturgestaltender Sinnvolles tun?

13.3.1 Wie sich Veränderungen auswirken

Unternehmen verändern sich beständig. Sie passen sich Gegebenheiten an und bereiten sich auf Zukünftiges vor. Dies gehört mittlerweile zum Führungsalltag. Jeden Tag erfährt man über die Medien von neuen Anpassungen an Marktgegebenheiten und von deren Auswirkungen auf die Mitarbeiterzahlen. Wird Personalabbau angekündigt, steigt der Aktienkurs. Nach außen hin ist die Ankündigung nur eine Mitteilung, eine Notiz in den Nachrichten. Innerhalb eines Unternehmens führt das zu großen Verunsicherungen auf allen Ebenen: Mitarbeiter, dazu gehören auch Führungskräfte, sind sich nicht mehr sicher darin, ob sie zukünftig noch ihren Arbeitsplatz, ihre Aufgabe, ihr Team, ihren Standort, ihre Kunden, ihre Führungskraft behalten. Sie sind verunsichert, werden ängstlich, können die Komplexität nicht mehr in Gänze kontrollieren und reagieren darauf oft mit einer Erhöhung der Aktivitäten. Sie sind bemüht darum, ihre Leistungen zu erbringen und fühlen sich gleichzeitig als Bestrafter, als Opfer, als jemand, dem das Unternehmen deutlich machen will: „Du warst nicht gut genug, es hat nicht gereicht, deshalb sind wir gezwungen uns zu verändern..."

13.3.2 Verlangt Veränderung wirklich Höchstleistung?

Die ständige Unsicherheit hinsichtlich der weiteren Zugehörigkeit oder Nicht-Zugehörigkeit führt zu Angst und zu enormer emotionaler Anspannung. Auf der Verhaltensebene erlebt man von Übermotivation bis zu Rückzug alles bei den Betroffenen. Die Unternehmen verlassen sich bei Veränderungen besonders auf die gute Unterstützung durch ihre Höchstleister und Potenzialträger. Genau diese Mitarbeiter aber verlangen von sich ständig mehr und verpassen oft den Moment zu erkennen, wann sie sich eine Pause erlauben können und sollten. Damit steigen sie aus dem normalen ambitionierten Leistungsprinzip aller Wirtschaftsunternehmen aus. Sie steigen ein in den Prozess des sich selbst Ausbrennens. Oft entsteht so die Tendenz zum Workaholic in der Hoffnung, als Perfektionist so alles noch kontrollieren zu können was eine Illusion ist.

Sie setzen sich über alle Maßen ein, um so Sicherheit zu gewinnen und dem Unternehmen einen eindeutigen Beweis ihrer Loyalität zu zeigen. Die dahinter stehenden, sich anschließenden Erwartungen sind im Umgang mit Veränderungen schnell zu erkennen: „Ich bin ein Leistungsträger, das Unternehmen kann auf mich zählen und dafür verdiene ich besonderen Schutz, besondere Aufgaben, eine für mich positive Veränderung im Rahmen der Gesamtveränderung".

Projiziert man dieses Verhalten auf eine mehrjährige Zeitachse wird deutlich, wie schnell daraus eine Unternehmenskultur wird, die schleichend jenseits der Leistungskultur liegt und langfristig zu den Zahlen führt, die die Krankenkassen immer wieder vorlegen. Hier einige Beispiele:

- Jeder siebte Arbeitnehmer ist arbeitssüchtig, darunter auch Manager und Führungskräfte
- 40 Mrd. EUR kosten Absenzen in Deutschland
- 120 Mrd. EUR kosten Fehler und Folgeschäden durch Präsentismus (trotz Krankheit am Arbeitsplatz)

13.4 Was ist eigentlich „Burnout"?

In der Literatur gibt es für das Burnout-Phänomen verschiedene Erklärungsansätze aus medizinischer, motivations-psychologischer oder psychotherapeutischer Sicht. Hier der Versuch, aus der alltäglichen Beobachtung im Umgang mit Betroffenen und ihren Führungskräften einen neuen, systemisch orientierten Erklärungsansatz für das Ausgebranntsein zu formulieren:

- Burnout ist heilbar
  Burnout ist keine irreversible chronische Krankheit, die nur auf der symptomatischen Ebene zu lindern ist, sondern – so lange man es frühzeitig erkennt – ein heilbares Phänomen.

- Burnout ist eindeutig feststellbar
  Dieses Phänomen ist eindeutig medizinisch diagnostizierbar und unterliegt somit nicht der subjektiven Interpretation eines Zustandes durch den Betroffenen selber, seiner Führungskraft oder der eines Coaches. Im Umkehrschluss bedeutet das: Wenn man die medizinischen Parameter nicht vorfindet, die zu einem Burnout Syndrom gehören, liegt auch kein Burnout vor. Als medizinische Parameter gelten sowohl die im Arzt-Patienten-Gespräch systematisch ermittelbaren physiologischen Aspekte, als auch die Blutwerte, die über das Burnout-Blutbild eindeutig feststellbar sind. Beides ist weiter unten genauer beschrieben. Wenn nach diesen Parametern kein Burnout vorliegt, kann es sich auch um psychovegetative Erschöpfung, um akuten Stress oder um chronischen Stress handeln, der in Burnout übergehen kann.

- Burnout resultiert aus mehreren Ursachen
  Burnout ist ein Phänomen, das durch die Wechselwirkung zwischen dem Umfeld eines Menschen, seiner Aufgabe oder Situation, seiner eigenen inneren Disposition und der Interaktion zwischen allen Elementen entsteht. Die Ursache ist also mehrfaktoriell.

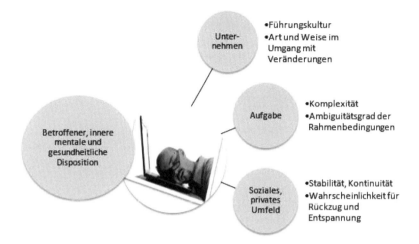

Abb.1: Burnout und die Interdependenz der Elemente (Quelle: cts GmbH Burnout Prophylaxe)

Das Phänomen ist erkennbar am Verhalten des Betroffenen, an seiner Interaktion mit anderen, seiner Fähigkeit, sich selbst zu managen, seiner mentalen und gesundheitlichen Disposition.

Die Systematik, wie Burnout und Veränderungen sich bedingen können, wird im nächsten Kapitel deutlich. Die Methodik der Diagnostik ist im übernächsten Abschnitt dargestellt.

13.5 Wie wirken Unternehmenskultur, Burnout und Veränderungsprozesse zusammen?

Veränderungen in Unternehmen können nur kommunikativ voran gebracht werden. Die verbale und nonverbale Kommunikation steuert den Informationsfluss und den Interpretationsprozess.

Doch worauf wirkt die Kommunikation steuernd ein? Führungskräfte denken, sie steuern die Geschwindigkeit, mit der Ergebnisse erzielt werden. Mitarbeiter empfinden dies genau so, erwarten aber etwas anderes. Sie erwarten eine prozessorientierte Kommunikation, die sowohl richtungsweisende, richtungserhaltende und individuell unterstützende Informationen beinhaltet.

Nehmen wir folgendes Beispiel:

Auf die richtige Kommunikation kommt es an

Herr K., der globale Leiter eines Geschäftsbereiches in einem produzierenden Unternehmen bereitet sich im Rahmen eines Coachings mit uns auf die Kick-Off-Veranstaltung mit seinen Führungskräften vor. Er will sie über anstehende Neuerungen informieren. Man will einige Produktionsstätten in andere Länder verlagern. Dies bedeutet Schließung einiger Werke an den derzeitigen Standorten. In der Coachingsitzung stellt er zunächst seine Präsentation vor, um sie mit uns zu diskutieren:

„Wir alle müssen heute flexibler sein als früher, wir müssen runter von unserem Anspruchs- und unserem Besitzstandsdenken. In anderen Ländern ist man da geschmeidiger. Dort machen die Mitarbeiter mehr für ihr Unternehmen und sind bereit, für weniger Geld zu arbeiten. Die engagieren sich noch richtig. Deshalb werden wir unsere Produktion nach … verlegen. Ich erwarte, dass Sie alle das vorantreiben."

Damit endet die Präsentation von Herrn K. Er ist überzeugt davon, ausreichend Erklärungen geliefert zu haben. Von außen betrachtet erkennt man schnell, dass Mitarbeiter diese Botschaft anders hören, als sie vielleicht gemeint sein könnte. Mitarbeiter denken, sie seien unflexibel, nicht loyal genug, zu teuer und zu anspruchsvoll, ja vielleicht sogar zu arrogant. Aus Strafe dafür werden die Arbeitsplätze entzogen und andere Menschen, die sich die Anerkennung des Unternehmens durch ihr Verhalten mehr verdient haben, bekommen einen Arbeitsplatz in einem anderen Land. Wenn das wirklich der einzige wahre Grund wäre, hätte Herr K. eher ein Führungsproblem zu lösen und keine Veränderung an herausfordernde Rahmenbedingungen, um wettbewerbsfähig zu bleiben. In Wirklichkeit, so ergab es sich aus der Diskussion mit Herrn K im Rahmen des Coachings, wollte er folgendes sagen:

„Unser Kunde erwartet von uns dort zu sein, wo auch er produziert. Der Wettbewerb ist bereits dort und versucht uns aus dem Rennen zu werfen. Wir wollen weiterhin Aufträge bekommen und diese zu wettbewerbsfähigen Preisen anbieten. Deshalb werden wir bestimmte Produktionen verlagern. Wir haben bisher gute Arbeit gemacht und müssen jetzt für die Zukunft sorgen. Folgende Bereiche werden bis zum … nach … verlagert. Die anderen Bereiche bleiben hier. Was dies für jeden einzelnen bedeutet, werden wir ab dem … in persönlichen Gesprächen erörtern. Darauf werden regelmäßig Gespräche mit allen und wieder Einzelgespräche folgen … Dies ist keine Maßnahme, die sich gegen Sie und uns persönlich richtet. Es ist eine notwendige Anpassung an zukünftige Herausforderungen, die uns sicher nicht alle leicht fallen werden, die wir aber nur gemeinsam – und darum bitte ich alle – zum Erfolg führen können."

Dies zeigt, wie wichtig es ist, statt der ersten Formulierung, doch eine präzisere und differenziertere zu wählen. Der Unterschied zwischen den beiden Ansätzen und ihrer jeweiligen Interpretierbarkeit und Wirkung auf die Mitarbeiter wurde Herrn K. im Laufe des Coachings deutlich. Er hat in kurzer Zeit gelernt, wie man die beiden Kurven zwischen dem, was Mitarbeiter als Kommunikationsqualität benötigen, um emotional ein Akzeptanzgefühl aufzubauen, und dem, was man als Führungskraft nur kurz hätte sagen wollen, im positiven Sinne zur Deckung bringt.

Lassen sich Führungskräfte nicht beraten, spiegeln, dann haben sie oft keinen Zugang zu dieser Art von Kommunikation. Im Alltag wird meist etwas anderes von ihnen verlangt, nämlich ein Ergebnis einforderndes Kommunikationsverhalten als Zeichen ihrer Zielorientierung. Sie sind deshalb oft nicht in der Lage, ein Prozess-Denken samt entsprechend gestalterischer Kompetenz aufkommen zu lassen. An dieser Stelle entsteht gerade in Veränderungsprozessen ein Auseinanderdriften von Führungskräften und Mitarbeitern, obwohl Kohäsion für die gemeinsame Vorwärtsbewegung gefragt ist.

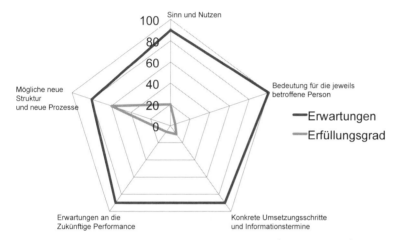

Abb. 2: Informationsbedürfnis-Diskrepanz in Veränderungsprozessen (Quelle: cts GmbH)

Das Schaubild stellt genau die Diskrepanz zwischen dem dar, was Mitarbeiter an Informationen für ihr Sicherheitsgefühl benötigen (äußerer Kreis), und dem, was Führungskräfte meist an Informationen teilen (innerer Kreis). Zwischen dem, was von den Mitarbeitern benötigt wird, und dem, was oft geliefert wird, besteht also ein großer Unterschied. Das sich daraus aufbauende Informationsdefizit-Gefühl führt zu einem Vakuum-Gefühl, was häufig durch Gerüchte, Vermutungen und eigene Interpretationen seitens der Mitarbeiter gefüllt wird.

Das Missverständnis geht noch weiter. Oftmals wollen Führungskräfte ihren Mitarbeitern Gestaltungsfreiräume lassen, weisen diese jedoch nicht explizit aus. Mitarbeiter erwarten hingegen Klarheit darüber, welche neue Rolle sie eventuell haben werden, worüber sie entscheiden dürfen und wer die neuen Schnittstellenpartner sind. Diese Informationen liegen entweder erst sehr spät vor, oder Führungskräfte haben die Erwartungshaltung, dass ihre Mitarbeiter hier selber tätig werden und Vorschläge entwickeln.

Dieser Prozess führt letztlich wieder zu unnötigen Angstgefühlen und der Vorstellung, die Veränderung sei keine notwendige Fortschrittsmaßnahme, sondern eine gezielt gesetzte Bestrafung der Mitarbeiter, sozusagen ein gefühlter Racheakt: Man hat etwas nicht gut genug gemacht und deshalb folgt eine Veränderung. Dies löst Widerstand aus, der passiv aggressiv oder offen demonstriert wird. Führungskräfte erleben ihre Mitarbeiter dann als zurückgezogen, passiv, ablehnend, abwartend, taktierend, persönlich beleidigt reagierend, demotiviert, nicht ergebnisorientiert. Sie antworten hierauf ihrerseits mit Ungeduld, bauen Druck auf, formulieren Erwartungen bezüglich der Anwesenheitszeiten, des Arbeitseinsatzes und der geforderten Ergebnisse.

Druckaufbauende Sätze von Führungskräften

- „Gerade in dieser Veränderungsphase erwarte ich vollen Einsatz."
- „Wir müssen uns jetzt ganz besonders einsetzen, bevor man denkt, man könne uns outsourcen."
- „Wie kann man jetzt nur Urlaub machen, wo sich doch alles entscheiden wird?"
- „Zukünftig kann man hier nicht mehr halbe Tage *(9:00 -18:00 Uhr)* arbeiten, da muss man sich schon dem Industriebenchmark stellen und mehr Zeit einbringen."
- „Ich bin persönlich enttäuscht, wenn Sie uns jetzt hängen lassen."

Dies ist bereits der Einstieg in eine Unternehmenskultur, die von einer gesunden Höchstleistungsorientierung in eine schwächende Selbstausbeutungskultur führt. Aus Lust an Leistung wird Frust durch Überforderung. Ein unmöglicher Zustand ist erreicht: Alles hat höchste Priorität, es besteht eine strikte Ergebnisorientierung ohne genaue Ausrichtung aller, ohne geplanten Prozess, ohne angepasste Strukturen, ohne klare Rollen und Verantwortlichkeiten, ohne klare Zuständigkeiten und ohne aufeinander abgestimmte Schnittstellen.

Viele Fragen – Unbefriedigende Antworten

Die Fragen, die wir oft hören, lauten dann: Wer macht denn jetzt...? Und was wenn...? Wer entscheidet denn letztlich über...?

Die Antworten der Führungskräfte darauf sind wenig hilfreich. Sie lauten z. B.: Ich erwarte von Euch, dass...! Ihr wollt immer in euren eigenen Organigramm-Kästchen wohnen, stimmt euch einfach ab...!

Thesen zur systemischen Betrachtung

* Veränderungen verändern das Unternehmensklima
* Depersonalisierte Kommunikation begünstigt Selbstabwertung
* Überhöhter Druck macht aus gestaltenden Individuen energielose Mitläufer
* Verliert das Human Capital an Wert, sinkt der Unternehmenswert
* Führungskräfte können gleichzeitig Energie erhalten, Werte steigern, Burnout Syndrom vermeiden und Veränderungen umsetzen

13.6 Wie stellt man einen Burnout fest?

In den momentanen Zeiten, in denen es anscheinend „chic" ist, Burnout zu haben und damit öffentlich zu werden, ist es wichtig, differenziert damit umzugehen, um Stigmatisierungen der Personen, ihrer Führungskräfte und Unternehmen zu vermeiden. Dies gibt Raum für Empathie und Gestaltung.

13.6.1 Methoden der Diagnostik

Burnout lässt sich mehrfaktoriell diagnostizieren. Hierbei bedient man sich der Selbsteinschätzung des Betroffenen, die häufig mit einem Experten besprochen wird. Dieser Experte kann ein Coach oder ein Therapeut sein. Hinzu kommt die Fremdeinschätzung durch andere, sprich Partner, Kollegen, Vorgesetzte, die im Bedarfsfall hinzugezogen werden. Auf äußerste Diskretion, Augenmaß und darauf, nicht sachlich empathisch vorzugehen, ist unbedingt zu achten.

Ferner nutzt man als Experte die Aussagen eines neutralen Analysesystems, die durch die Antworten des Betroffenen auf standardisierte Fragen entstehen. Die letztendliche Diagnose, ob ein Betroffener erschöpft ist, oder sich im Burnout befindet, kann nur ein Arzt treffen, der darin ausgebildet ist, das entsprechende Blutbild eindeutig auszuwerten. Nur er kann auch festlegen, wie die – auf der körperlichen Ebene stattfindende – Therapie verlaufen soll. Nur er kann in Abstimmung mit dem Coach und Experten die Richtung der Betreuung und Hilfestellung abstimmen. Der Arzt ist auch die zentrale Person, die eventuell den zuständigen Führungskräften des Betroffenen gegenüber valide Aussagen über eventuell benötigte Ruhephasen, Auszeiten oder andere Rahmenbedingungen machen kann.

13.6.2 Selbsteinschätzung der Betroffenen

Die Selbsteinschätzung des Betroffenen lautet in der Regel folgendermaßen:

> **Typische Sätze der Betroffen**
> - „Ich kann mich zwischen den einfachsten Alternativen nicht mehr entscheiden."
> - „Ich komme nicht mehr zur Ruhe und schlafe schlecht, wache oft auf, schwitze. Ich kann mich im Schlaf nicht mehr erholen."
> - „Ich denke, ich muss mich noch mehr anstrengen und über meine Grenzen gehen, dann schaffe ich meine Aufgaben."
> - „Obwohl ich mich anstrenge, schaffe ich mein Pensum nicht und werde nicht mehr fertig."
> - „Ohne mich geht es hier nicht weiter, ich muss zur Arbeit, auch wenn ich nicht mehr kann."
> - „Ich habe Türen eingetreten, Kunden angeschrien, Mobiliar demoliert."

Befragt man einen Burnout-Klienten über die Situation, in der er sich befindet, so stehen folgende Elemente in Wechselwirkung zueinander und zum Betroffenen: Veränderungen im Unternehmen, unklare Zukunft für einen selber, Aufgaben, die unter den gesetzten Rahmenbedingungen nicht lösbar erscheinen, eine Führungskraft, die kaum ansprechbar und wenig greifbar ist, zusätzliche private Anforderungen Der Betroffene sieht dadurch keine Möglichkeit mehr, aufgefangen zu werden.

13.6.3 Beobachtungen von Dritten im Alltag

Das Verhalten im Alltag wird durch Dritte oft wie folgt beschrieben:

- Der Betroffene geht mit sich, mit anderen und einer anspruchsvollen, lang anhaltenden Herausforderung nicht mehr angemessen um, verzettelt sich, delegiert nicht mehr angemessen, bezieht andere nicht mehr umfassend mit ein.
- Er kann sich nicht mehr konzentrieren und konzentriert bleiben.
- Er steht ständig zwischen Angriff und Flucht, zwischen Verteidigung und Weglaufen.

- Zeitweise ist ihm kein logisches Denken mehr möglich.

- Er zeigt Ungeduld, hört anderen nicht mehr zu, reagiert aggressiv, gibt anderen vorschnell die „Schuld" für ein entstandenes Problem.

- Er zeigt keine Empathie mehr, reagiert mit übertriebener Härte gegen sich und gegen andere, verlangt Überstunden, Extraeinsätze, die zur Unterbrechung von Urlauben oder Freizeiten führen und erhöht permanent die Arbeitszeiten.

- Er tritt den sozialen Rückzug an, vernachlässigt über einen langen Zeitraum seine eigenen Bedürfnisse und die des sozialen Umfeldes, d. h., er erkennt nicht mehr, wann er einen wichtigen beruflichen Termin einem wichtigen privaten Termin am Abend den Vorzug geben muss und wann der Geschäftstermin verschiebbar oder delegierbar ist. In Zeiten von Veränderungen ist er trotz Krankheit anwesend, weil er denkt, es geht nicht anders.

- Er gibt sich selbst auf, resigniert, wird krank und verlässt den Arbeitsplatz, meist für längere Zeit.

13.6.4 Neutrales Analysesystem

Als neutrales Instrument kann der MTQ mental toughness questionnaire (Bezugsquelle: cts GmbH) hinzugezogen werden. Er wurde zunächst für die Ermittlung der mentalen Stärke, der Erfolgsorientierung und inneren Stabilität von Leistungssportlern entwickelt und dann auf die Wirtschaft übertragen und entsprechend angepasst. Das Instrument misst fast wie ein Biofeedfack auf mentaler Basis die aktuelle mentale Stärke und Resilienz, d.h. Widerstandsfähigkeit, einer Person. Anhand bestimmter Werte kann man die aktuelle Situation schnell erfassen und erkennen, ob eine Person gefährdet ist, sich oder andere in ein Burnout Syndrom zu treiben, oder ob sie sich bereits darin befindet. Praktische Hinweise im Umgang mit sich und der eigenen Situation bieten Hilfe, um mental stärker und damit wieder balancierter zu werden. Ein Wiederholungstest nach ca. sechs Monaten zeigt eindeutig, inwiefern bereits Erfolge vorliegen und eine persönliche Verbesserung eingetreten ist.

Dieses Instrument ist aber nicht alleine einzusetzen, wie übrigens keins der hier beschriebenen. Es ist ein gründlicher mehrfaktorieller Diagnoseansatz zu wählen. Eine eindimensionale Betrachtung, die derzeit leider häufig in der Praxis der Fall ist, führt zu Fehleinschätzungen und damit zu falschen Behandlungen.

13.6.5 Bluttest

Der Bluttest auf Basis der Analyse folgender Werte gibt Klarheit:

Konzentrationsänderungen von Stresshormonen und Neurotransmittern unter fortdauerndem Stress				
	Optimaler Bereich	Akuter Stress	Chronischer Stress	Burnout
DHEA	300-600	452.3	853.2	123.3
Cortisol	4-12 (7.00)	6.2	2.1	1.5
Ng/ml	3-6 (12.00)	3.2	1.5	0.9
	2-5 (13.00)	1.9	1.8	0.8
	< 1-5 (20.00)	0.9	1.0	0.5
Epi	8-12	29.4	1.3	1.8
Nor	30-55	96.5	94.2	22.3
Dopa	125-175	130.6	255.8	99.4
Sero	175 -225	162.0	52.8	67.8
GABA	1.5-4.0	22.4	7.3	9.2
Glutamate	10-25	13.5	56.2	63.1
PEA	175-350	300.0	734.2	324.5
Histamine	10-25	28.0	18.2	9.5

Quelle: cts GmbH Burnout Prophylaxe, Frau Dr. med. S. Behrens

Ein Arzt kann anhand dieser Werte im Vergleich genau feststellen, in welchem Zustand sich der Betroffene befindet. Ohne diese Analyse bleibt alles andere auf der Ebene der Vermutung. Bloße Vermutungen bergen aber die Gefahr, dass man zu schnell von Burnout spricht, wo kein Burnout Syndrom vorliegt. Nicht jedes Labor ist darauf eingestellt, diese Werte zu ermitteln. Hier sind Spezialisten gefragt. Einen Arzt, der kein Profi auf diesem Gebiet ist, erkannt man daran, dass er diese Form der Diagnostik nicht kennt oder nicht ernst nimmt und sich auf herkömmliche Verfahren zurückzieht. Hier empfiehlt sich aber ein interdisziplinärer Ansatz. Mit einem solchen Ansatz haben wir sehr gute Erfahrungen gemacht, die in allen Fällen zu einer vollkommenen und dauerhaften Wiederherstellung der Gesundheit führten.

13.7 Wege aus der Burnout-Gefahrenzone

Die hier aufgezeigten Wechselwirkungen zwischen eigener Person, Situation und Unternehmen machen deutlich, wie vielschichtig die Lösungswege aus der Gefahrenzone Burnout sein müssen.

- Mitarbeiter selber können durch den bewussten Aufbau von Kompetenzen im Umgang mit Veränderungen, durch gezieltes mentales Training, durch Sport, Entspannungsübungen und Fokussierung auf ihre Stärken, Sicherheit und innere Ruhe gewinnen.
- Führungskräfte können durch ihr Verhalten, d.h. vorausschauendes Planen und Vorgehen und durch eine mitarbeiterbezogene kommunikative Umsetzung, die Menschen durch Veränderungsprozesse navigieren, Ziele erreichen und Mehrwert erzeugen.

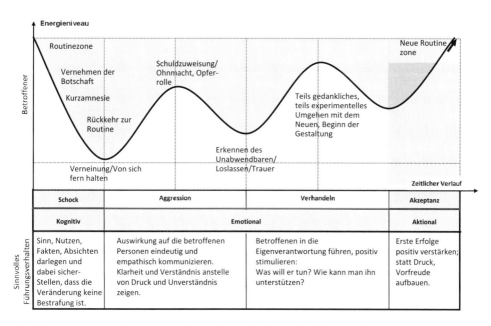

Abb. 3: Veränderungen und Burnout vermeidende Führung (Quelle: cts GmbH Burnout Prophylaxe)

Prophylaktisch können Führungskräfte hier viel tun:

- Inspirieren für ein neues Ziel: Den Sinn einer Veränderung an die Mitarbeiter so kommunizieren, dass der konkrete Nutzen für sie dabei präzise und verständlich deutlich wird
- Lust auf Leistung erzeugen: Deutlich machen, welche Kompetenzen erforderlich sind, wie man zukunftsfähig unterstützt wird und welchen persönlichen Mehrwert man für sich erhält. Für die einen ist der Mehrwert ein routineorientierter, berechenbarer Arbeitsplatz, für die anderen ist er ein neues Betätigungsfeld, vielleicht international oder mit anderen Herausforderungen
- Klarheit und Integrität zeigen: Genau formulieren, was sich konkret verändert, was bleibt und wie dies auf den einzelnen zu beziehen ist. Hierbei sollten die Führungskräfte ihre Einladung zum Mitmachen aussprechen und deutlich machen, wie sie selber Schwieriges meistern, ohne dabei Loyalitätskonflikte zu verursachen Hierzu passt ein Beispiel aus unserer Beratungs- und Coaching-Praxis:

Einführung neuer Prozesse

Herr S. sollte in seiner Abteilung einen neuen Arbeitsprozess einführen. Nach der Zusammenlegung verschiedener Abteilungen stand dies an vor allem mit Blick auf zukünftige notwendige Funktionalitäten seiner Abteilung. Er konnte für sich aus der aktuellen Alltagsperspektive keinen Mehrwert durch den neuen Prozess erkennen. Im Gegenteil. Aus seiner Sicht brachte der neue Prozesse nur Unruhe. Die gewohnte Arbeits-Routine erschien ihm gefährdet zu sein. Er wollte seinen Mitarbeitern den neuen Prozess mit den folgenden Worten näherbringen:

„Wir müssen einen neuen Prozess einführen, den unsere Chefs für sinnvoll halten. Na ja, sie kennen unser operatives Geschäft ja nicht so genau. Ich denke, es macht nicht viel Sinn, aber wir kommen nicht darum herum …"

Hätte er so argumentiert, hätten seine Mitarbeiter möglicherweise folgendes gedacht: Unser Unternehmen verlangt von uns etwas, was keinen Sinn macht. Unser armer Chef wird nicht gehört, kann uns nicht verteidigen und vertreten, wir müssen es ausbaden. Lasst es uns versuchen, die werden schon sehen was sie davon haben …" Die Mitarbeiter befinden sich in einem Loyalitätskonflikt zwischen ihrer eigenen Sichtweise, der des Vorgesetzten und der des Unternehmens. Damit erzeugt man als Vorgesetzter keine Gewinner, sondern man verunsichert die Mitarbeiter. Im Rahmen unserer Beratung und des Coachings entdeckte Herr S. aus einer mehr strategischen Perspektive folgendes: Zukünftig werden von seiner Abteilung andere Dienstleistungen erwartet als bisher. Deshalb wurde sein Bereich durch die Zusammenführung mit anderen Bereichen auch erweitert und nicht nur zahlenmäßig vergrößert. Die neuen Erwartungen erfordern ein anderes Arbeiten, andere Verantwortlichkeiten, andere Kompetenzen und Entscheidungsprozesse. Der alte Prozess hätte dies nicht unterstützt. Der neue Prozess unterstützt die Zukunftsfähigkeit des Bereiches sehr wohl. Nach diesem Erkenntnisprozess sagte Herr S. seinen Mitarbeitern folgendes:

„Uns traut man neue Aufgaben zu. Deshalb haben wir auch durch die anderen Bereiche Unterstützung bekommen. Zusammen mit den Kolleginnen und Kollegen wollen wir zukünftig zu diesen Unternehmenszielen beitragen. Hierzu werden wir alle bestimmte neue Aufgaben bekommen und noch gemeinsam lernen, wie wir diese ausüben. Damit wir die richtigen Arbeitswege nutzen und zu den richtigen Entscheidungen gelangen, brauchen wir auch den passenden Prozess. Er wird und muss den alten ersetzen. Daran müssen wir uns erst noch gewöhnen. Ich selber war zunächst auch sehr skeptisch, aber ich bin jetzt absolut davon überzeugt, das dies für uns der richtige Weg ist. Ich lade Sie alle ein, diesen Weg mit mir zusammen zu gehen und alle Hürden, die wir auf diesem Weg zu überwinden haben, zu benennen. Gemeinsam werden wir sie ausräumen und damit umgehen, um unsere neuen Ziele zu erreichen..."

So erkennen die Mitarbeiter des Herrn S. eindeutig den Standpunkt ihres Vorgesetzten. Er wirkt integer und authentisch und dadurch sehr motivierend auf sein Team.

- Aufbruchstimmung durch Erfolgserlebnisse erzeugen: Mitarbeiter einbeziehen in die Zukunftsplanung, und zwar auf der für sie relevanten Umsetzungsebene. Führungskräfte sollten ihre Mitarbeiter dort mitgestalten lassen, wo auch ihr Handlungsspielraum ist. Alles andere löst Frust, Unsicherheit und Überforderung – allesamt Türöffner für ein Burnout schaffendes Verhalten

- Regelmäßigkeiten und Ruhephasen einbauen: Veränderungen werden oft schnell angekündigt, auf der Arbeits- und Detailebene jedoch nur langsam umgesetzt. Führungskräfte können mit der Einführung von Routinen, z. B. regelmäßigen Informationsmeetings in der Gruppe, Arbeitsmeetings zur Ergebnisbegleitung, Kreativtreffen zur Vorbereitung auf den Umgang mit verschiedenen Zukunftsszenarien, Sicherheit und Kontinuität vermitteln und dadurch den Zeitplan aller entzerren

- Kompetenzen sichtbar machen und Stärken ausbauen: Aus Veränderungen lernen alle. Der richtige Umgang mit Veränderungen und die angemessene Vorbereitung darauf führen zu Kompetenzen, die bei jeder neuen Veränderung wieder aktivierbar sind. Dies fördert ein Sicherheits- und Routinegefühl, minimiert falsche Interpretationen, Selbstabwertung und verhindert damit den Einstieg in den Burnout-Kreislauf. Dafür sollte die Führungskraft regelmäßig in Mitarbeitergesprächen Sorge tragen

Wie man Stärken ausbaut

Frau B. ging mit ihrer Abteilung durch verschiedene Veränderungen. Es kehrte kaum eine Ruhe- und Routinephase ein. Sie bemerkte, dass ihre Mitarbeiter erschöpft waren und unwillig auf die nächsten Forderungen reagierten. Sie setzte sich mit ihnen zusammen und arbeitete die Situation auf. Es wurde deutlich, dass die Mitarbeiter das Gefühl hatten, nur noch hinter den Zielen und Anforderungen her zu laufen, reaktiv zu sein, nichts mehr zu schaffen. Eine genaue Analyse machte deutlich, dass die Ursache hierfür darin lag, dass alle zu lange damit warteten, sich auf das Neue einzulassen, zu entdecken, was sich für sie änderte und um Hilfe zu bitten, dies leisten zu können. Gemeinsam leiteten sie die Fähigkeiten ab, die zukünftig dabei helfen, schneller mit Neuerungen umzugehen und keinen aus dem Team auf dem Weg dorthin zu verlieren. Mit jedem einzelnen führte Frau B. danach Gespräche, um zu erarbeiten, welche Fähigkeiten und Fertigkeiten er braucht, um die gemeinsamen Vorsätze auch zu leben. Jeder erhielt die benötigte Unterstützung. Danach initiierte Frau B. regelmäßig Workshops, um mit dem Team auf mögliche Zukunftsszenarien vorbereitet zu sein und um das Gefühl aufzubauen: Wir sind vorbereitet. Dadurch stellte sich die Energie im Team wieder ein, Ängste verschwanden und der Erfolg kam zurück.

- Empathie zeigen und Achtsamkeit leben: Leistung und Achtsamkeit stehen nicht im Widerspruch zueinander. Führungskräfte sollten gegenüber den Gefühlen ihrer Mitarbeiter Respekt zeigen und achtsam damit umgehen. Sie sollten erkennen, wann Grenzen der Einsatzfähigkeit erreicht sind und für Freiräume sorgen

Burnout lässt sich durch gute Rahmenbedingungen vermeiden, denn diese wirken auch auf oft übermäßig antreibenden inneren Dialog des Mitarbeiters mildern ein. Der Aufbau guter Rahmenbedingungen wird bei der Beratung und während des Prozess-Coaching kontinuierlich mit berücksichtigt. Sollten die beschriebenen Symptome bereits beobachtbar sein, macht es Sinn, sich Hilfe zu holen und eine externe anonyme Hotline zu kontaktieren oder einen Experten oder erfahrenen Coach im Umgang mit dieser Thematik einzuschalten. Betroffene sollten sich direkt an eine externe neutrale Kontaktperson wenden können. Den Weg dorthin können entweder Personalabteilungen oder Führungskräfte ebnen, ohne sich vorschnell zu Diagnosen und Stigmatisierungen hinreißen zu lassen.

Geben Sie den Betroffenen die Chance, sich selbst in einem Gespräch zu reflektieren, das eigene Wohlbefinden nach einer langen intensiven Arbeitsphase abzuklopfen und für sich eine Standortbestimmung vorzunehmen.

In unseren Fällen kommen die Führungskräfte und die Betroffenen direkt auf uns zu. Gemeinsam ermitteln wir als zentrales Bindeglied zusammen mit den Ärzten den Status Quo und definieren passende weitere Vorgehensweisen mit Alternativen, aus denen der Betroffene in einem intensiven, vertraulichen Beratungsgespräch selber auswählen kann. Hierbei kann es sich um die Einnahme fehlender Coenzyme handeln, um eine befristete Auszeit oder eine Verkürzung der derzeitigen Arbeitszeit, um Entspannungsübungen und um eine mentale Neuaufstellung. Mitunter macht es Sinn, den Vorgesetzten oder das private Umfeld zum aktiven Teil des Verbesserungsprozesses werden zu lassen. Dies erfolgt nur in Abstimmung mit und unter Einbeziehen des Betroffenen.

13.8 Ein Fazit

Burnout geht uns alle an und ist im Kontext zum permanenten Wandel in den Unternehmen eins der zentralen, jedoch glücklicherweise lösbaren Themen unserer Zeit.

Stichwortverzeichnis